हिन्दी कविता का अतीत और वर्तमान

वाणी प्रकाशन

4695, 21-ए, दरियागंज, नयी दिल्ली 110 002

फ़ोन : +91 11 23273167 फ़ैक्स : +91 11 23275710

शाखाएँ

अशोक राजपथ, पटना 800 004, बिहार

कॉफ़ी हाउस कैम्पस, महात्मा गांधी मार्ग, इलाहाबाद 211 001, उत्तर प्रदेश

महात्मा गांधी अन्तरराष्ट्रीय हिन्दी विश्वविद्यालय, वर्धा 442 001, महाराष्ट्र

www.vaniprakashan.in
marketing@vaniprakashan.in
sales@vaniprakashan.in

HINDI KAVITA KA ATEET AUR VARTMAAN
by Manager Pandey

ISBN : 978-93-5072-569-6
Criticism

प्रथम संस्करण 2013
आवृत्ति 2018

मूल्य : ₹ 495

एम.एस. प्रिंटर्स, दिल्ली-110 095 में मुद्रित

वाणी प्रकाशन का लोगो मक़बूल फ़िदा हुसेन की कूची से

हिन्दी कविता का अतीत और वर्तमान

मैनेजर पाण्डेय

वाणी प्रकाशन

भूमिका

आजकल हिन्दी में अधिकांश आलोचना या तो अफवाहों के सहारे चल रही है या फिर आप्त-वचनों के सहारे। मेरे बारे में हिन्दी आलोचना में यह अफवाह फैली हुई है या फैलाई भी गयी है कि मैं सैद्धान्तिक सोच का आलोचक हूँ, व्यावहारिक आलोचना लिखने वाला आलोचक नहीं हूँ। क्या हिन्दी का हर एक आलोचक यह नहीं जानता कि मैंने सूरदास की कविता की आलोचना की पूरी पुस्तक लिखी है जो मेरी सर्वाधिक लोकप्रिय पुस्तक है। उसके बाद मैंने मध्यकाल के कवि कबीर, दादू, मीराँ और रहीम तथा आधुनिक काल के कवि महेश नारायण, नाथूराम शर्मा शंकर, मैथिलीशरण गुप्त, रामधारी सिंह दिनकर, नागार्जुन, त्रिलोचन, अज्ञेय, रघुवीर सहाय, धूमिल, कुमार विकल, शैलेन्द्र, अदम गोंडवी और पी.सी. जोशी की कविताओं का विवेचन तथा मूल्यांकन किया है।

यह सम्भव है कि मैंने मध्यकाल और आधुनिक काल के कवियों पर जो कुछ लिखा है वह सब कुछ लोगों को पसन्द न आये और महत्त्वपूर्ण न लगे। अगर ऐसा है तो मेरे आलोचकों को कारण सहित अपनी नापसन्दगी व्यक्त करनी चाहिए ताकि मुझे कुछ सीखने का मौका मिले। क्या यह ईमानदार आलोचना का तकाज़ा नहीं है। अगर व्यावहारिक आलोचना का अर्थ कविता की टीका या भाष्य है तो मैं कहना चाहता हूँ कि टीका या भाष्य आलोचना नहीं है, आधुनिक आलोचना तो एकदम नहीं।

इस पुस्तक के अन्त में तीन निबन्ध ऐसे हैं जो किसी कवि पर नहीं हैं, पर समकालीन कविता की विभिन्न समस्याओं से सम्बद्ध हैं। पहला निबन्ध है भाषा की राजनीति, दूसरा है राजनीति की भाषा और तीसरा है आज का समय और कविता का संकट। पहले निबन्ध के केन्द्र में धूमिल की कविता है और दूसरे के केन्द्र में केदारनाथ सिंह की कविता। इन दोनों में हिन्दी भाषा के बनते-बिगड़ते रूपों की पहचान है क्योंकि कविता या सारा साहित्य शब्द और संसार के सम्बन्धों के निर्माण के प्रयत्नों का ही परिणाम है। जब भाषा बिगड़ती है तो साहित्य सुरक्षित कैसे रह सकता है। भाषा बिगड़ती है एक उसके साम्प्रदायिक दुरुपयोग से और दूसरे

राजनीतिक अवसरवाद से। सजग और समर्थ कवि भाषा के इन संकटों से भाषा की रक्षा करते हैं। ऐसे कवियों की भाषिक संवेदनशीलता में उनकी सामाजिक संवेदनशीलता व्यक्त होती है।

आजकल हिन्दी कविता गहरे संकट में है। यह बात सजग कवि कह रहे हैं और पाठक भी। ऐसा क्यों है, इसी सवाल का जवाब खोजने की कोशिश इस पुस्तक के अन्तिम निबन्ध में है। इस निबन्ध में यह कहा गया है कि कविता स्वभावतः संवादधर्मी होती है। कविता में संवाद दो स्तरों पर चलता है, एक तो कवि का स्वयं से संवाद और दूसरा कवि का अन्य से संवाद। इस निबन्ध के केन्द्र में रघुवीर सहाय की एक कविता है।

अगर यह पुस्तक पाठकों में हिन्दी के जन काव्य की परम्परा की समझ पैदा कर सकी तो मुझे प्रसन्नता होगी।

—मैनेजर पाण्डेय

बी-डी/8 ए
डी.डी.ए. फ्लैट्स, मुनिरका
नयी दिल्ली—110067

अनुक्रम

खण्ड : एक

कबीर और आज का समय

आज के भारतीय समाज में उग्र साम्प्रदायिकता की आँधी चल रही है। धर्म के नाम पर घृणा, द्वेष और उन्माद का प्रचार-प्रसार हो रहा है। जाति भेद खूँखार जाति युद्ध बन रहा है। तरह-तरह के दुराग्रहों, कट्टरताओं और संकीर्णताओं का बोलबाला है। स्थिति इतनी भीषण हो गयी है कि कबीर की साखियाँ जलायी जा रही हैं। यह सब देखकर मन में कई सवाल उठते हैं। क्या हम उसी समाज में हैं जिसमें कभी कबीर पैदा हुए थे? क्या हम भारतीय समाज के उत्तर कबीर युग में जी रहे हैं? ऐसे समय में कबीर को याद करना स्वाभाविक है और जरूरी भी।

कबीर जिस समय भारतीय समाज में पैदा हुए थे, वह बहुत उथल-पुथल का समय था। उसमें संस्कृति, धर्म और विचार की अनेक तेज धाराएँ परस्पर टकरा रही थीं। एक ओर हिन्दू समाज की भेदभाव पर आधारित जाति व्यवस्था की संरचना थी, उस संरचना की शक्ति का स्रोत शास्त्रीय धर्म था, उस संरचना और धर्म के विरुद्ध विद्रोह करते हुए आगे आये बौद्ध, जैन, शाक्त, सिद्ध और नाथ आदि धर्म तथा मत थे। दूसरी ओर इस्लाम था, जिसमें उग्रता थी। उसमें धार्मिक स्तर पर समानता के बावजूद सामाजिक विषमता थी। उसके विरुद्ध प्रेम की पीर का सन्देश देने वाले सूफी सन्त थे। साधारण जनता इस भँवरजाल में फँसी हुई थी। हिन्दू जनता जिस तरह जाति व्यवस्था के भेदभाव और धार्मिक कर्मकाण्ड की चक्की में पिस रही थी, उसी तरह मुस्लिम जनता इस्लाम की कट्टरता और कर्मकाण्ड की चक्की में। इन दोनों के ऊपर राजसत्ता और शोषण का चक्र चल रहा था। ऐसी सर्वग्रासी चक्की में पीसी जाती हुई जनता को देखकर कबीर ने कहा होगा :

चलती चक्की देखकर, दिया कबीरा रोय।
दो पाटन के बीच में, साबुत बचा न कोय।

उस कठिन समय में भारतीय मनुष्य की मनुष्यता खतरे में थी। वह हिन्दू या मुसलमान होकर अपनी चेतना और संवेदना को धर्म के हाथों गिरवी रखकर ही बच सकता था। उसकी स्वतन्त्रता और मनुष्यता की रक्षा का कोई मार्ग नहीं दिखाई दे रहा था। हिन्दू और इस्लाम की शास्त्रीयता से स्वतन्त्र जो धार्मिक मत और सम्प्रदाय लोकधर्म के रूप में प्रचलित थे, वे भी अनेक प्रकार के भ्रमों का निर्माण करते थे।

ऐसे समय में एक ऐसे व्यक्ति की जरूरत थी जो उस काल के भारतीय समाज की समग्रता को जानता हो, हिन्दू और इस्लाम दोनों धर्मों की वास्तविकता को पहचानता हो और लोकधर्म के भ्रमों से भी परिचित हो। साथ ही, मनुष्य की मनुष्यता में जिसकी अटूट आस्था हो। ऐसे ही व्यक्ति थे कबीर। उनके काव्य में उस समय की जटिल स्थिति का बोध है और उसके बीच से अपनी स्वतन्त्र दृष्टि और नयी राह बनाने का साहस, संकल्प और विवेक भी है। उनमें हिन्दू और इस्लाम की रूढ़ियों, संकीर्णताओं और कट्टरताओं के विरुद्ध खड़े होने की जैसी दृढ़ता थी, वैसी ही सच को कहने और गहने की निर्भीकता भी थी। उन्होंने कहा था :

साँच ही कहत और साँच ही गहत है,
काँच कू त्याग कर साँच लागा।
कहै कबीर यूँ भक्त निर्भय हुआ।
जन्म और मरन का भर्म भागा।

कबीर जिस साँच को कहने और गहने की घोषणा करते हैं, वह मूलतः मानुष सत्य है। वही मानुष सत्य सम्पूर्ण भक्ति आन्दोलन का केन्द्रीय सत्य है, इसीलिए चंडीदास ने कहा था :

शुनह मानुष भाई,
शबार उपरे मानुष सत्य
ताहार उपर नाई

कबीर को यह सत्य किसी ग्रन्थ-वेद या कुरान से नहीं मिला था। वह उन्हें अपने समय और समाज के मानव जीवन के अनुभव से मिला था, इसीलिए उसे वे 'अनभै साँचा' कहते हैं। आचार्य हजारीप्रसाद द्विवेदी के अनुसार 'अनभै साँचा' का अर्थ है–अनुभव का सत्य और अनभय सत्य भी। असल में अनुभव से पाया हुआ सत्य ही अनभय या निर्भय सत्य होता है किसी से मिला हुआ सत्य नहीं। जीवन के विभिन्न प्रसंगों में सत्य का अनुभव तो बहुत लोगों को होता है, लेकिन कभी शास्त्र के भय से और कभी लोक के डर से उसे कहने का साहस सबमें नहीं होता। बिरला ही कोई निर्भय होकर अपने अनुभव का सत्य सबसे कहता है। वही कबीर होता है कल, आज और कल भी।

कबीर अपने अनुभव के सत्य के रूप और लक्ष्य को शास्त्र के सत्य से अलगाते हुए कहते हैं :

मेरा तेरा मनुवा कैसे एक होय रे,
मैं कहता हूँ आँखिन देखी, तू कहता कागदकी लेखी।
मैं कहता सुरझावन हारी, तू राखा उरझोय रे।

मैं कहता तू जागत रहना, तू रहता है सोय रे।
मैं कहता निरमोही रहियो, तू जाता है मोय रे।

ऐसे सच को पाने के लिए कबीर ने उस समय के भारतीय समाज में मनुष्य की पहले से बनी-बनायी पहचान को अस्वीकार किया। उस समय के समाज में मनुष्य की पहचान के दो आधार थे। एक था धर्म, जिसके अनुसार प्रत्येक मनुष्य हिन्दू या मुसलमान था। दूसरा आधार जाति-भेद का था, जिसके अनुसार मनुष्य ब्राह्मण, क्षत्रिय, वैश्य और शूद्र था। कबीर ने न तो किसी धर्म को अपनी पहचान का आधार माना और न जाति को। उन्होंने केवल मनुष्य के रूप में अपनी पहचान समाज के सामने रखते हुए कहा था :

हिन्दू कहो तो मैं नहीं, मुसलमान भी नाहिं।
पाँच तत्त्व का पूतला, गैबी खेलै माहिं।

साथ ही वे यह भी घोषणा करते हैं :

हम बासी उस देस के जहाँ जाति बरन कुल नाहिं।

इस तरह कबीर ने मनुष्य को पहले से प्रचलित धर्म, जाति और कुल के ऊँच-नीच के भेदभाव से मुक्त मनुष्य के रूप में देखने की दृष्टि विकसित की और उसी मूलगामी दृष्टि से हिन्दू और इस्लाम दोनों धर्मों, उनके आधार-ग्रन्थों उन ग्रन्थों से निकली सामाजिक व्यवस्थाओं और उन व्यवस्थाओं की रूढ़ियों की आलोचना की; क्योंकि इन सबसे मानव समाज में तरह-तरह के भेद पैदा होते हैं :

ऐसा भेद बिगूचन भारी,
वेद कतेब दीन अरु दुनिया कौन पुरिख कौन नारी।
एक रुधिर एकै मल मूतर एक चाम एक गूदा।
एक बूँद तै सृष्टि रची है कौन बाह्मन कौन सूदा।

× × ×

रज गुन ब्रह्मा तम गुन संकर सत गुन हरि है सोई।
कहै कबीर एक राम जपहू रे हिन्दू तुरक न कोई।

कबीर की कविता की दो बुनियादी विशेषताएँ हैं—अथक आलोचनात्मक चेतना और प्रश्न की प्रवृत्ति। उनकी आलोचनात्मक चेतना मूलगामी है। वह जनता को जगाने वाली है और रूढ़ियों को चुनौती देने वाली। इस आलोचना की एक विशेषता है प्रश्न करने की प्रवृत्ति। यह प्रवृत्ति जितनी प्रखर कबीर की कविता में है, उतनी उस काल के किसी अन्य कवि की कविता में नहीं। उस समय का समाज, उसका धर्म और उसकी व्यवस्था का कोई ऐसा पक्ष नहीं है, जो कबीर के प्रश्नों से बच पाया हो। वे भौतिक यथार्थ के बारे में प्रश्न करते हैं और आधिभौतिक सम्भावनाओं के बारे में भी, सामाजिक व्यवस्था से जुड़े प्रश्न पूछते हैं और मानसिक अवस्था से जुड़े

प्रश्न भी। कभी-कभी वे धार्मिक व्यवस्था की रूढ़ियों को अपने प्रश्नों के कठघरे में लाकर सवाल-दर-सवाल करते हुए उसके अन्तर्विरोधों को उजागर करते हैं :

जो खोदाय मसजीद बसतु हैं, और मुलुक केहि केरा।
तीरथ मूरत राम निवासी, बाहर करै को हेरा।

कबीर के प्रश्न उच्च वर्ग और उच्च वर्ण की नैतिक मान्यताओं को चुनौती देने वाले, उनकी बखिया उधेड़ने वाले हैं; वे मान्यताएँ चाहे कबीर के युग की हों या आज की। साथ ही, वे नयी नैतिक चेतना की आवश्यकता का बोध पैदा करने वाले हैं। उन प्रश्नों की कौंध लोगों के दिमाग पर छाये भ्रामक विचारों की धुन्ध को छाँटने वाली है। कबीर के प्रश्न जितने सहज और बेलाग हैं, उतने ही तिलमिला देनेवाले। वे कभी-कभी सुकरात की तरह अज्ञानी बनकर प्रश्न करते हैं और बड़े-बड़े पंडितों तथा मुल्लाओं के ज्ञान की पोल खोल देते हैं। कबीर की प्रश्न पूछने की प्रवृत्ति व्यंग्य को विशिष्ट सामाजिक कला बनाती है। वह आज भी साधारण जनता को सत्ता और धर्म के ठेकेदारों से परेशान करने वाले प्रश्न पूछने की प्रेरणा देती है। कबीर की कविता में प्रश्न करने की यह प्रवृत्ति अपने समय के समाज को नये ढंग से देखने और बदलने की इच्छा से जुड़ी हुई है। कबीर की काव्य दृष्टि की इस विशेषता के कारण उनकी कविता भक्तिकाल के अन्य कवियों की कविता से अपनी अलग पहचान बनाती है। उदाहरण के लिए कबीर और तुलसी की कविता में एक अन्तर यह है कि कबीर की कविता प्रश्न करने वाली कविता है, तो तुलसी की कविता उत्तर देने वाली कविता।

कबीर की मूलगामी आलोचना दृष्टि केवल प्रश्न करने तक सीमित नहीं है, क्योंकि वे केवल असहमति और विरोध के कवि नहीं हैं। उनकी दृष्टि समाज में मनुष्यत्व की भावना विकसित करने के लक्ष्य पर रहती हैं। प्रश्न करने की पद्धति उस लक्ष्य का साधन है। कबीर समाज में मनुष्यत्व के विकास के लिए हृदय के धर्म अर्थात मानवीय भावों को लोकधर्म बनाने पर जोर देते हैं, इसलिए वे एक ओर ईर्ष्या, क्रूरता, कामुकता, कपट, अहंकार आदि की आलोचना करते हैं, तो दूसरी ओर प्रेम, करुणा, दया, उदारता, अहिंसा और समता का विकास चाहते हैं।

कबीर की इच्छा है कि इन मानवीय भावों और गुणों के अनुसार मनुष्य स्वयं आचरण करें न कि उसके लिए कोई अवतारी राम या कृष्ण। वे अवतारवाद की आलोचना करते हैं, क्योंकि अवतारवाद मनुष्य की निरीहता और परावलम्बन की माँग करता है। कबीर मनुष्य की स्वतन्त्रता के कवि हैं। वे चाहते हैं कि मनुष्य अपनी आस्था, विश्वास और क्षमता के अनुसार अपना जीवन जिये या भक्ति करे। वे मनुष्य की स्वतन्त्रता को सीमित करने वाली हर बात का विरोध करते हैं, चाहे वह सामाजिक हो या धार्मिक। वे गौतम बुद्ध की तरह कहते हैं कि अपना दीपक स्वयं बनो।

मनुष्य की स्वतन्त्रता के लिए खतरा केवल शास्त्रीय धर्म का भय ही नहीं होता लोक धर्म का भ्रम भी होता है। कबीर शास्त्रीय धर्म की बार-बार आलोचना करते हैं, वह चाहे वेद-पुराण के सहारे चलने वाला हो या कुरान के सहारे। लेकिन वे यह भी जानते हैं कि समाज में लोक धर्म के नाम पर वह भ्रमजाल भी फैला होता है, जिसे लोकाचार कहा जाता है। वह कई बार लोक मत में व्याप्त शास्त्रोक्त व्यवहार होता है। कबीर का विवेक इस छद्म को पहचानता है, इसलिए वे कहते हैं :

ताथै कहिए लोकाचार, वेद कतेब कथै ब्यौहार।

कबीर लोक जीवन में प्रचलित ऐसे अन्धविश्वासों का भी खण्डन करते हैं जो मनुष्य के आत्मविश्वास का नाश करते हैं। उनके समय में यह अन्धविश्वास प्रचलित था कि जो काशी में मरता है, वह मोक्ष पाता है, लेकिन जो मगहर में मरता है, वह अगले जन्म में गदहा होता है। इस अन्धविश्वास को मानते का अर्थ था एक तो भक्ति का निरादर और दूसरे आत्मविश्वास का अन्त। कबीर ने स्पष्ट शब्दों में इस अन्धविश्वास का खण्डन किया है :

लोकामति का भोरा रे,
जो कासी तन तजै कबीरा, तो रामहिं कौन निहोरा रे।

× × ×

कहै कबीर सुनहु रे संतो, भ्रम परै जिनि कोई।
जस कासी तस मगहर ऊसर, हिरदै राम सति होई।

कबीर ने केवल कविता में ही इस अन्धविश्वास का खण्डन नहीं किया, उन्होंने अपने जीवन-व्यवहार से भी इसका खण्डन किया था। वे जीवनभर काशी में रहे, लेकिन अन्तिम समय में मगहर चले गये और वहीं प्राण त्यागे। कथनी और करनी की इस दुर्लभ एकता के कारण ही कबीर अपने युग के मार्गदर्शक बने और आज भी वे मानवीय विवेक के प्रतीक बने हुए हैं।

कबीर की उदात्त भक्ति भावना, मूलगामी दार्शनिक दृष्टि और प्रखर सामाजिक चेतना के महत्त्व की सबसे पहले पहचान करते हुए नाभादास ने 'भक्त माल' में ठीक ही लिखा था :

भक्ति विमुख जो धर्म सु सब अधरम करि गाये।
योग यज्ञ व्रत दान भजन बिनु तुच्छ दिखाये।।
हिन्दू तुरक प्रमाण रमैनी सबदी साखी।
पक्षपात नहिं बचन सबन के हित की भाखी।।
आरूढ़ दशा ह्वै जगत पर, मुख देखी नाहिंन भनी।
कबीर कानि राखी नहीं, वर्णाश्रम षट दर्शनी।।

कबीर की भक्ति भावना, नैतिक चेतना और सामाजिक विवेक में बौद्धों, सिद्धों, नाथों, और सूफियों की विचारधाराएँ आकर मिलती हैं, तो उससे निर्गुण और सगुण भक्ति की अनेक धाराएँ निकलती भी हैं। कबीर को सूफी कवि जायसी आदर के साथ याद करते हैं और रविदास, दादू, धन्ना आदि उनका महत्त्व स्वीकार करते हैं। मीराबाई की भक्ति भावना और कविता पर कबीर का गहरा प्रभाव है। इन सबके साथ ही, उत्तर भारत की सन्त काव्य परम्परा के सबसे पुराने, प्रामाणिक और महत्त्वपूर्ण संग्रह 'गुरुग्रन्थ साहब' में कबीर के 229 पद और 243 साखियाँ संगृहीत हैं।

कबीर भक्ति काल के सम्भवतः अकेले ऐसे सन्त कवि हैं, जिन्हें हिन्दू, मुसलमान, सिख, ईसाई और बौद्ध सभी अपना मानते हैं। यही कारण है कि रवीन्द्रनाथ टैगोर ने कबीर को 'मुक्तिदूत' और 'भारत पथिक' कहा था और उन्हें राजा राममोहन राय का अग्र पथिक घोषित किया था। कबीर केवल अपने युग की नयी चेतना के जागरण के प्रेरणा-स्रोत ही न थे, वे आधुनिक् भारतीय नवजागरण के अग्रदूत भी हैं। यह कहना गलत न होगा कि आधुनिक भारतीय नवजागरण की चिन्तनधारा में जो कुछ देशज, उदार, अग्रगामी और जनोन्मुख है, उसके निर्माण में कबीर की कविता की महत्त्वपूर्ण भूमिका है।

कबीर एक महान सन्त और समाज-सुधारक ही नहीं, अद्वितीय कवि भी हैं। भारत में तीन प्रकार के कवि हुए हैं। एक वे हैं, जिन्हें स्रष्टा कवि कहा जा सकता है। उन्होंने अपना पूरा संसार स्वयं रचा है, ऐसे कवि हैं वाल्मीकि और व्यास। दूसरे प्रकार के कवि वे हैं, जिन्होंने स्रष्टा कवियों के काव्य-संसार से अपनी रचना की मूल सामग्री लेकर उसे नयी कला के साथ नये रूप में रचा है। उन्हें कलाकार कवि कहना उचित होगा। ऐसे कवि हैं कालिदास, तुलसीदास और सूरदास। इन दोनों से अलग एक ऐसा कवि भी है, जो न वाल्मीकि और व्यास की तरह स्रष्टा है और न कालिदास तथा सूरदास की तरह कलाकार। वह अपने समय के सच को देखता है और उसकी भावी सम्भावनाओं को भी, और उसी देखे हुए की कविता लिखता है। उसे द्रष्टा कवि कहा जा सकता है। ऐसे कवि हैं कबीर। भारतीय कविता के इतिहास में अपने ढंग का यह पहला और सम्भवतः अकेला ऐसा कवि है, जो कवि होने और बनने की पहले से बनी-बनायी किसी भी शर्त को नहीं मानता। वह 'कागज लेखी' पर विश्वास नहीं करता और अपने बारे में जान-बूझकर यह घोषणा करता है कि मसि कागद छुयो नहीं, कलम गह्यो नहिं हाथ। यही नहीं, वह मानता है कि पढ़ने-लिखने से मानवोचित दृष्टि आती नहीं, बल्कि चली जाती है :

पढ़ि पढ़ि के पत्थर भया, लिखि लिखि भया जु ईंट।
कहै कबीरा प्रेम की लागी न एकौ छींट।

यह अपने समय के पोथीनिष्ठ पण्डितों और मुल्लाओं के व्यक्तित्व के बारे में कबीर की प्रतिक्रिया है।

कबीर ने अपने समय को भारतीय समाज में धर्मों, जातियों और सम्प्रदायों के बीच फैले ऊँच-नीच के भेदभाव और उससे उपजे द्वेष और घृणा के भीषण सच को देखा था; घर में रहकर या वन में जाकर नहीं, बाजार में खड़े होकर उस सच का साक्षात्कार किया था और उसकी भयावह सम्भावनाओं का भी। इसलिए वे दुःखी भी थे :

सुखिया सब संसार है, खावै अरु सोवै।
दुखिया दास कबीर है, जागै अरु रोवै।

वे इस बात से भी दुःखी थे कि कोई उनके अनुभूत सच को सुनना नहीं चाहता। लोग सच सुनकर मारने दौड़ते हैं और झूठ पर विश्वास करते हैं :

साधो देखो जग बौराना,
साँची कहौ तो मारन धावै, झूठे जग पतियाना।

ऐसा दुःख उसे ही होता है जो अपने समय और समाज के बारे में सजग होता है। उसी सजगता से उपजी है कबीर की कविता, जो कालजीवी है और कालजयी भी। वह अपने समय में जितनी सार्थक थी, उतनी आज भी है। रवीन्द्रनाथ टैगोर ने ऐसी कविता को 'चिर आधुनिक' ठीक ही कहा है।

कबीर ने जिस भीषण सच और उसकी भयावह सम्भावनाओं का साक्षात्कार किया था, उससे भारतीय समाज को बचाने के लिए वे एक ऐसे लोक धर्म का विकास चाहते थे, जिसका आधार प्रेम हो; क्योंकि प्रेम ऐसा भाव है जो मनुष्य को हर प्रकार के भेदभाव और विधि-निषेध से स्वतन्त्र करता है। वह मनुष्य की मनुष्यता का पोषक और स्वाधीनता का रक्षक भाव है। इसीलिए कबीर की कविता में प्रेम का अपार विस्तार है और असीम महत्त्व। सच पूछिए, तो कबीर मूलतः प्रेम के ही कवि हैं। उनकी कविता में प्रेम लौकिक है और आध्यात्मिक भी, सामाजिक मूल्य है और व्यक्तिगत अनुभव भी। वह सामाजिक समता का प्रेरक है और व्यक्ति की नैतिक चेतना का मार्गदर्शक भी। कबीर की कविता में प्रेम की अनुभूति जब भारतीय स्त्री के पारिवारिक परिवेश और उसमें पलने वाले मानवीय सम्बन्धों की भाषा में व्यक्त होती है, तब वह अधिक मूर्त और संवेद्य होती है। कबीर की प्रेमानुभूति कहीं-कहीं रहस्यमयी लगती है, लेकिन लौकिक जीवन में भी प्रेम की अनुभूति पूरी तरह रहस्य-रहित नहीं होती।

भक्ति आन्दोलन की निर्गुणधारा की कविता भारत की श्रमजीवी जनता के जीवन की वास्तविकताओं और आकांक्षाओं की कविता है, जिसके प्रवर्तक और प्रतिनिधि कवि हैं कबीर। वे बार-बार कहते हैं, 'मैं जुलाहा मैं जुलाहा'। उनकी कविता का ताना-बाना भी कहता है कि वह एक बुनकर की कविता है। उसका पूरा

काव्य-लोक एक जुलाहे के जीवन-यथार्थ के अनुभवों से बुना हुआ है। यहाँ तक कि कबीर की भक्ति भावना के अध्यात्म-लोक में भी उन्हीं अनुभवों की बुनत है :

उलटि जात-कुल दोऊ बिसारी, सुन्न सहज महिं बुनत हमारी।
हमरा झगरा रहा न कोऊ, पंडित-मुल्ला छाँड़े दोऊ।
बुनि बुनि आप आप पहिरावों, जहाँ नहीं आप तहाँ है गावों।
पंडित-मुल्ला जो लिखि दीया, छाँड़ि चले हम कछु न लीया।

कबीर के जीवन से उनकी भक्ति के अन्तरंग सम्बन्ध को पहचान कर ही जायसी ने उनके बारे में लिखा है :

प्रेम तन्तु नित ताना तनई।
जप तप साधि सैकरा भरई।

कबीर प्रत्येक लौकिक और अलौकिक वस्तु को बुनकर की नजर से देखते हैं। उनके लिए ईश्वर भी एक बुनकर है और उसकी यह दुनिया तथा मानव काया *झीनी झीनी बीनी चदरिया* है। कबीर अपने जीवन के अनुभवों का ताना तानकर उसमें भक्ति का बाना बुनते हैं। कबीर के यहाँ जैसे जीवन के कर्म से उनके धर्म का जीवन अलग नहीं है, वैसे ही उनके कवि-कर्म और जीवन कर्म में अपूर्व एकता है। कबीर की जीवन जीने की कला ही उनकी कविता की कला बन गयी है।

कबीर की कविता ऐसी विशिष्ट है कि वह शिष्ट-काव्य और लोक-काव्य के भेद को मिटाती है। वह वाचिक संस्कृति की देन है और लोक प्रतिभा की सृजनशीलता का विलक्षण उदाहरण। वह लोक जीवन के अनुभवों से रची हुई है, इसलिए जनता के जीवन और स्मृति में बसी हुई है।

दुनिया का प्रत्येक कवि चाहता है कि उसकी कविता मुट्ठी भर पाठकों तक सीमित न रहकर व्यापक जन-जीवन में रच-बस जाये। लेकिन ऐसा सौभाग्य कम ही कवियों को प्राप्त होता है। कबीर उन्हीं थोड़े-से सौभाग्यशाली कवियों में हैं। उनकी कविता की असंख्य पंक्तियाँ लोकोक्तियाँ बनकर लोक जीवन में प्रचलित हैं।

कबीर की कविता को जनता केवल पढ़ती और सुनती ही नहीं, उसे जीती भी है। उनकी कविता की एक विशेषता यह है कि वह साधारण जनता को भी कवि बनाती है। इसीलिए कबीर के नाम से असंख्य ऐसे पद और साखियाँ जन-जीवन में मिलती हैं जो कबीर की नहीं, जनता की रची हुई हैं।

कबीर की कविता की अपार लोकप्रियता का एक कारण उसकी बोलचाल और जीवन-व्यवहार की भाषा है। उसकी बनावट ऐसी है कि वह हिन्दू और मुसलमान, साधु और गृहस्थ, नागर और देहाती, पढ़े-लिखे और अनपढ़, स्त्री और पुरुष सबको अपनी भाषा लगती है। वह जितनी सहज है, उतनी ही अर्थपूर्ण।

भक्ति आन्दोलन संस्कृत के वर्चस्व से मातृभाषाओं की मुक्ति का आन्दोलन भी

है। भक्ति आन्दोलन के समय भारत के विभिन्न क्षेत्रों की मातृभाषाएँ संस्कृत के सांस्कृतिक दबाव से स्वतन्त्र हुईं, उनकी सृजन-शीलता उन्मुक्त हुई और उनमें काव्य रचना का विकास हुआ। भक्ति आन्दोलन के जिन कवियों ने अपनी मातृभाषाओं की रचनाशीलता का मार्ग बनाया, उनमें कबीर का विशेष महत्त्व है। वे देववाणी कही जाने वाली संस्कृत के सामाजिक आधार, सांस्कृतिक प्रयोजन और विचारधारात्मक प्रभाव से परिचित थे, इसलिए उन्होंने संस्कृत की संस्कृति से जनभाषा की संस्कृति का अन्तर स्पष्ट करते हुए कहा था--*संसकिरत है कूप जल, भाषा बहता नीर।* कबीर के समय में सम्भवतः ऐसे लोगों की भरमार थी जो संस्कृत पढ़ लेने के कारण स्वयं को ज्ञानी समझते थे, लेकिन उनमें मानावोचित गुणों का अभाव था। कबीर ज्ञान की भाषा से प्रेम की भाषा को बेहतर मानते थे, इसीलिए उन्होंने संस्कृत पढ़कर ज्ञानी होने का दम्भ पालनेवालों पर व्यंग्य करते हुए कहा था :

संसकिरत भाषा पढ़ि लीन्हा, ज्ञानी लोक कहो री।
आसा तृस्ना में बहि गयो सजनी, काम के ताप सहोरी।।
मान-मनीकी मटुकी सिर पर, नाहक बोझ मरो री।
मटुकी पटक मिलो पीतम से, साहेब कबीर कहो री।।

इस तरह, कबीर ने जनजीवन, उसकी संस्कृति, भाषा और कविता को संस्कृत के आतंक से मुक्त किया।

भक्ति आन्दोलन के काल में हिन्दी क्षेत्र की विभिन्न मातृभाषाओं में व्यवस्थित रूप से काव्य रचना प्रारम्भ हुई। मिथिला के विद्यापति ने मैथिली में पदावली की रचना की, तो राजस्थान की मीराबाई ने राजस्थानी में, अवध के जायसी और तुलसी ने अवधी में कविता लिखी तो ब्रज के सूरदास ने ब्रजभाषा में। कबीर की मातृभाषा भोजपुरी थी। उनका जन्म काशी में हुआ था और देहान्त मगहर में। ये दोनों भोजपुरी क्षेत्र हैं, इसलिए कबीर की कविता मूलतः भोजपुरी की कविता है। उन्होंने स्वयं अपनी बोली (मातृभाषा) के बारे में कहा है :

बोली हमरी पूरबी, हमको लखै न कोय।
हमको तो सोई लखै, जो पूरब का होय।

कबीर के इस कथन के बावजूद उनकी भाषा के बारे में तरह-तरह के अनुमान लगाये गये हैं, उसे खिचड़ी, सधुक्कड़ी, बिहारी आदि कहा गया है.

यह ठीक है कि कबीर की कविता के जो संग्रह प्रकाशित हुए हैं, उनकी भाषा में भोजपुरी के साथ-साथ अवधी, ब्रजभाषा, खड़ीबोली, राजस्थानी, पंजाबी आदि के रूप और प्रभाव मिलते हैं। इसके कई कारण हैं। एक तो यह कि कबीर रमता योगी थे। रमता योगी बहते पानी की तरह ग्रहणशील होता है। कबीर भ्रमण करते हुए जहाँ-जहाँ गये होंगे, वहाँ की बोली-बानी से कुछ न कुछ जरूर ग्रहण किया होगा,

जिससे उनकी कविता की भाषा प्रभावित हुई होगी। दूसरी बात यह है कि कबीर कविता लिखते नहीं; रचते, कहते और गाते थे। उनकी कविता मौखिक रूप में दूर-दूर तक गयी है। वह जहाँ भी गयी है वहाँ की बोली का रंग उस पर चढ़ा है। कबीर की काव्य-भाषा के वर्तमान रूप का तीसरा कारण उनकी कविताओं को संकलित करने, लिखित रूप देने और पाठ बनाने की प्रक्रियाओं और परम्पराओं से जुड़ा है। उनकी कविता के अधिकांश संग्रहों और पाठों की पांडुलिपियाँ राजस्थान और पंजाब में मिली हैं, इसलिए उनमें राजस्थानी और पंजाबी के प्रभावों की भरमार है। 'गुरु ग्रन्थ साहब' में संगृहीत कबीर के पदों और साखियों में पंजाबीपन इसी तरह आया है। कबीर की काव्य भाषा में अनेक भाषाओं के शब्दों और अन्य प्रभावों के होने का एक और कारण है। भोजपुरी में एक कहावत प्रचलित है–*थोर कहले कबीरदास आ बहुत कहले कबीर हा*–कबीरदास ने थोड़ा कहा और कबीर पन्थियों ने बहुत कहा। तात्पर्य यह कि कबीर के नाम से जो रचनाएँ मिलती हैं उनमें से बहुत सारी कबीर की नहीं, कबीर पन्थियों की लिखी हुई हैं। ऐसी रचनाओं में लिखनेवालों की भाषाओं के शब्द और अन्य प्रभावों का मिलना स्वाभाविक है। इन सबके बावजूद यह सच्चाई है कि कबीर की कविता की भाषा मुख्यतः भोजपुरी है। उनकी साखियों की भाषा पर पश्चिमी हिन्दी के प्रभाव हैं, लेकिन पदावली की भाषा सामान्यतः भोजपुरी ही है।

कबीर केवल अपने युग की ही चिन्ता के कवि नहीं हैं, वे भारत के अतीत की तेजस्वी ज्ञान धारा और भविष्य की सम्भावनाओं के भी कवि हैं। यही कारण है कि आधुनिक भारतीय साहित्य और संस्कृति की अग्रगामी परम्परा में कबीर तत्त्व अनेक रूपों में विद्यमान है। वह एक ओर कबीर संगीत की उस परम्परा में है, जिससे साधारण जनता हजार कठिनाइयों के बीच जीने की शक्ति पाती है तो दूसरी ओर वह साहित्य में अपने समय की विसंगतियों को पहचानने और साधारण जनता के दुःख-दर्द से हमदर्दी अनुभव करने की दृष्टि देता है।

आज की सामाजिक और सांस्कृतिक स्थितियों को देखकर भले ही हमें यह लगता है कि हम उत्तर कबीर युग में जी रहे हैं, लेकिन अगर हम कबीर की कविता को ध्यान से पढ़ें, तो यह स्पष्ट होगा कि उसमें आज के हमारे समय और समाज के अनेक जटिल सामाजिक-सांस्कृतिक प्रश्नों की पहचान के संकेत हैं और उनके उत्तर की सम्भावनाएँ भी।

कबीर का आत्मसातीकरण

रेमण्ड विलियम्स ने ठीक ही लिखा है कि हर समय में प्रभुत्वशाली संस्कृति अपने विरोधी और वैकल्पिक विचारों, अर्थों, मूल्यों, अनुभवों और व्यवहारों को आत्मसात करने की कोशिश करती है। आत्मसात करने की क्रिया एक व्यापक सांस्कृतिक प्रक्रिया का हिस्सा है, जिसका एक लक्ष्य है सांस्कृतिक वर्चस्व की स्थापना।

आत्मसातीकरण का साहित्य के सन्दर्भ में अर्थ है–किसी पाठ, उसमें मौजूद दुनिया, उसके अभिप्राय, उसकी अर्थवत्ता और सार्थकता को अपनाना, अपना बनाना, ले लेना, चुराना, अपने अधिकार में करना, हथियाना और हड़पना। आत्मसातीकरण के अनेक तरीके हो सकते हैं, उन तरीकों के अभिप्राय और उद्‍देश्य भी अनेक प्रकार के होते हैं। आत्मसातीकरण की प्रक्रिया मूलगामी होती है और प्रतिगामी भी, इसीलिए आत्मसातीकरण पर विचार करते समय यह ध्यान में रखना जरूरी है कि वह क्यों और कैसे संचालित हो रहा है। इसके साथ ही आत्मसातीकरण की प्रक्रिया के प्रसंग में आत्मसात करने वाली चेतना और उसके उद्‍देश्यों को भी समझना आवश्यक है।

भारतीय समाज, संस्कृति और विचारों के इतिहास में पहले से चली आती हुई प्रभुत्वशाली संस्कृति की वैदिक-पौराणिक परम्परा, विरोधी विचारों का सामना करने के लिए एक सुनिश्चित पद्धति का प्रयोग करती रही है, जिसकी चार अवस्थाएँ हैं–उपेक्षा, विरोध, विकृति और आत्मसातीकरण। इस पद्धति के अनुसार किसी विरोधी विचार या विचारधारा की पहले उपेक्षा की जाती है। अगर उपेक्षा से वह विचार या विचारधारा समाप्त नहीं होती तो फिर उसका विरोध किया जाता है। अगर विरोधी विचारधारा उपेक्षा और विरोध का प्रतिरोध करती हुई जीवित रहती है तो उसको विकृत करके पेश करने का प्रयत्न किया जाता। अगर कोई विचार या विचारधारा उपेक्षा, विरोध या विकृति की प्रक्रियाओं का सामना करती हुई भी जीवित रहती है तो फिर उसके मूलगामी स्वरूप और परिवर्तनकारी धार को कुन्द करके उसे आत्मसात करने की कोशिश होती है। भारतीय ज्ञान की परम्परा में चार्वाक, जैन, बौद्ध आदि दर्शन और कबीर जैसे सन्त कवि वैदिक और पौराणिक परम्परा द्वारा उपेक्षा, विरोध, विकृति और आत्मसातीकरण की प्रक्रिया के शिकार हुए हैं।

भक्ति आन्दोलन के साथ जो मूलगामी दार्शनिक, सांस्कृतिक, सामाजिक और धार्मिक प्रक्रिया तथा चेतना निर्मित हुई और उसकी जो अभिव्यक्ति सामने आयी, उसके उत्तर भारत में प्रवर्तक कबीर थे। इसीलिए वे वैदिक-पौराणिक परम्परा के वर्चस्व के लिए एक चुनौती बन गये। वैसे तो कबीर को आत्मसात करने के प्रयास एक ओर वेस्टकाट, फर्ककुहर, जार्ज ग्रियर्सन, विल्सन आदि की ओर से हुए तो दूसरी ओर अब्दुलहक देहलवी, मोहसिन काजी और सरदार जाफ़री की ओर से भी। यूरोपीय विद्वानों ने कबीर में ईसाइयत की खोज की तो दूसरे समूह के विद्वानों ने सूफी मत की। लेकिन कबीर मुख्य चुनौती बने थे वैदिक-पौराणिक परम्परा, उसके सांस्कृतिक वर्चस्व और उस पर आधारित हिन्दू समाज की संरचना के लिए। इसीलिए कबीर को अपनी संस्कृति और परम्परा में समाहित करने की सबसे अधिक कोशिशें वैदिक और पौराणिक परम्परा के समर्थकों की ओर से हुई हैं।

कबीर के क्रान्तिकारी व्यक्तित्व और विचारों को वैदिक-पौराणिक परम्परा में आत्मसात करके उनको हिन्दू समाज की वर्ण व्यवस्था के अनुकूल बनाने का एक प्रयास 'भक्तमाल' की टीकाओं में दिखाई देता है। नाभादास ने 'भक्तमाल' की रचना 1585 से 1609 के बीच की थी। 'भक्तमाल' उत्तर भारत के भक्तिकाव्य का विश्वकोश है। उसमें हिन्दी के प्रमुख भक्त कवियों के व्यक्तित्व और विचारधारा का सटीक बखान है। उसकी लोकप्रियता का अन्दाज इस बात से लगाया जा सकता है कि हिन्दी में सत्रहवीं सदी से उन्नीसवीं सदी के बीच अनेक 'भक्तमालों' की रचना हुई और नाभादास के 'भक्तमाल' की टीकाएँ भी लिखी गयीं। अब तक 'भक्तमाल' की बीस से अधिक टीकाएँ मिलती हैं। नाभादास के 'भक्तमाल' की लोकप्रियता का एक पक्ष यह भी है कि उसका अनुकरण करते हुए उत्तर भारत की अनेक भाषाओं में भक्तमालों की रचना हुई है।

नाभादास ने 'भक्तमाल' में कबीर के बारे में जो छप्पय लिखा है, उसमें कबीर के क्रान्तिकारी व्यक्तित्व और विचारधारा की सभी बुनियादी बातें मौजूद हैं। वह छप्पय इस प्रकार है :

भक्तिविमुख जो धर्म सुसब अधरमकरि गाये।
योग यज्ञ व्रत दान भजन बिन तुच्छ दिखाये।।
हिन्दु तुरकप्रमाण रमेंनी सबदी साखी।
पक्षपात नहिं वचन सबनके हितकी भाखी॥
आरूढ़ दसा ह्वै जगतपर, मुख देखी नाहिंन भनी।
कबीर कानि राखी नहीं, वर्णाश्रिण षटदर्शनी॥60॥

कबीर के आधुनिक सहृदय आलोचकों ने उनके क्रान्तिकारी व्यक्तित्व और विचारों के बारे में जो कुछ विस्तार से लिखा है, वह सब मूल रूप से नाभादास के छन्द में मौजूद है।

'भक्तमाल' की पहली टीका प्रियादास ने 1712 ई. में लिखी थी। उस टीका में कबीर द्वारा रामानन्द के शिष्य बनने की बात है और कबीर के अनेक चमत्कारपूर्ण कार्यों का भी वर्णन है। एक तरह से कबीर को मिथक बनाने की पहली कोशिश प्रियादास की टीका में ही हुई है। इस टीका में सिकन्दर लोदी द्वारा कबीर पर अत्याचार करने और बाद में परास्त होकर उनका भक्त बनने की बात भी है। इसके साथ ही मृत्यु के बाद कबीर की लाश के फूलों में बदलने की बात भी इसी टीका में है। नाभादास के छन्द में कबीर के व्यक्तित्व और विचारों की जिन विशेषताओं का उल्लेख है, उनमें से किसी की व्याख्या प्रियादास की टीका में नहीं है। इस टीका में जो कुछ कहा गया है उससे टीकाकार की विचारधारा तो सामने आती है, पर कबीर की नहीं। जो लोग भारत की टीका-परम्परा के विचारधारात्मक पक्ष से परिचित हैं, उन्हें प्रियादास की टीका की विचारधारा को समझने में बहुत कठिनाई नहीं होगी।

प्रियादास की टीका में आत्मसातीकरण की प्रवृत्ति कबीर से भी अधिक रैदास के प्रसंग में दिखाई देती है। प्रियादास के अनुसार रैदास पूर्व जन्म के ब्राह्मण थे। वे इस जन्म में चमार जाति के होने के बावजूद अन्तर्मन से ब्राह्मण ही थे क्योंकि उनकी चमड़ी के भीतर जनेऊ मौजूद था। टीका की यह प्रवृत्ति केवल हिन्दी तक सीमित नहीं है। आलवार भक्त कवि शठकोपण, जिन्हें नाम्मालवार भी कहा जाता है, वे भी शूद्र जाति के थे। उनके बारे में भी बाद में टीकाकारों ने यह लिखा कि शूद्र के घर में पैदा होने के बावजूद उन्होंने न तो माँ का दूध पिया, न विवाह किया और न अपना पेशा अपनाया। इस तरह उन्हें जाति की पहचान के लिए जरूरी सभी बातों से मुक्त घोषित कर दिया गया। इससे यह भी जाहिर होता है कि जो सन्त और भक्त कवि जाति व्यवस्था को अस्वीकार करते थे उन्हें भी जाति व्यवस्था के भीतर समेटने की कोशिश टीका परम्परा में हुई है। 'भक्तमाल' के कवि नाभादास के बारे में कहा जाता है कि वे डोम जाति के थे, लेकिन उन्नीसवीं सदी के अन्त में 'भक्तमाल' की 'भक्ति-सुधा-स्वादतिलकटीका' लिखने वाले रूपकला जी ने नाभादास जी के जाति के बारे में तरह-तरह की कल्पनाएँ करते हुए उन्हें डोम मानने से इनकार किया है।

भक्ति आन्दोलन की एक बड़ी सांस्कृतिक उपलब्धि है—भारत के विभिन्न क्षेत्रों की जनता की मातृभाषाओं का रचनात्मक उत्थान और उनमें काव्य-रचना का अपूर्व विकास। दक्षिण के आलवार भक्तों से लेकर कश्मीर के ललद्यद और असम के शंकरदेव से हिन्दी के कबीर आदि तक देशभर के पुरुष और स्त्री भक्त कवि अपनी मातृभाषा के कवि थे। यह एक तरह से संस्कृत के वर्चस्व से लोकभाषाओं की स्वतन्त्रता का आन्दोलन भी था जिसके कारण लोक प्रतिभा की मुक्ति सम्भव हुई। इस मुक्ति के कारण ही भारतीय साहित्य के लम्बे इतिहास में कवि के रूप में प्रायः अनुपस्थित, अदृश्य और मौन दलितों तथा स्त्रियों की रचनात्मक प्रतिभा का विस्फोट

भक्ति आन्दोलन के काव्य में दिखाई देता है और साथ ही उनकी सहज तथा शक्तिशाली आत्माभिव्यक्ति सामने आती है। अगर भक्ति आन्दोलन के साथ मातृभाषाओं में कविता रचने की प्रवृत्ति का विकास नहीं होता तो दलित और स्त्रियाँ कवि के रूप में भारतीय समाज के सामने नहीं आ पाते। उस समय भारतीय समाज में दो भाषाओं का वर्चस्व था। ज्ञान और रचना की भाषा संस्कृत थी और सत्ता की भाषा फ़ारसी। दलितों और स्त्रियों को संस्कृत में बोलने और लिखने की स्वतन्त्रता न थी और फ़ारसी तक उनकी पहुँच ही नहीं थी। संस्कृत के नाटकों में स्त्रियों और शूद्रों-दासों को संवाद बोलने की स्वतन्त्रता नहीं थी। उन्हें प्राकृत में संवाद बोलना पड़ता था। ऐसी स्थिति में संस्कृत और फ़ारसी में स्त्रियों और शूद्रों की काव्य-रचना कैसे सम्भव होती। एक ओर स्त्री और पुरुष भक्त कवियों ने अपनी-अपनी मातृभाषाओं में कविता लिखकर संस्कृत के आतंक से मुक्ति पायी तो दूसरी ओर सूफी कवियों ने लोकभाषाओं में कविता लिखकर आम जनता को फ़ारसी के आतंक से मुक्त किया।

लोकभाषाओं की संस्कृत से स्वतन्त्रता केवल एक भाषा से मातृभाषाओं की स्वतन्त्रता न थी। संस्कृत केवल एक भाषा नहीं थी। वह अभिजात संस्कृति, उसकी संवेदना, उसकी विश्वदृष्टि और उससे निर्मित सामाजिक संरचना के पोषण तथा संरक्षण का माध्यम भी थी। यही नहीं, वह वैदिक-पौराणिक परम्परा और वर्णाश्रम व्यवस्था के वर्चस्व का साधन भी थी। संस्कृत से लोकभाषाओं की स्वतन्त्रता लोकमन और लोकमत की स्वतन्त्रता बन गयी।

संस्कृत से लोकभाषाओं की स्वतन्त्रता सरलता से और सहज रूप में प्राप्त नहीं हुई। उसके लिए भक्त कवियों को कठिन संघर्ष करना पड़ा। संस्कृत के वर्चस्व से अपनी मातृभाषाओं की मुक्ति का मार्ग जिन कवियों ने बनाया, उनमें मराठी के महान सन्त और भक्त ज्ञानेश्वर का नाम सबसे पहले आता है। वे एक प्रकार से इस मुक्ति आन्दोलन के नेता हैं। उन्होंने मराठी में गीता की टीका लिखी जिसे 'ज्ञानेश्वरी' कहा जाता है। 'ज्ञानेश्वरी' के तीसरे अध्याय में ज्ञानेश्वर के अर्जुन कृष्ण से कहते हैं कि आप मुझे गूढ़ सिद्धान्त बता रहे हैं पर मुझे धोखा दे रहे हैं, आपके वचन मेरी समझ में नहीं आते इसलिए गूढ़ बचन न बोलिए और जो विवेक है उसे मराठी भाषा में कहिए। मूल मराठी में ज्ञानेश्वर के अर्जुन का कथन इस प्रकार है—

ना तरि झांकवीतु आहासि मातें। किं तत्त्व चिकथिलें ध्वनितें।
हें अवगामितां निरुतें। जाणवे ना॥
ह्माणौनि आइकैं देवा। हा भावार्थु आतां न बोलावा।
मज विवेकु तो सांघावा। मन्हाटा जी॥

ज्ञानेश्वर का जन्म 1275 ई. में हुआ था। तेरहवीं शताब्दी के इस सन्त कवि ने

अर्जुन के माध्यम से ईश्वर से यह माँग की है कि वह मनुष्यों की भाषा मराठी बोले न कि देववाणी संस्कृत। ज्ञानेश्वर की यह माँग भारतीय भाषाओं के इतिहास की सबसे क्रान्तिकारी माँग है। उन्होंने 'ज्ञानेश्वरी' के आगे के अध्यायों छः, सात, नौ और बारह में मराठी की श्रेष्ठता, महत्त्व और सौन्दर्य का प्रतिपादन भी किया है। उन्होंने संस्कृत से मराठी की तुलना करते हुए लिखा है कि–

दाउं वेल्हाल देशी नवी।
जैस साहित्यातें वोजावी।
अम ताई चूकि ठेवी।
गोडिसेपणें॥

(यह कथा प्रेम से, देशी शब्दों में कहूँगा, जो साहित्य को व्यवस्थित मार्ग दिखायेगी। यह अमृत को भी अपनी मधुरता से पछाड़ देगी।)

ज्ञानेश्वर का यह कथन पूरी तरह सच साबित हुआ। 'ज्ञानेश्वरी' की लोकप्रियता के आगे देववाणी में लिखे अधिकांश ग्रंथ फीके पड़ गए। ज्ञानेश्वर यह सब जान-बूझकर एक क्राांतिकारी अभियान के तहत कह रहे थे। उन्होंने दसवें अध्याय में एक जगह लिखा है–

माझा महाठाचि बोलु कवतिकें।
परि अम तातेंही पैजेसी जीकें।
ऐसीं अक्षरेंचि रसिकें मेलवान॥
(मेरी मराठी भाषा प्रेम से बोलो। यह अमृत से भी शर्त लगाने पर जीत जाएगी। ऐसे अक्षर मैं रसिकों के लिए एकत्र करूँगा।)

यहाँ मैं भारतीय या हिन्दू ज्ञान-परम्परा में मौजूद एक पाखण्ड की ओर आपका ध्यान आकृष्ट करना चाहता है। 'ज्ञानेश्वरी' के दो अनुवाद मेरे सामने हैं। एक हिंदी अनुवाद जो साहित्य अकादमी से 1996 ई. में छपा है, अनुवादक हैं मोरेश्वर गणेश तपस्वी। दूसरा अनुवाद अंग्रेजी में है जो भारतीय विद्या भवन से छपा है, जिसका तीसरा संस्करण 2001 ई. का है, अनुवादक हैं एम.आर. यार्डी। दोनों अनुवाद की एक विशेषता यह है कि उनमें 'ज्ञानेश्वरी' के तीसरे अध्याय की सत्रहवीं ओबी का जो अनुवाद है उसमें मराठी शब्द गायब कर दिया गया है। ज्ञानेश्वरी के अर्जुन कृष्ण से कहते हैं कि आप मराठी में विवेक की बातें कहिए जबकि हिंदी अनुवाद में लिखा है कि 'विवेक क्या है कहिए सुगम भाषा में' और अंग्रेजी अनुवाद में लिखा है कि 'अपने विचार सरल भाषा में कहिए'। इन दोनों अनुवादों में मूल से जो अंतर है, वह संस्कृत के प्रति अंध आस्था की ही देन है। ऐसा लगता है कि उस अंध आस्था ने सच कहने के साहस को मार दिया है। यह सब करने के बावजूद दोनों अनुवादकों

ने अपने अनुवादों की भूमिकाओं में ज्ञानेश्वर का बहुत गुणगान किया है। व्यक्ति की पूजा और विचार की हत्या की यह प्रवृत्ति ज्ञान परम्परा की एक जानी पहचानी विशेषता है।

संस्कृत के वर्चस्व से लोकभाषाओं के संघर्ष की यह प्रक्रिया ज्ञानेश्वर के साथ समाप्त नहीं होती। उनके तीन सदी बाद के महान मराठी संत कवि एकनाथ ने अपनी रचना 'चतुः श्लोकी भागवत' की प्रस्तावना के अनेक छन्दों में संस्कृत से मराठी की तुलना करते हुए मराठी के महत्त्व का प्रतिपादन किया है–

संस्कृत ग्रंथकर्ते ते महाकवि। मा प्राकृतीं काय उणावी।
नवी जुनी म्हणावीं। कैसेनि केवीं सुवर्णसुमनें॥
(संस्कृत ग्रंथकर्ता महाकवि हैं, तो प्राकृत कवियों में क्या न्यूनता है?
सुवर्ण सुमनों में नए-पुराने का भेद कैसे किया जाए।)
जे पाविजे संस्कृत अर्थे। तेंचि लाभे प्राकृते॥
तरी न मनावया येथें। विषमचि तें कायीं॥
(जो संस्कृत में अर्थ मिलता है, वही लोकभाषा में मिलता है। तो फिर इनमें भिन्नता क्या माननी है)
संस्कृतवाणी देवें केलि। परि प्राकृत काय चोरा पासोनि झली।
असोतु या अभिमान भुली वृथा बोललीं काय काज॥
(संस्कृत वाणी ईश्वर ने बनाई, वह देववाणी है, तो प्राकृत क्या चोरों के पास से आई है, यह तब मिथ्याभिमान है। वृथा बोलने से क्या लाभ है?)

महाराष्ट्र में ज्ञानेश्वर और एकनाथ ने सचेत रूप से संस्कृत की संस्कृति के विरुद्ध जो अभियान चलाया, उसे तुकाराम ने अपनी कविता के माध्यम से सहज रूप से आगे बढ़ाया। तुकाराम जाति के कुनबी थे इसलिए वे संस्कृत के वर्चस्व से उस तरह नहीं लड़ सकते थे जैसे ब्राह्मण ज्ञानेश्वर और एकनाथ लड़ सकते थे। इन तीनों की कविता के मानवतावाद और लोकप्रियता से ब्राह्मण चिढ़े। इन सभी महाकवियों को अपनी क्रांतिकारी चेतना और समतावादी दृष्टि का मूल्य चुकाना पड़ा। ब्राह्मणों ने उन्हें आत्महत्या के लिए मजबूर किया। ज्ञानेश्वर को इक्कीस वर्ष की आयु में ही जीवित समाधि लेनी पड़ी। एकनाथ ने जल समाधि ली और तुकाराम भी नदी में डूबकर ही मरे। इन तीनों ही स्थितियों को देखते हुए यह अनुमान किया जा सकता है कि उनका संघर्ष कितना कठिन था और बलिदान कितना महत्वपूर्ण।

हिन्दी क्षेत्र में इस संघर्ष को आगे बढ़ाने का काम कबीर ने किया। वे संस्कृत के सामाजिक आधार, सांस्कृतिक प्रयोजन और विचाराधारात्मक प्रभाव से परिचित थे। उन्होंने संस्कृत की संस्कृति से जनभाषा की संस्कृति का अंतर स्पष्ट करते हुए कहा था कि–

संस्कीरत है कूपजल, भाषा बहता नीर।

कबीर के समय में संभवतः ऐसे लोगों की भरमार थी, जो संस्कृत पढ़ लेने के कारण स्वयं को ज्ञानी समझते थे, लेकिन उनमें मानवोचित गुणों का अभाव था। इसीलिए कबीर ने संस्कृत पढ़कर ज्ञानी होने का दंभ पालने वालों पर व्यंग्य करते हुए कहा था—

संस्कीरत भाषा पढ़ि लीन्हा, ज्ञानी लोक कहो री।
आसा तृस्ना में बहि गयो सजनी, काम के ताप सहोरी।।
मान-मनीकी मटुकी सिर पर, नाहक बोझ मरो री।
मटुकी पटक मिलो पीतम से, साहेब कबीर कहो री।।

ऐसे कबीर को वैदिक-पौराणिक परंपरा के अनुकूल बनाने और उन्हें प्रभुत्वशाली संस्कृति की धारा में आत्मसात करने के लिए उनके व्यक्तित्व, विचार और कविताओं का बड़े पैमाने पर संस्कृतीकरण किया गया है। यह काम कबीर पंथ के लोगों ने भी किया है। कबीर की रचनाओं का संस्कृत में अनुवाद हुआ है और संस्कृत में उनकी टीकाएँ तथा व्याख्याएँ भी लिखी गई हैं। कबीर के संस्कृतीकरण के फलस्वरूप एक ओर 'दश मात्रा', 'कबीर शतकम' और 'ब्रह्मनिरूपण' आदि पुस्तकें लिखी गयी हैं तो दूसरी ओर 'बीजक' की स्वामी हनुमानदास ने 'स्वानुभूति' नामक व्याख्या संस्कृत में लिखी है, जो 1936 ई. में प्रकाशित हुई।

कबीर के व्यक्तित्व और विचारों के संस्कृतीकरण का अब तक का सबसे बड़ा सुनियोजित प्रयास 'कबीर वाणी' नाम की पुस्तक में दिखाई देता है। 'कबीर वाणी' का दो खण्डों में प्रकाशन लाल बहादुर शास्त्री केन्द्रीय संस्कृत विद्यापीठ, नयी दिल्ली से हुआ है। यह किसी बोधानन्द या बोधन द्वारा कबीर की कविताओं की संस्कृत में टीका है और साथ में हिन्दी भावार्थ भी दिया गया है। ध्यान देने की बात यह है कि हिन्दी भावार्थ कबीर की कविताओं का नहीं, संस्कृत टीका का है। 'कबीर वाणी' के सम्पादक और हिन्दी भावार्थ लिखने वाले हरिहर द्विवेदी के अनुसार बोधानन्द की संस्कृत टीका या व्याख्या की कोई मूल प्रति उपलब्ध नहीं है, केवल उसकी विष्णु नामक किसी चितपावन ब्राह्मण की 1877 ई. की एक प्रतिलिपि प्राप्त हुई है। इस प्रसंग में एक प्रश्न यह है कि कबीर की कविताओं की संस्कृत टीका लिखने वाले बोधानन्द कौन थे? हरिहर द्विवेदी ने लिखा है कि बोधानन्द के बारे में कुछ भी ज्ञात नहीं है। फिर भी उन्होंने अनुमान किया है कि बोधानन्द कबीर के शिष्य थे और उनके समकालीन भी। लेकिन 'भक्तमाल' में बोधानन्द नाम के किसी कबीर के शिष्य का कोई उल्लेख नहीं मिलता। बहुत सम्भव है कि बोधानन्द की संस्कृत टीका उन्नीसवीं सदी में लिखी गयी हो। क्योंकि उन्नीसवीं सदी में ही कबीर के आत्मसातीकरण की विभिन्न प्रक्रियाएँ तेज होती दिखाई देती हैं और साथ ही कबीर को हिन्दू धर्म तथा दर्शन के अनुकूल बनाने की कोशिशें भी।

कबीर की कविताओं की बोधानन्द ने संस्कृत में जो व्याख्या लिखी है उसमें कबीर को सृष्टि के प्रवर्तक, श्रुतियों के प्रतिपादक, सर्वव्यापी परमात्मा से अभिन्न माना गया है। कबीर की कविताओं में वेदों, उपनिषदों, पुराणों और स्मृतियों के विचारों की खोज करते हुए यह सिद्ध किया गया है कि कबीर ने अपनी कविताओं में इन सबको प्रमाण माना है।

बोधानन्द ने कबीर के नाम की जो व्याख्या की है, उससे उनका अभिप्राय स्पष्ट हो जाता है। 'कबीर वाणी' के पहले खण्ड में रमैनियों की व्याख्या करते हुए बोधानन्द ने कबीर नाम का अर्थ किया है वेद, वेद और धीर, वसिष्ठ आदि महर्षि, श्रीकृष्ण, शास्त्र आदि और दूसरे खण्ड में साखियों की व्याख्या के प्रसंग में कबीर का अर्थ है ब्रह्म, श्रुति, शास्त्रज्ञ और कर्मकाण्डी इत्यादि।

कबीर पोथीनिष्ठ ज्ञान के विरुद्ध थे, वे कागद लेखी के बदले आँखिन देखी के महत्त्व को स्वीकार करते थे। वे शास्त्र-ज्ञान पर निर्भरता के बदले अनुभव से प्राप्त ज्ञान की बात करते थे। बोधानन्द ने साखी का अर्थ किसी दूसरे की कही बात, श्रुति और स्मृति के वाक्यों को प्रमाण मानना घोषित किया है। कबीर ने एक दोहे में साखी का महत्त्व स्पष्ट करते हुए लिखा है–

साखी लाये जतन करि, इत-उत अच्छर काट।
कह कबीर कब लग जिये, जूठी पत्तल चाट।

पाठक स्वयं ही यह तय करें कि वे साखी के बारे में कबीर के इस कथन को स्वीकार करेंगे या बोधानन्द द्वारा की गयी साखी की व्याख्या को।

बोधानन्द की व्याख्या में कबीर की कविता के अर्थ के चमत्कारो की भरमार है। उदाहरण के लिए एक चमत्कार की चर्चा पर्याप्त होगी। कबीर ने अपनी भाषा के बारे में एक साखी लिखी है जो इस प्रकार है :

बोली हमरी पूर्व की, हमें लखे नहिं कोय।
हमें लखे सो जना जो, धुर पूर्वीआ होय।।

एक तो इस साखी में लोकप्रचलित साखी का पाठ बदल दिया गया है। लोक में प्रचलित साखी इस रूप में है :

बोली हमरी पूरवी, हमें लखे नहिं कोय।
हमको तो सोई लखै, जो पूरब का होय।।

कबीर अपनी मातृभाषा भोजपुरी के कवि हैं। उनकी लोक प्रचलित साखी भोजपुरी में है। लेकिन जो साखी बोधानन्द की व्याख्या वाली कबीर वाणी में है वह खड़ी बोली की छाप लिए हुए है। महत्त्व की बात यह है कि बोधानन्द ने इस साखी की व्याख्या करते हुए पूर्व का अर्थ किया है 'तत्त्वमसि'। कबीर के अनेक दोहों में

पूर्व या पूरब का अर्थ दिशा सूचक है। आप कबीर के दो-तीन दोहे देखिए जो इस प्रकार हैं :

आगि जो लगि समुद महँ, जरे जो काँदो झारि।
पूरब पछिम के पंडिता, मुए विचार विचारि।।

एक और साखी देखिए :

पूरब उगे पश्चिम विशवे भखे पवन को फूल।
ताको काल गरासे मानुष काहे भूल।।

बोधानन्द ने कबीर को आत्मसात करने के लिए उनकी कविताओं का जो संस्कृतीकरण किया है, उसमें कबीर के व्यक्तित्व और उनकी कविता की ऐतिहासिकता का विनाश हुआ है, उनकी कविताओं में मौजूद सूफी प्रभाव और इस्लाम की कट्टरता की आलोचना का भी बहिष्कार किया गया है। कबीर ने बार-बार वेद और कुरान को एक साथ रखकर दोनों की जो आलोचना की है, वह भी बोधानन्द की व्याख्या से गायब है। सबसे अधिक चिन्ता की बात यह है कि बोधानन्द की व्याख्या में कबीर एक सहृदय कवि के रूप में नहीं, नीरस दार्शनिक के रूप में सामने आते हैं। इस तरह उनका अपूर्व काव्यत्व समाप्त हो गया है। इस बात के प्रमाण के लिए कबीर का एक दोहा और उसकी बोधानन्द की व्याख्या को देख लेना पर्याप्त होगा। कबीर का एक प्रसिद्ध दोहा है :

विरह बाण जेहि लागिया, ओषधि लगे न ताहि।
सुसुकि सुसुकि मरि मरि जिवे, उठे कराहि कराहि।।

अब इस दोहे की बोधानन्द द्वारा की गयी व्याख्या का हिन्दी रूप देखिए—"तीव्र वैराग्य से संसार का दोष जानकर उसका परित्याग करने वाला व्यक्ति विरह-बाण से विद्ध है और अष्टांग योग आदि कोई भी औषधि उसे स्वस्थ नहीं कर सकती। उसके लिए तो केवल एक ही औषधि है, केवल यह विचार कि "मैं आत्मा ही हूँ। उसकी प्राप्ति के अभाव में ऐसा व्यक्ति पश्चात्ताप करे, यह स्वाभाविक ही है।"

नाभादास ने कहा था कि कबीर ने वर्णाश्रम और षटदर्शनी की सीमाओं को नहीं माना, लेकिन बोधानन्द ने कबीर को वर्णाश्रम और षटदर्शन का समर्थक सिद्ध किया है। कबीर के विचार चार्वाक और बौद्ध दर्शन के विचारों से मिलते जुलते हैं, लेकिन बोधानन्द ने कबीर को आस्तिक दर्शनों के अनुकूल बनाया है। कबीर ने लिखा था कि "आ भूले षटदर्शन भाई, पाखण्ड वेस रहा लपटाई"। इस दोहे की व्याख्या करते हुए बोधानन्द ने केवल जैन दर्शन को भ्रान्त कहा है। कबीर को ब्रह्मवादी बनाने के लिए रूपकवाद का सहारा लिया गया है। रूपकवाद प्रायः ऐतिहासिकता और यथार्थवाद का विरोधी होता है, वह रहस्यवाद की ओर ले जाता है। कबीर की ऐतिहासिक पहचान और सामाजिक भूमिका को धूमिल करते हुए उनके मिथकीकरण का प्रयास बोधानन्द की टीका में दिखाई देता है।

दादू दयाल की दार्शनिक दृष्टि

हिन्दी के सन्त कवियों की परम्परा में दादू दयाल का स्थान बहुत उच्च है। उनकी भक्ति भावना, सामाजिक चेतना और दार्शनिक चिन्ता कबीरदास के अत्यन्त करीब है, लेकिन इन सभी स्तरों पर दादू की दृष्टि अपनी है। दृष्टि की विशिष्टता के कारण ही उन्हें मौलिक कवि, महत्त्वपूर्ण चिन्तक और महान भक्त माना जाता है।

भक्ति आन्दोलन के अन्य कवियों की तरह ही दादू दयाल के जीवन के बारे में प्रामाणिक जानकारी कम ही प्राप्त है। उनकी जो जीवन-कथा मिलती है, उसमें तथ्य से अधिक कल्पना और साथ में श्रद्धा से उपजे चमत्कारों का मेल है। दादू पन्थ की मान्यता के अनुसार उनका जन्म संवत् 1601 में गुजरात के अहमदाबाद नगर में हुआ था, और देहावसान राजस्थान के जयपुर नगर के निकट नाराणा गाँव में संवत् 1660 में हुआ। दादू दयाल की जाति और नाम के बारे में भी अनेक मत मिलते हैं। एक मत यह है वे जन्म से मुसलमान (धुनिया) थे और उनका मूल नाम दाऊद था। उनकी कविता की शब्दावली भी इसी बात की ओर संकेत करती है। दूसरे मत के अनुसार दादू हिन्दू समाज की किसी पिछड़ी जाति में पैदा हुए थे और स्वभाव से दयालु थे, इसलिए दादू दयाल कहलाये। भक्ति काल के अधिकांश सन्तों की तरह दादू ने भी यात्री का जीवन जिया। उन्होंने गुजरात से चलकर राजस्थान के हर कोने की यात्रा की। इस निरन्तर यात्री जीवन का प्रमाण उसकी कविता की भाषा देती है। यद्यपि उनकी काव्यभाषा का बुनियादी ढाँचा पश्चिमी राजस्थानी से बना है लेकिन उसमें गुजराती और पंजाबी के शब्दों का भी मेल है।

दादू दयाल को अपने जीवन काल में ही अपार ख्याति और लोकप्रियता मिल चुकी थी। प्रमाण रूप में कहा जाता है कि बादशाह अकबर ने दादू दयाल को फतेहपुर सीकरी बुलाकर उनके साथ चालीस दिनों तक सत्संग किया था। दादू दयाल कबीर के पुत्र कमाल के शिष्य माने जाते हैं। लेकिन उन्होंने अपना अलग पन्थ चलाया, जो दादू पन्थ के नाम से प्रसिद्ध है। उनकी शिष्य परम्परा में अनेक सन्त कवि हो चुके हैं, जिनमें सुन्दरदास, रज्जब, जनगोपाल, जगन्नाथ, मोहनदास, खेमदास आदि प्रमुख हैं। खासतौर से सुन्दरदास और रज्जब की कविता का महत्त्व सर्वमान्य है। दादू की रचनाओं के संग्रह को 'वाणी' कहा जाता है। जैसे कबीर का बीजक प्रसिद्ध है, वैसे ही दादू की 'वाणी' विख्यात है। उनकी सम्पूर्ण रचनाओं का संग्रह और सम्पादन पं.

परशुराम चतुर्वेदी ने किया है जिसका नाम दादू दयाल ग्रन्थावली है।

आज भी राजस्थान राज्य के जयपुर नगर के निकट 'नाराणा' नामक स्थान दादू पन्थ का मुख्य केन्द्र है। वहाँ दादू जी के वस्त्र और पुस्तकें रखी हैं जिनकी पूजा होती है। दादू पन्थ का प्रसार राजस्थान से हरियाणा, पंजाब और दिल्ली तक है। दादू पन्थी निरंजन निराकार की उपासना करते हैं और सत्तनाम कहकर आपस में अभिवादन करते हैं। दादू-सम्प्रदाय में चार दल हैं, जिनके नाम हैं—खालसा, विरक्त, उत्तराधा और नागा। कबीर की तरह दादू ने भी एक ओर हिन्दू और मुसलमानों के बीच भावात्मक एकता स्थापित करने की कोशिश की, तो दूसरी ओर हिन्दू समाज में फैले जातिभेद को मिटाने का प्रयत्न भी किया। उन्होंने उस काल के भारतीय समाज में प्रचलित कुरीतियों, धार्मिक रूढ़ियों और साधना सम्बन्धी मिथ्याचारों पर चोट की है। यद्यपि उनके आक्रमण में कबीर जैसी उग्रता नहीं है लेकिन दृढ़ता जरूर है।

कविता में दर्शन की खोज करना एक ऐसा आलोचनात्मक प्रयत्न है जिसमे कविता और दर्शन दोनों के स्वभाव के साथ अन्याय होता है। अगर कविता में किसी शास्त्रीय दर्शन की खोज की जाए तब तो दोनों की दुर्गति होती है। ऐसा नहीं है कि कविता में विचार नहीं होता। कविता में विचार होता है, लेकिन उसका रूप और प्रयोजन वही नहीं होता जो दर्शन में होता है। कविता में विचार या तो जीवन-जगत को देखने वाली कवि दृष्टि में होता है या फिर देखे गये जीवन-जगत के आकांक्षित रूप की रचना में। दोनों ही स्थितियों में उसका स्वरूप शास्त्रीय मतवाद से भिन्न होता है। फिर दर्शन में आया विचार पाठक की केवल बौद्धिक जिज्ञासा को जगाता और सन्तुष्ट करता है जबकि कविता, पाठक की सम्पूर्ण संवेदनशीलता को जगाती और परिष्कृत करती है जिसमें कल्पना, इन्द्रियबोध, भाव और विचार की प्रक्रियाएँ संयुक्त रूप से सक्रिय होती हैं। यही नहीं, दर्शन में विचारों का विकास अमूर्तन की प्रक्रिया से होता है, जबकि कविता में विचार अनुभव का अंग बनकर सम्मूर्तन की प्रक्रिया में व्यक्त होता है।

कविता और दर्शन की इस स्वभावगत भिन्नता के बावजूद कविता में दर्शन की खोज या कवियों के दर्शन की तलाश का प्रयत्न आलोचना में होता आया है। हिन्दी आलोचना में ऐसा प्रयत्न दिखाई देता है। विशेष रूप से भक्तिकाल के कवियों के काव्य में अद्वैतवाद, द्वैतवाद, एकेश्वरवाद आदि के विभिन्न रूपों को ढूँढ़ते हुए अनेक आलोचक रीझते और खीझते रहे। जिस कवि में किसी शास्त्रीय दर्शन के किसी रूप या पक्ष की झलक मिल जाती है तो आलोचक उस पर रीझ जाते हैं और जो कविता या कवि किसी दर्शन के शास्त्रीय साँचे में समा नहीं पाता, उस पर खीझ उठते हैं। प्रायः कबीर और दादू खीझ के शिकार हुए हैं।

यह सच है कि भक्तिकाल के प्रत्येक महत्त्वपूर्ण कवि की एक अपनी विश्वदृष्टि

है अर्थात जीवन और जगत की वास्तविकताओं तथा सम्भावनाओं के बारे में कवि की एक दार्शनिक दृष्टि है। लेकिन वह विश्व-दृष्टि किसी शास्त्रीय दर्शन से अनुशासित नहीं है। उसके मूल में कवि का अपना अनुभव है; एक ओर लोक जीवन की वास्तविकताओं का अनुभव और दूसरी ओर भक्तिभावना की विभिन्न अवस्थाओं का व्यक्तिगत अनुभव। इन्हीं अनुभवों से भक्त कवियों की विश्वदृष्टि बनी है। आचार्य हजारीप्रसाद द्विवेदी ने ठीक ही लिखा है कि "सन्त काव्य में शास्त्रगत सूक्ष्म विचारों और पांडित्य प्रवण चिन्ताओं का प्रभाव बहुत कम है, क्योंकि वह विराट जन-आन्दोलन की अभिव्यक्ति का साहित्य है।" जो लोग यह नहीं मानते कि जन आन्दोलन भी नये विचारों के निर्माण और विकास में सहायक होते हैं वे प्रायः जनान्दोलन की अभिव्यक्ति के साहित्य में व्यक्त विचारों को पुराने शास्त्रीय वादों के साँचे में ढालकर समझना चाहते हैं और जो नये विचार पुराने वादों के साँचों में नहीं अटकते उन्हें अपवाद या प्रवाद घोषित करते रहते हैं।

सन्त कवियों की दार्शनिक दृष्टि के स्वरूप को समझने के लिए सन्त काव्य में बार-बार प्रयुक्त तीन अवधारणात्मक पदों पर विचार करना जरूरी है। ये पद हैं : वेदमत, लोकमत और साधुमत। कबीर, दादू आदि अधिकांश सन्त कवि वेदमत या शास्त्रमत को अस्वीकार करते हैं और लोकमत तथा साधुमत को महत्त्वपूर्ण मानते हैं। कबीर और दादू की दार्शनिक दृष्टि का आधार मुख्यतः लोकमत ही है। लेकिन लोकमत में भी कुछ न कुछ शास्त्रमत शामिल रहता है। इसलिए सन्त कवियों की विश्वदृष्टि में वही शास्त्रमत मिलता है जो लोकमत का अंग होता है। यद्यपि सन्त कवि लोकमत को महत्त्वपूर्ण मानते हैं लेकिन वे लोकमत में मौजूद भ्रमों को भी पहचानते हैं, इसलिए वे लोकमत पर आधारित, लेकिन उसके भ्रमों से मुक्त जिस मत का विकास करते हैं उसे सन्तमत या साधुमत कहते हैं। यह साधुमत या सन्तमत भक्ति आन्दोलन की दार्शनिक दृष्टि की सर्वोत्तम देन है। भक्ति की दार्शनिक दृष्टि की एक विशेषता यह है कि इसमें एक ओर लोकजीवन की जटिल वास्तविकताओं और कठिन विडम्बनाओं के अनुभव की व्यंजना की क्षमता है तो दूसरी ओर, ऐसे अनुभवों से मुक्त प्रेमोल्लास की अनुभूति के उत्सव की अभिव्यक्ति की शक्ति भी है।

सन्त कवियों की दार्शनिक दृष्टि की नवीनता इस बात में है कि अगर कभी वे किसी प्राचीन शास्त्रीय धारणा या पद का प्रयोग करते हैं तो उसका अर्थ बदलकर उसे अपना बना लेते हैं। यह काम कबीरदास ने किया है और दादू दयाल ने भी। एक उदाहरण लीजिए। सम्पूर्ण सन्त काव्य में शून्य शब्द का प्रयोग बार-बार हुआ है। यह 'शून्य' बौद्ध दर्शन से आया है। बौद्ध धर्म की महायान शाखा में 'शून्यवाद' एक व्यापक सिद्धान्त है। उसके व्याख्याकार नागार्जुन हैं। सन्त काव्य में 'शून्य' का

वही अर्थ नहीं है जो बौद्धदर्शन के 'शून्यवाद' में है। शून्यवाद के अनुसार 'शून्य' का अर्थ है–'कुछ नहीं।' लेकिन दादू दयाल इस अर्थ को नहीं मानते। वे कहते हैं–"भला जो कुछ नहीं है, उसका नाम ही क्या हो सकता है। उस 'कुछ नहीं' का जो कुछ नाम दिया जाएगा वह झूठ होने को बाध्य है। 'कुछ नहीं' का नाव क्या, जो धरिए सो झूठ।" और भी–

"कुछ नाहीं का नाव धरि, भरमा सब संसार
साँच-झूठ समझे नहीं, ना कुछ किया विचार।"

प्रायः दर्शन से जुड़े शब्दों के अर्थ के बारे में जैसी चिन्ता और सावधानी दादू दयाल के यहाँ मिलती है, वैसी दूसरे सन्त कवियों के काव्य में नहीं हैं, वे शब्द चाहे शास्त्र के हों या लोक के। ऐसे शब्दों में नया अर्थ भरने का महत्त्वपूर्ण काम दादू दयाल ने किया है। ऐसा ही एक शब्द है–'काफ़िर'। दादू ने एक पूरे पद में काफ़िर की नयी व्याख्या करते हुए उसके पुराने लोक प्रचलित अर्थ का निषेध किया है और उसे नया अर्थ दिया है। वे कहते हैं :

"सो काफ़िर जो बोले क़ाफ़
दिल अपणा नहिं राखै साफ़
साईं का फरमान न माने,
'कहाँ पीव' ऐसा करि जाने।
मन आपणे में समझत नाहीं,
निरखत चलै आपणी छाहीं।
जोर जुल्म करि कुटुम्ब सूँ खाई
कपट कूड़ सब उस ही माहीं।
जोर करै, मिसकीन सतावै,
दिल उसके में दरद न आवै।
साईं को पहचाने नाहीं
सो काफ़िर दोज़ख में जाहीं।"

दादू के अनुसार काफ़िर वही है जो कहता है कि सब झूठ है। जो अपना हृदय शुद्ध नहीं रखता। स्वामी का आदेश नहीं मानता। 'ईश्वर कहाँ है' ऐसा प्रश्न करता है। अपने मन में विवेक नहीं करता। अपनी छाया की ओर दृष्टि रखकर चलता है। कुटुम्बियों पर जबरदस्ती कर उनका माल खाता है। कपट का कूड़ा सब उसी में भरा रहता है। जुल्म कर दीन-दुःखियों को पीड़ा पहुँचाता है। उसके हृदय में तनिक भी दया नहीं आती। वह ईश्वर को नहीं पहचानता। ऐसा काफ़िर नर्क में ही जाएगा।

इस पद में काफ़िर की नयी व्याख्या करते हुए दादू ने इस शब्द को संकुचित अर्थ से मुक्त ही नहीं किया है बल्कि इसे पहले से अधिक व्यापक दार्शनिक, सामाजिक और मानवीय अर्थ भी दिया है।

दादू दयाल उस समय के भारतीय समाज में प्रचलित हिन्दू और इस्लाम, दोनों ही धर्मों को संकीर्ण मानते थे इसलिए वे दोनों की रूढ़ियों और संकीर्णताओं से मुक्त नवीन धर्म भावना का विकास करना चाहते थे। कबीर का बनाया हुआ मार्ग उनके सामने था, जो उनकी आकांक्षा के अनुरूप था। उन्होंने कबीर की धर्म साधना का स्वरूप स्पष्ट करते हुए लिखा :

निर्गुण ब्रह्म को कियो समाधू,
तब ही चले कबीरा साधू।
तुर्क की राह खोज सब छाड़ी,
हिन्दू के करनी से पुनि न्यारी।

दादू कहते हैं कि कबीरदास ने निर्गुण ब्रह्म की समाधि के विषय में मुसलमानों का रास्ता छोड़ दिया और हिन्दुओं के क्रियाकलाप से भी अलग हो गये तब वे साधु बने।

ऐसी धर्म भावना के विकास के लिए कबीर जैसी निर्भयता और कुर्बानी देने की तत्परता जरूरी है। इसलिए दादू दयाल ने कबीर का आदर्श सामने रखा और लिखा :

"अपना मस्तक काटि कै बीर हुआ कबीर।"

कबीर शब्द का पहला अक्षर 'क' अगर काट दिया जाए, जो इस शब्द के सिर के समान है तो बीर शब्द बन जाता है। यहाँ एक बार फिर दादू की भाषिक संवेदनशीलता ध्यान देने लायक है जो उनकी दार्शनिक दृष्टि के निर्माण में सहायक है।

जीवन के कर्म से धर्म के मर्म और कविता की कारीगरी का जैसा अन्तरंग सम्बन्ध सन्त काव्य में है, वैसा अन्यत्र दुर्लभ है। अपने जीवन की कारीगरी के अनुभव का उपयोग करते हुए गहन दार्शनिक दृष्टि से भरपूर एक पद दादू ने लिखा है जिसमें अत्यन्त कुशलता के साथ आध्यात्मिक साधना के स्वरूप का चित्रण है। पद इस प्रकार है :

कोरी साल न छाँड़ै रे,
सब घावर को काढ़ै रे।
प्रेम प्राण लगाई धागै,
सत्त तेल दिज दीआ।
एक-मना इस आरम्भ लागा,
ज्ञान राछ भर लीया।
नाम नली भरि बुणकर लागा,
अन्तर गति रंग राता।
ताणे बाणे जीव जुलाहा,
परम तत्त्व सों माता।

सकल शिरोमणि बुनै विचारा,
सान्हा सूत न तोड़ै,
सदा सचेत रहै लौ लागा
ज्यों टूटै त्यों जोड़ै।
ऐसे तनि बुनि गहर गजीना
साईं के मन भावै।
दादू कोरी कर्ता के संगि,
बहुरि न इहि जग आवै।

दादू कहते हैं—जुलाहे, छेद को न रहने देना, सब गाँठों को निकाल देना। प्रेम और प्राण के धागे लगाकर, आत्मतत्त्व रूपी दीपक के प्रकाश में एक चित्त होकर जुलाहे ने बुनना आरम्भ किया। ज्ञानरूपी राछ ताने से भर लिया और नामरूपी नली बाने से भरकर जुलाहा ताना बाना बुनने लगा। अन्तरभाव के रंग से लाल होकर जीवरूपी जुलाहा परमतत्त्व से मतवाला हो गया। सब जुलाहों का शिरोमणि होकर भी नम्रता से बुनते हुए सधा हुआ सूत टूटने नहीं देता। सदा लौ लगाकर सचेत रहता है। ज्यों ही टूटता है त्यों ही जोड़ देता है। इस प्रकार अत्यन्त गाढ़ा और गझिन कपड़ा बुनकर साईं के चित्त को रिझाता है। दादू कहते हैं कि ऐसा जुलाहा साईं के साथ रहता है, इस संसार में फिर लौटकर नहीं आता। दादू के इस पद से कबीर के प्रसिद्ध-पद 'झीनी-झीनी बीनी चदरिया' की तुलना कीजिए तो दार्शनिक अभिप्राय और काव्यगत अर्थ की दृष्टि से दादू के इस पद का महत्त्व मालूम होगा।

भक्ति हृदय का धर्म है। इसलिए उसे भाव मार्ग और प्रेम मार्ग भी कहा जाता है। भक्त के लिए प्रेम ही परम पुरुषार्थ है। निर्गुण और सगुण दोनों ही प्रकार के भक्ति काव्य में भक्ति की अनुभूति प्रायः प्रेम की अनुभूति के रूप में ही व्यक्त हुई है, लेकिन प्रत्येक कवि की प्रेमानुभूति का स्वरूप और अभिव्यक्ति का ढंग अपना है। दादू दयाल के लिए प्रेम और ईश्वर में कोई अन्तर नहीं है। इसीलिए उन्होंने लिखा है—

इश्क़ अलह की जाति है
इश्क़ अलह का अंग
इश्क़ अलह अवजूद है
इश्क़ अलह का रंग।

अर्थात प्रेम ही भगवान की जाति है, प्रेम ही भगवान की देह है। प्रेम ही भगवान की सत्ता है, प्रेम ही भगवान का रंग है। दादू दयाल ने प्रेम में अनन्यता, आसक्ति और तदाकार परिणति की दशाओं का हृदयग्राही वर्णन किया है।

विरह में प्रेम की प्रगाढ़ता और तीव्रता बढ़ती है, इसलिए दादू ने भी अत्यन्त

विनय और कुशलता के साथ अपनी विरह दशा की व्यंजना की है। वे कहते हैं :

तुम बिन व्याकुल केसवा,
नैन रहे जल पूरि।
अन्तरजामी छिप रहे,
हम क्यों जीवैं दूरि।
आप अपरछन होइ रहै,
हम क्यों रैन विहाइ।
दादू दरसन कारने,
तलफि-तलफि जिय जाइ।

दादू की भक्ति भावना का स्वरूप उदार और व्यापक है। उसमें राम, कृष्ण और अल्लाह के बीच सहज एकता है। ये सब दादू दयाल के आराध्य के विभिन्न नाम हैं जिनमें कोई भेद नहीं है। प्रेम की जो अनुभूति दादू की धार्मिक भावना को उदार बनाती है, वही उन्हें सामाजिक स्तर पर अधिक मानवीय भी बनाती है :

निर बैरी सब जो सूँ,
सन्त जनौ सोई।
दादू एकै आत्मा,
बैरि नहिं कोई।

यद्यपि दादू निर्गुण भक्त हैं, लेकिन उन्होंने भगवान के साथ अपनी नित्यलीला का चित्रण उसी तरह किया है जैसा सूर के काव्य में कृष्ण के साथ गोपियों की लीला का वर्णन है। दादू कहते हैं :

रंगभरि खेलौं पीव सों तहँ बाजै बेनु रसाल।
अकल घाट करि बैठया स्वामी प्रेम पिलावै लाल।

भगवान से अपने पूर्ण तादात्म्य की अनुभूति प्रत्येक भक्त की भाव साधना का परम लक्ष्य होता है। वह अनुभूति अत्यन्त दुर्लभ है, लेकिन उसकी अभिव्यक्ति और भी कठिन है। दादू दयाल ने उस अनुभूति की अत्यन्त सहज लेकिन मार्मिक अभिव्यक्ति एक पद में की है :

राम रस मीठा रे, कोइ, पीवै साधु सुजाण।
सदा रस पीवै प्रेम सों, सो अविनासी प्राण।
इहि रस राते नामदेव, पीपा अरु रैदास।
पियबत कबीरा ना थक्या, अजहूँ प्रेम पियास।

× × ×

यहु रस मीठा जिन पिया, सो रस ही रहा समाय।

मीठे मीठा मिलि रहा, दादू अनत न जाइ।

दादू का यह पद एक ओर कबीर के 'ऐसो है रे हरि रस' की याद दिलाता है तो दूसरी ओर 'रसो वैसः' की ओर भी संकेत करता है।

दादू दयाल की दार्शनिक दृष्टि की सबसे बड़ी विशेषता है—सहजता। उसमें कहीं चौंकाने की चेष्टा नहीं है। उसमें जटिलता भी नहीं है; न विचार में, न भाषा में। दादू किसी तरह के विवाद में नहीं पड़े। उनकी दार्शनिक दृष्टि हृदय के विवेक से उपजी है, बौद्धिक व्यायाम से नहीं। यही कारण है कि वह साधारण जन के लिए भी सहज, सुलभ और सुगम है।

मीराँ की कविता और मुक्ति की चेतना

विद्वान लोग समझते हैं कि वे ही साहित्य की व्याख्या और परम्परा की पहचान का काम करते हैं। यह पूरी सच्चाई नहीं है। कभी-कभी विशेष ऐतिहासिक स्थितियों और सामाजिक वास्तविकताओं का सामना करती हुई जनता भी संस्कृति, परम्परा और साहित्य की पहचान का विवेक विकसित करती है। वह विवेक विकल्पों के बीच चुनाव में मदद करता है। यदि हम इस व्यापक प्रक्रिया को समझने के लिए भक्ति-काव्य के साथ जनचेतना के सम्बन्ध पर ध्यान दें तो उस प्रक्रिया का स्वरूप स्पष्ट हो जाएगा। यह सब जानते हैं कि भक्ति आन्दोलन एक अखिल भारतीय जनसंस्कृति के जागरण का आन्दोलन है, जिसका पहले की संस्कृति, परम्परा और कविता से गहरा सम्बन्ध है और बाद की संस्कृति, परम्परा और कविता के विकास में उसकी महत्त्वपूर्ण भूमिका है। जब इस देश की जनता के सामने ऐसी ऐतिहासिक स्थितियाँ आती हैं जो विकल्पों के बीच चुनाव की चुनौती खड़ी करती हैं तब जनता भक्ति आन्दोलन के कवियों की ओर देखती है। ऐसी स्थितियों में विद्वान लोग विचारों की विदेशी सहायता से काम चला लेते हैं, लेकिन साधारण जनता तो अपने भक्त कवियों से ही कुछ आशा कर सकती है।

पिछले कुछ वर्षों में इस देश में अनेक जन आन्दोलन हुए हैं। उन आन्दोलनों को भक्ति कवियों की याद आती रही है और उन्हें उनसे शक्ति भी मिलती रही है। जब महाराष्ट्र में दलितों ने वर्ण-व्यवस्था और जाति प्रथा के प्रति विद्रोह किया जब उन्हें मराठी के भक्त कवि नामदेव, तुकाराम और चोखामेळा आदि से प्रेरणा मिली और शक्ति भी। हिन्दी क्षेत्र का दलित आन्दोलन कबीर और रैदास के विचारों से प्रभावित होता रहा है। इधर जब से साम्प्रदायिकता की महामारी फैली है तब से कबीरदास का महत्त्व साधारण जनता के साथ-साथ विद्वानों की भी समझ में आने लगा है। साम्प्रदायिकता, धार्मिक कट्टरता और पितृसत्तात्मक व्यवस्था के विरुद्ध संघर्ष में प्रेरणा का अक्षयस्रोत है भक्त कवियों की कविता।

हिन्दी क्षेत्र में अभी सामन्ती मूल्यों और रूढ़ियों का जितना अधिक प्रभाव है उतना देश के अन्य भागों में शायद ही हो। इसलिए यहाँ स्त्रियों का जैसा शोषण, दमन और उत्पीड़न है वैसा अन्यत्र कहीं नहीं। हत्या और आत्महत्या से बचा स्त्री

जीवन आग के दरिया से गुजरने के समान है। इस पराधीनता से स्त्रियों की मुक्ति का जो आन्दोलन हिन्दी क्षेत्र में अब चल रहा है वह मीराँबाई के जीवन और काव्य के विद्रोही स्वरों को पहचान रहा है। मीराँ के काव्य में राजसत्ता, पुरुषसत्ता, लोकरूढ़ि और कुलीनता के विरुद्ध विद्रोह का स्वर जैसा प्रखर है वैसा उस काल के किसी अन्य कवि के यहाँ नहीं है। राजस्थान में दिवराला के सती कांड के बाद उस नृशंस सामन्ती प्रथा के विरुद्ध जो आवाज उठी और आन्दोलन चला उसमें मीराँबाई को बार-बार याद किया गया। यह स्वाभाविक था और जरूरी भी। आज भी भारतीय नारी को गुलाम बनाये रखने में राजसत्ता, पुरुषसत्ता, लोकरूढ़ि और कुल-कानि की बहुत बड़ी भूमिका है। मीराँ के जीवन और काव्य से इन चारों के विरुद्ध संघर्ष की प्रेरणा मिलती है। हिन्दी आलोचना में मीराँबाई के वास्तविक महत्त्व की खोज और पहचान अभी बाकी है। अनेक आलोचक तो उन्हें भक्तिकाल के बड़े कवियों में गिनने के लिए भी तैयार नहीं हैं। जब इस देश में नारी स्वाधीनता का आन्दोलन पूरी तरह विकसित होगा, वह शहरों से निकलकर गाँवों तक पहुँचेगा और भारत का स्त्री समुदाय सचमुच स्वतन्त्र होगा तब मीराँबाई हिन्दी ही नहीं गुजराती जनता के बीच भी अत्यन्त लोकप्रिय होंगी। इस बात पर कम ध्यान दिया गया है कि जैसे विद्यापति हिन्दी क्षेत्र को बंगाल से जोड़ते हैं वैसे ही मीराँबाई गुजरात से। बंगाल में जितना महत्त्व विद्यापति का है, उससे अधिक गुजरात में मीराँबाई का है।

हिन्दीभाषी जनता ने अपने जीवन-संघर्ष और सामाजिक संघर्ष की प्रक्रिया में भक्त कवियों का महत्त्व पहचाना है और उनकी कविता के संग्रह-त्याग का विवेक विकसित किया है। क्या वह विवेक तर्कयुद्ध में लगे आलोचकों की राय से कम महत्त्व का है? क्या वह आलोचकों के किसी काम का नहीं? क्या भक्ति काव्य सम्बन्धी आलोचनात्मक चेतना के विकास में उस विवेक की कोई भूमिका नहीं है?

भक्तिकाल के कवियों के बीच मीराँ के विशेष महत्त्व की पहचान करनी हो तो स्त्री के बारे में सभी भक्त कवियों के दृष्टिकोणों का तुलनात्मक मूल्यांकन उपयोगी होगा। स्त्री के बारे में सभी भक्त कवियों के विचार एक से नहीं हैं। यद्यपि कबीर की सामाजिक चेतना अत्यन्त प्रखर है, लेकिन उनके स्त्री सम्बन्धी विचारों पर उस युग की गहरी छाया है। वे कहते हैं :

"नारी कुंड नरक का, बिरला थामे बाग।
कोई साधुजन ऊबरे, सब जग मुआ लाग।।"

सामाजिक व्यवस्था और धार्मिक विश्वास सम्बन्धी कबीर के विचारों से तुलसीदास असहमत हैं, लेकिन स्त्री के बारे में दोनों की राय लगभग एक जैसी है। तुलसीदास भी स्त्री को अवगुणों की खान और बुराइयों की जड़ समझते हैं। वे यह भी कहते हैं कि पति की सेवा (चाहे पति जैसा भी हो) स्त्री का धर्म है :

"सहज अपावन नार, पति सेवत सुभ गति लहै"

परन्तु तुलसीदास स्त्री की पराधीनता की पीड़ा को भी पहचानते हैं :

"कत विधि सृजी नारि जगमाहीं
पराधीन सपनेहुँ सुख नाहीं।"

पर साथ ही वे स्त्री की स्वतन्त्रता को खतरनाक भी समझते हैं :

"जिमि स्वतन्त्र भये बिगरहिं नारी।"

कबीर और जायसी सती प्रथा को महिमामंडित करते हैं। इस तरह कबीर, जायसी और तुलसी के काव्य में स्त्री सामन्ती रूढ़ियों में जकड़ी हुई दिखलाई पड़ती है, लेकिन सूरदास के काव्य में स्त्री का सहज, स्वतन्त्र और तेजस्वी रूप मिलता है जो प्रेम में लोक और वेद के किसी बन्धन को नहीं मानता।

स्त्री के बारे में मीराँ का दृष्टिकोण बाकी भक्त कवियों से एकदम अलग है। उनकी कविता में एक ओर सामन्ती समाज में स्त्री की पराधीनता और यातना का बोध है दूसरी ओर उस व्यवस्था के बन्धनों का पूरी तरह निषेध और उससे स्वतन्त्रता के लिए दीवानगी की हद तक संघर्ष भी है। उस युग में एक स्त्री के लिए ऐसा संघर्ष अत्यन्त कठिन था। लेकिन मीराँ ने अपने स्वत्व की रक्षा के लिए कठिन संघर्ष किया। वह राठौड़ कुल की बेटी और सिसौदिया राजकुल की बहू थी, जहाँ सतीप्रथा का चलन था। मीराँ विधवा होने के बाद उनकी रीति और लोक की रूढ़ि के अनुसार सती नहीं हुईं। वह लगातार लांछन, अपमान और यातना सहती हुई कृष्णभक्त बनीं। उन्होंने निर्भय होकर भ्रामक युगधर्म और लोकभय का सामना करते हुए स्पष्ट कहा :

"भजन करस्याँ सती न होस्याँ मन मोह्यो घण नामी"

उस युग में किसी स्त्री को भक्ति भी सहज सुलभ न थी; क्योंकि स्त्री को भक्त रूप में स्वीकार करने के लिए व्यापक समाज की कौन कहे, साधु समाज भी तैयार न था। मीराँ के बारे में प्रचलित विभिन्न प्रवादों से यही संकेत मिलता है। 'चौरासी वैष्णवन की वार्ता' में वल्लभ सम्प्रदाय के भक्तों का गुणगान किया गया है, लेकिन उसमें मीराँबाई को बहुत बुरा-भला कहा गया है और गालियाँ भी दी गयी हैं।

मीराँ का जीवन और काव्य उस काल के अन्य भक्त कवियों की स्त्री सम्बन्धी मान्यताओं का प्रतिकार है और प्रत्युत्तर भी।

मीराँ की कविता में मुक्ति की चेतना प्रेम के माध्यम से व्यक्त हुई है। प्रेम सम्पूर्ण भक्ति काव्य का केन्द्रीय भाव है। विभिन्न भक्त कवियों ने प्रेम के विशिष्ट स्वरूप की अभिव्यक्ति की है, लेकिन मीराँबाई का प्रेम सबसे अधिक सहज, उत्कट और विद्रोही है। उनको प्रेम की अभिव्यक्ति के लिए किसी बिचवई की जरूरत नहीं है; न कबीर की तरह रूपक की, न जायसी की तरह लोककथा की और न सूर की तरह गोपियों

की। वहाँ सीधा और प्रत्यक्ष प्रेम निवेदन है, निर्भय और निर्द्वन्द्व आत्माभिव्यक्ति के रूप में।

वैसे तो कबीर, जायसी और सूर के लिए भी प्रेम का मार्ग सुगम न था, लेकिन मीराँ को अपने हृदय के विवेक की रक्षा के लिए जिस अग्नि परीक्षा से गुजरना पड़ा उससे भक्तिकाल के किसी दूसरे कवि को नहीं। मीराँ के सामने भावजगत से अधिक भौतिक जगत की, सीधे पारिवारिक और सामाजिक जीवन की चुनौतियाँ एवं कठिनाइयाँ थीं। उस पुरुष प्रधान सामन्ती समाज में एक स्त्री, वह भी राठौड़ राजपूत कुल की बेटी और मेवाड़ के महाराणा परिवार की बहू, ऊपर से विधवा। यही था मीराँ का अपना लोक। उसके धर्म और उसमें स्त्री की स्थिति का अनुमान किया जा सकता है। उसके विरुद्ध विद्रोह की कल्पना भी कठिन है। मीराँ ने उस आतंककारी लोक और उसके भयावह धर्म के विरुद्ध खुला विद्रोह किया, जिसका साक्षी है उनका जीवन और काव्य।

मीराँ का विद्रोह अन्धे के हाथ लगा बटेर नहीं है। वे अपने संघर्ष की परिस्थितियों के बारे में पूरी तरह सजग हैं। विरोधी शक्तियों के खूँखार स्वभाव और अपनी स्थिति की पहचान के बाद ही उन्होंने कहा था कि—"तन की आस कबहुँ नहिं कीनो, ज्यों रण माँही सूरो।" उनका संघर्ष सचमुच असाधारण है। जीवन की बाजी लगाकर लड़ा जानेवाला एक युद्ध। उनकी शक्ति का मुख्य स्रोत है संकल्प। संकल्प के पीछे प्रेम में अटूट आस्था का बल है। तभी तो वे विरोधियों को चुनौती देती हुई घोषणा करती हैं :

"लोक लाज कुल कानि जगत की, दइ बहाय जस पाणी।
अपने घर का परदा कर लो, मैं अबला बौराणी॥"

यह चुनौती उन लोगों को है जो लोकलाज और कुल की मर्यादा के नाम पर मीराँ की स्वतन्त्रता को कुचलना चाहते थे और असफल होने पर खीझकर उन्हें बावरी, दीवानी और कुलनाशी आदि कहते थे, 'अपने घर का परदा' कर लो, मैं अबला बौराणी' में आरम्भ का व्यंग्य बाद की विडम्बना से मिलकर जो प्रभाव पैदा करता है वह चुनौती के स्वर को अधिक अर्थपूर्ण और धारदार बना देता है। यहाँ एक सजग स्त्री-स्वर सुनाई देता है, जिसमें आक्रोश की अनुगूँज है, केवल पीड़ित की चीख या पुकार नहीं है। इससे यह भी स्पष्ट है कि संकल्प और आस्था के साथ अपनी अस्मिता और स्वतन्त्रता के लिए संघर्षशील अबला भी पुरुष प्रभुत्व के लिए चुनौती बन सकती है।

अपने प्रेम की रक्षा के लिए मीराँ का संघर्ष चौतरफा है। उनके विरोध में राणा की राजसत्ता है और सिसौदिया कुल की मर्यादा (कुल कानि) भी, पुरुष-प्रभुत्व की सत्ता है और सामन्ती समाज की रूढ़ियाँ (लोक-लाज) भी। इनमें से कोई भी एक

किसी स्त्री की हत्या में सक्षम है, फिर जहाँ चारों एकत्र हों वहाँ आतंक का क्या कहना! मीराँ ने इन सबका सामना किया और कभी-कभी आगे बढ़कर उन्हें ललकारा भी है :

"सीसोद्यो रुठ्यो म्हाँरो काँई कर लेसी।
म्हें तो गुण गोविन्द का गास्याँ, हो माई॥
राणाजी रुठ्याँ वाँरो देस रखासी।
हरि रुठ्या कुम्हलास्याँ, हो माई॥
लोकलाज की काण न मानूँ।
निरभै निसाण घुरास्याँ, हो माई॥"

मीराँ की सामाजिक सजगता का एक प्रमाण यह भी है कि उन्होंने जहाँ भी अपने समाज की रूढ़ियों को चुनौती दी है वहाँ सखी या माँ को सम्बोधित किया है, भाई या पिता को नहीं।

प्रेम स्वभाव से ही सत्ताविरोधी और स्वतन्त्र होता है। वह अपने प्रिय को छोड़कर और किसी की सत्ता स्वीकार नहीं करता। सत्ता से प्रेम के संघर्ष की कहानी उतनी ही पुरानी है जितनी मानव-समाज में प्रेम की कहानी है। यह आवश्यक नहीं कि प्रेम की कविता में विरोधी सत्ता हमेशा सामने हो। वह कहीं प्रत्यक्ष होती है, कहीं परोक्ष भी। प्रेम ही मीराँ के सामाजिक संघर्ष का साधन है और साध्य भी। यद्यपि कबीर भी कहते हैं कि प्रेम का घर खाला का घर नहीं है, लेकिन मीराँ की प्रेम साधना कबीर से भी अधिक कठिन है। दुर्गम प्रेम-पथ का उनका अनुभव ठीक ही कहता है :

"लगन को नाँव न लीजे, री भोली!
लगन लगी को पैंडो ही न्यारो,
पाँव धरत तन छीजै
जे तूँ लगन लगाई चाहै,
सीस को आसन कीजै।"

यह कोई काव्योक्ति नहीं, मीराँ के जीवन की सच्चाई है।

मीराँ के प्रेम में आत्मसमर्पण और आत्मविश्वास का अनुपम मेल है। उनका आत्मसमर्पण आत्मविसर्जन नहीं है। वहाँ प्रेम में कृष्ण के सामने आत्मसमर्पण है तो सामन्ती शक्तियों के विरोध की दृढ़ता भी है। कृष्ण से मीराँ कहती हैं– "म्हाने चाकर राखो जी! म्हाने चाकर राखो जी!" तो दूसरी ओर राणा से कहती हैं–"थै तो राणा जी म्हाने इसड़ा लागो, ज्यों बृच्छन में कैर।" वे गोविन्द के सामने आत्मसमर्पण करती हैं और उससे शक्ति अर्जित करती हुई सामन्ती शक्तियों का सामना करती हैं। मीराँ कभी-कभी राजसत्ता और उसकी शक्ति की सीमा बताने के लिए उसके सामने ईश्वर की सत्ता और शक्ति को रख देती हैं :

"राणाजी रुठ्याँ वाँरो देस रखासी।
हरिरुठ्या कुम्हलास्याँ, हो माई॥"

या

"राजा रूठै नगरी राखे, हरि रुठ्या कहँ जाणा।"

इस तरह वे सामन्ती सत्ता की तुच्छता सामने लाकर उसके आतंक, भय या प्रलोभन से मुक्ति की प्रेरणा देती हैं और अपने प्रेम की श्रेष्ठता को सिद्ध करती हैं।

मीराँ का विद्रोह एक विकल्पहीन व्यवस्था में अपनी स्वतन्त्रता के लिए विकल्प की खोज का संघर्ष भी है। मीराँ की कविता में सामन्ती समाज और उसकी संस्कृति की जकड़न से बेचैन स्त्री-स्वर की मुखर अभिव्यक्ति है। उनकी स्वतन्त्रता की आकांक्षा जितनी आध्यात्मिक है उतनी ही सामाजिक भी। मीराँ का जीवन-संघर्ष, उनके प्रेम का विद्रोही स्वरूप और उनकी कविता में स्त्री-स्वर की सामाजिक सजगता भक्ति आन्दोलन की एक बड़ी उपलब्धि है, जिसकी ओर हिन्दी आलोचना में अब ध्यान दिया जा रहा है। लेकिन नाभादास ने भक्तमाल में मीराँ की मृत्यु के लगभग पचास वर्ष बाद ही उनके प्रेम के विद्रोही स्वरूप, उनके व्यक्तित्त्व की स्वतन्त्रता, उनके स्वभाव की निर्भयता और उनके संघर्ष के महत्त्व को पहचानते हुए लिखा था :

"लोक लाज कुल-शृंखला तजि 'मीराँ' गिरिधर भजी।
सदृश गोपिका प्रेम प्रकट, कलि जुगहिं दिखायौ॥
निर अंकुश अति निडर, रसिक जस रसना गायौ॥
दुष्टिन दोष बिचारि, मृत्यु को उद्दिम कीयौ।
बार न बाँको भयौ, गरल अमृत ज्यों पीयो॥
भक्ति निसान बजाय कै, काहू ते नाहिन लजी।
लोक लाज कुल शृंखला तजि 'मीराँ' गिरिधर भजी॥"

सांस्कृतिक संगम के कवि रहीम

मैंने आज के व्याख्यान का विषय चुना है—सांस्कृतिक संगम के कवि रहीम। सत्यप्रकाश जी ने साहित्य-आलोचना के क्षेत्र में जो महत्त्वपूर्ण काम किये हैं, उनमें एक है रहीम की रचनाओं का संग्रह, सम्पादन और प्रकाशन और उसके साथ ही एक अत्यन्त सुपठित, सुचिन्तित और सुव्यवस्थित भूमिका। आप में से बहुत लोग सत्यप्रकाश जी द्वारा सम्पादित 'रहीम रचनावली' से परिचित हैं। मैं रहीम पर जिस दृष्टि से बात करना चाह रहा हूँ, उस दृष्टि की मूल बात सत्यप्रकाश जी ने अपनी भूमिका में लिखी है। मैं उनकी भूमिका में से एक वाक्य पढ़ रहा हूँ—"रहीम उस मध्ययुगीन सहज मानवीय दृष्टि के रचनाकार थे जो हिन्दू और मुसलमानों को इस महादेश का नागरिक मानकर देवी-देवताओं के नामों और रूपों के भेदात्मक दृष्टि में एकत्व की खोज करने से विकसित हो रही थी।"

इस वाक्य में बहुत सारी बातें हैं। मैं उनकी व्याख्या नहीं करूँगा, आगे चलकर जो कुछ कहूँगा उससे भी उसकी व्याख्या हो जाएगी और मैं आप लोगों को आमन्त्रित करूँगा कि 'रहीम रचनावली' की भूमिका स्वयं पढ़ें। मेरा खयाल है कि इलाहाबाद के लोगों को संगम का अर्थ बताने की जरूरत नहीं है। पर इस जाने-पहचाने अर्थ के अलावा मेरे मन में एक और अर्थ है संगम संस्कृति का या सांस्कृतिक संगम का, उसकी ओर आपका ध्यान जरूर खींचना चाहता हूँ और रहीम का उस सांस्कृतिक परिवेश से बहुत गहरा रिश्ता था जिससे संगम-संस्कृति या सांस्कृतिक संगम का वातावरण निर्मित हुआ। आप में से कुछ लोगों को मालूम होगा कि शाहजहाँ के बड़े बेटे दाराशिकोह ने 1654 ई. में फारसी में एक किताब लिखी थी। किताब का फ़ारसी में नाम था—'मज़्म उल बहरैन'। बहरैन माने समुद्र, मज़्म माने मिलना। इसी किताब का साल भर बाद ही स्वयं संस्कृत में उसने अनुवाद किया था, अनुवाद का नाम था—'समुद्र संगम'। फ़ारसी वाली किताब में जो भी है, वही थोड़े फ़र्क के साथ 'समुद्र संगम' में भी है। दाराशिकोह ने संगम संस्कृति या सांस्कृतिक संगम के लिए एक और बहुत बड़ा काम किया था। उसने बनारस और इलाहाबाद दोनों की यात्राएँ करते हुए संस्कृत के आचार्यों और पंडितों के सहयोग से और पंडितराज जगन्नाथ के निर्देशन में (क्योंकि पंडितराज जगन्नाथ उसके गुरु थे, शाहजहाँ के दरबार में तो

वे रहते ही थे) उसने 52 उपनिषदों का फ़ारसी में अनुवाद किया, उसका नाम था, 'सिर्रे-अकबर'। यह बहुत कम लोगों को मालूम है कि दाराशिकोह के फ़ारसी में किये गये 52 उपनिषदों के अनुवाद का लैटिन और फ्रेंच में जब अनुवाद यूरोप में हुआ और छपा, उस लैटिन अनुवाद से यूरोप को उपनिषदों के ज्ञान का बोध हुआ। दाराशिकोह के अनुवाद को पढ़कर ही उपनिषदों के बारे में शोपेन हॉवर ने जाना, नीत्शे ने जाना, अमेरिका के इमर्सन ने जाना। वह सब पुराना इतिहास है। यह जो दाराशिकोह के माध्यम से सांस्कृतिक संगम की प्रक्रिया शुरू हुई थी, उसकी शुरुआत का श्रेय अकबर को था। अकबर ने बड़े पैमाने पर संस्कृत के महान ग्रन्थों के अनुवाद का काम शुरू करवाया था। अकबर, रहीम और दाराशिकोह तीनों एक बात मानते थे कि हम इस्लाम के माध्यम से जिस तौहीद की खोज करते हैं वही हिन्दुओं के दर्शन में अद्वैतवाद है। अकबर ने 'महाभारत' का अनुवाद करवाया, अथर्ववेद का अनुवाद करवाया, गणित की किताबों के अनुवाद करवाये। उसके महान अनुवादकों में मुल्ला बदायूँनी थे, दूसरे और बहुत सारे लोग थे। ये जो सारे अकबर के जमाने से प्रयत्न हो रहे थे वे क्यों हो रहे थे। अबुल फज़ल ने 'आईन-ए-अकबरी' में हिन्दुओं और मुसलमानों के बीच दूरी के पाँच कारण बताये हैं। मैं उन पाँचों का केवल उल्लेख करूँगा। अबुल फज़ल ने लिखा है कि पहला कारण तो यही है कि, हिन्दुस्तान में भाषाएँ बहुत हैं इसलिए एक आदमी एक भाषा जानता है, दूसरा, दूसरी भाषा जानता है। दोनों के बीच मेल की गुंजाइश कम हो जाती है। दूसरा उसने यह भी कहा कि दोनों समुदाय के ज्ञानी एक-दूसरे के करीब नहीं आते। ज्ञानियों की यह बड़ी भारी विशेषता है। आज के भी ज्ञानी क्या मजाल कि किसी दूसरे से सहमत हो जायें। अपनी बेवकूफी को लिए-दिए लड़ मरेंगे पर दूसरों से संवाद की कोशिश नहीं करेंगे। तीसरा कारण बताया कि बहुत सारे लोग भौतिक सुखों में लिप्त रहने के कारण दोनों धर्मों में ज्ञान की जो बातें हैं, उस पर ध्यान नहीं देते। चौथा कारण उन्होंने बताया कि हिन्दुस्तान में इस दूरी का एक कारण आलस्य भी है। पाँचवाँ और आखिरी कारण यह बताया कि एक-दूसरे के बारे में जिज्ञासा भी कम है। अकबर ने बड़े पैमाने पर संस्कृत-ग्रन्थों का फ़ारसी में अनुवाद कराकर, इन्हीं पाँच कारणों को दूर करने का प्रयत्न किया और उस संगम संस्कृति या सांस्कृतिक संगम की नींव डाली जो रहीम की कविता में मौजूद है।

एक और प्रसंग ध्यान में रखना जरूरी है। असल में यह सांस्कृतिक संगम एक स्तर पर नहीं चल रहा था, अनेक स्तरों पर चल रहा था। यह कम लोगों को मालूम है कि मुगल परिवारों में, सल्तनत के लोगों में तीन भाषाएँ चलती थीं। राज-काज की भाषा फ़ारसी थी, मुगलों की अपनी मातृभाषा तुर्की थी और आगरा से लेकर दिल्ली तक स्थानीय भाषा के रूप में ब्रजभाषा स्वीकृत थी। अकबर से लेकर बहादुरशाह

जफर तक के दरबार और परिवार की एक भाषा ब्रजभाषा थी। यह बात कम लोगों को मालूम है कि अकबर से लेकर बहादुरशाह जफर तक प्रत्येक बादशाह ने ब्रजभाषा में कविता लिखी है। अकबर हिन्दी में कविता लिखता था, यह तो आचार्य रामचन्द्र शुक्ल तक ने हिन्दी साहित्य के इतिहास में लिख रखा है। उन्होंने अकबर का एक छन्द भी उद्धृत किया है। मैं आपको एक कविता औरंगजेब की सुनाऊँगा। उसका कारण है—औरंगजेब की जो छवि हिन्दुस्तान में बनी हुई है, आप देखिए कि उसकी कविता से वह छवि निकलती है क्या? कवि ही कविता नहीं बनाता, यह तो घनानन्द कह गये हैं, कविता भी कवि को कभी-कभी बनाती है। पर सच्चा कवि हो तो, पर खैर, औरंगजेब की कविता पढ़ रहा हूँ :

चरण धर धर मेरे गृह लालन भय खाये आये मेरे।
तन के दुख सब दूर गये सुख आये मेरे नेरे॥
मृदंग बजावहु मंगल गावहु भागन ही पाये कर रहि जतन बहुतेरे।
'साह औरंगजेब' प्रीतम अब मैं धन जनम कर मानत जब आँखन भर हेरे॥

यह कविता है औरंगजेब की। यह मत समझियेगा कि जब उर्दू कविता आ गयी तब ब्रजभाषा की कविता समाप्त हो गयी। अब मैं उस बादशाह की कविता का हिस्सा सुनाऊँगा जो स्वयं उर्दू का बड़ा शायर था—बहादुरशाह जफर। बहादुरशाह जफर की कविता है :

प्यारी तेरो प्यारो आयो।
प्यारी-प्यारी बातें कर प्यारे को मनाइये।
अनेक भाँतिन कर प्यार प्यारे को रिझाइये।
आली ऐसो प्यारो कहाँ घर बैठे पाइये।
लाइये, समुझाइये कौन भाँतिन कर सुख दे बोलाइये।
'साह बहादुर' तेरे रस बस भये अनरस कर कर सौतन सताइये।

मैं यह कह रहा था कि मुगल सत्ता के साथ विशेष रूप से अकबर के काल में जो सांस्कृतिक संगम की कोशिशें शुरू हुईं, उसी की देन थे रहीम। रहीम अपने समय के सांस्कृतिक केन्द्र भी थे। रहीम के दरबार में कवियों का जमघट लगा रहता था। एक किताब है—'मअसरे-रहीमी' उसमें ऐसे 300 कवियों का उल्लेख है जो रहीम के दरबार में आते-जाते थे। ये कवि हिन्दी और फ़ारसी के नहीं थे, तुर्की के, अरबी के और बहुत सारी भाषाओं के कवि थे। उसमें नाम सबका दिया हुआ है। अपने युग की संस्कृति के केन्द्र थे रहीम। इसका एक और प्रमाण उस युग में मिलता है। उस युग के सबसे बड़े कवि तुलसीदास से रहीम के सम्बन्ध पर ध्यान दीजिए। तुलसीदास और रहीम का सम्बन्ध था इसका कोई ठोस प्रमाण नहीं है लेकिन लोकमत में ऐसा विश्वास मौजूद है। आप लोगों ने सुना होगा, बहुत लोगों ने

तुलसीदास पर लिखी अपनी किताब में एक छन्द उद्धृत किया है और प्रसंग भी। वह यह है कि एक कोई याचक तुलसीदास के पास गया कि मुझे बेटी की शादी करनी है, मुझे कहीं से कुछ पैसे की व्यवस्था करवाइए। तुलसीदास के पास क्या था! तुलसीदास ने दोहे की पहली पंक्ति लिखी। प्रसिद्ध पंक्ति है :

"सुरतिय नरतिय नागतिय यह चाहत सब कोय"

और उसको देकर कहा कि इसको लेकर रहीम के पास चले जाओ। रहीम ने दो काम किये। एक तो उस दोहे को पूरा किया और दूसरा उसको पर्याप्त धन देकर विदा किया और कहा कि अब पूरा ले जाकर उनको दे देना। दूसरी पंक्ति जो रहीम ने लिखी वह है :

"गोद लिए हुलसी फिरै तुलसी सो सुत होय।"

इस दोहे ने एक और कमाल किया। कहीं इस बात का कोई प्रमाण नहीं है कि तुलसीदास की माता का नाम हुलसी था। इस दोहे से तुलसी की माता का नाम लोगों को मालूम हुआ।

रहीम के दोहे की इन पंक्तियों के आधार पर आम विश्वास यह बन गया कि तुलसीदास की माता का नाम हुलसी था। वैसे भी अपना जो हिन्दू समाज है कुल मिलाकर पूरा हिन्दुस्तानी समाज, उसमें माँ का नाम क्या होता है, माँ का नाम कहाँ कौन लिखता है? पिता का नाम जरूर हर जगह लिखा जाता है, जन्म से लेकर श्राद्ध तक। श्राद्ध में भी कोई माँ को याद नहीं करता। वैसे भी स्त्रियों को याद करने की कोई परम्परा नहीं है। श्राद्ध में स्त्रियों का पिण्डदान नहीं होता। कई पण्डित लोग यहाँ बैठे हुए हैं, वो लोग ज्यादा जानते होंगे। मैं तो कह रहा हूँ कि तुलसीदास और रहीम का जो यह सम्बन्ध है, उसमें भी रहीम की अपने काल में केन्द्रीयता और महत्त्व का बोध होता है। दूसरी बात यह है कि तुलसीदास के सम्बन्ध में एक किताब है—'गुँसाई चरित'। वैसे तो लोग उसको प्रामाणिक नहीं मानते। न भी हो प्रामाणिक तो भी उसने एक जनश्रुति पैदा की वह यह है कि रहीम ने 'बरवै नायिका भेद' लिखकर तुलसीदास के पास भेजा, उसको देखकर और उसके छन्द के सौन्दर्य से प्रभावित होकर तुलसीदास ने फिर 'बरवै रामायण' लिखा। फिर मैं आपसे कह रहा हूँ कि इसके बारे में भी कोई प्रमाण नहीं है। पर लोकमत जिस तरह से तुलसीदास और रहीम की आत्मीयता को स्वीकार करता है, वह उस काल के सांस्कृतिक संगम का एक बड़ा सबूत है।

रहीम अकबरी दरबार के एक रत्न थे लेकिन उनकी कविता में ऐसा बहुत कुछ है जो कि दरबारीपन से एकदम मुक्त है। मैं रहीम के कुछ दोहे आपके सामने रख रहा हूँ। उन दोहों में दरबारी संस्कृति की अभिव्यक्ति नहीं है, बल्कि उसके ठीक

विपरीत भावनाएँ व्यक्त हुई हैं। रहीम का एक दोहा है :

"चाह गयी, चिन्ता मिटी, मनवा बेपरवाह।
जिनको कछु न चाहिए, वे शाहन के शाह॥"

यह सूफी चेतना है, यह फकीराना अन्दाज है, जिसमें रहीम बोल रहे हैं, अपने देश के इतिहास के सबसे बड़े दरबार के रत्न होते हुए। मेरा अपना व्यक्तिगत खयाल है कि अकबर से बड़ा दरबार हिन्दुस्तान के इतिहास में न पहले था और न बाद में हुआ। इतना सुव्यवस्थित, इतना शक्तिशाली, इतना वैभवशाली, रहीम ऐसे दरबार के रत्न थे फिर भी उनको निरर्थक लगता है। क्या है कि कभी-कभी आप बहुत ऐसी चीजों में डूबिए तो ऊब पैदा होती है। चाहे दरबार ही क्यों न हो। आप उनका एक दूसरा दोहा देखें। बहुत ही बारीकी से इसमें रहीम की अपनी प्रवृत्ति व्यक्त हुई है। कविता भी थोड़ी बारीक है :

"काह करौं बैकुंठ ले, कल्पवृक्ष की छाँह।
रहिमन दाख सुहावनो, जो गल पीतम बाँह॥"

यहाँ शुद्ध भावानुभूति के स्तर पर प्रेम की पवित्रता और महानता की अभिव्यक्ति है। उसके सामने बैकुंठ और कल्पवृक्ष दोनों निरर्थक है। एक और दोहा देखिए। इस दोहे में भी फिर उसी तरह से दरबारीपन से दूर जाते हुए रहीम–'बिन्दु मा सिन्धु समानी, को अचरज कासौं कहौं हेरन हार हेरानी।' जो देखता है वही चकित है। यह बात हिन्दी में केवल एक कवि कह सकता था और कहा है, वह है कबीरदास कि, बिन्दु में समुद्र समा गया। एक पूरी दार्शनिक परम्परा है। एक दूसरे ढंग का दोहा है:

'गयी आगि उर लाये, आगि लेन आइ जो तिय।'

गयी थी आग लेने दूसरे के घर, दिल में आग लगा के लौट आयी।

जो आग लगी है, वह बुझाए नहीं बुझ रही है बहुत कोशिश कर रही है कि बुझा दे लेकिन नहीं। इसके बाद जिस तरह की पंक्ति रहीम ने लिखी है, वह भाषा पर उनके नियन्त्रण का सबूत हैं–'भभकि-भभकि बरि-बरि उठे।' बिना लोक भाषा से गहरे परिचय के यह पंक्ति पैदा ही नहीं हो सकती। इसलिए मैं आपसे कह रहा था कि रहीम अकबरी दरबार में रहते थे पर दरबार की प्रवृत्तियों, सीमाओं, मानसिकताओं से काफी दूर भी रहते थे। एक और उदाहरण लीजिए, दरबार के किसी रत्न की गरीब और गरीबी में क्या दिलचस्पी हो सकती है लेकिन नहीं, रहीम की कविता में दोनों से दिलचस्पी भी व्यक्त हुई है और दोनों की चिन्ता भी। मैं केवल कुछ दोहे पढ़कर सुना रहा हूँ :

दीन सबन को लखत हैं, दीनहि लखै न कोय।
जो रहीम दीनहि लखै, दीन बन्धु सम होय॥

दूसरा दोहा :

समय दसा कुल देखि के सबै करत सनमान।
रहिमन दीन अनाथ को, तुम बिन को भगवान॥

याद कीजिए, मध्यकाल में गरीब और गरीबों की चिन्ता करने वाले दूसरे महाकवि हैं—तुलसीदास और कबीरदास। वह भी मजबूर होकर दीनानाथ को पुकार रहे हैं।

रहीम की या किसी भी कवि की काव्यानुभूति की संस्कृति पर ध्यान देना बहुत जरूरी होता है। पूरी दुनिया के बड़े कवियों की अपनी विशेषता, उनकी खासियत उनकी काव्यानुभूति की संस्कृति में ही व्यक्त होती है। काव्यानुभूति की संस्कृति मेरे लिए एक बहुत ही व्यापक धारणा है जिसकी मैं अभी व्याख्या नहीं करूँगा, मूल बात अभी जो कहनी है वह यह है कि उसकी पहचान का एक बड़ा प्रमाण कवि की भाषिक चेतना में मिलता है। एक उदाहरण देकर काव्यानुभूति की संस्कृति और भाषिक चेतना को आपके सामने रखना चाहता हूँ, आपने ध्यान दिया होगा कि भाषा के स्तर पर चार तरह के कवि होते हैं। बहुत सारे कवि ऐसे होते हैं कि बहुत अच्छी उठान के साथ अच्छी भाषा में कविता लिखना शुरू करेंगे, पाँच-सात पंक्तियों के बाद भाषा लड़खड़ा जाएगी और कविता भी लड़खड़ा जाएगी। उनसे बेहतर तो वे कवि होते हैं जिनकी कविता की भाषा का एक सुलझा हुआ सुव्यवस्थित रूप होता है, जैसे हिन्दी में पन्त जी, उनकी हर कविता में शुरू से अन्त तक भाषा का एक स्तर है। पर महाकवियों की विशेषता दूसरी है। महाकवि हिन्दी में वो हुए हैं जिनके पूरे काव्य को आप देखिए तो भाषा के विभिन्न स्तर दिखाई देंगे। ऐसे हिन्दी के तीन बड़े कवि मुझे याद पड़ रहे हैं—महाकवि निराला को आप याद कीजिए, उनकी काव्यभाषा के इतने रूप और स्तर हैं कि आश्चर्य होता है। 'राम की शक्तिपूजा' से लेकर 'भिक्षुक' तक चले ज़ाइए और फिर उनकी ग़ज़लों को भी ध्यान में रखिए पता चलेगा कि हिन्दी के किसी एक कवि के यहाँ भाषा के इतने रूप और स्तर नहीं हैं जितने केवल निराला की कविता में। निराला ने यह सीखा था तुलसीदास से। तुलसीदास के यहाँ केवल 'रामचरितमानस' में ही भाषा के बहुत सारे स्तर हैं। इस अर्थ में तीसरे बड़े कवि नागार्जुन हैं। जिनके यहाँ आपको 'बादल को घिरते देखा है' से लेकर 'अब तो बन्द करो हे देवि यह चुनाव का प्रहसन' तक की भाषा या फिर उनकी उन गीतों की भाषा जिनमें विद्यापति की प्रतिध्वनि है—'सुजन नयन मनि, सुनु सुनु सुनु धनि' वगैरह। तो ये जो भाषा की विविधता है, भाषा के रूप और स्तर हैं, उससे कवि की सांस्कृतिक चेतना व्यक्त होती है और उसी के माध्यम से उसकी काव्यानुभूति की संस्कृति भी व्यक्त होती है।

रहीम की भाषिक चेतना से उनकी काव्यानुभूति की संस्कृति की पहचान करते हुए दो-तीन बातों पर ध्यान देना जरूरी है। एक तो ये कि रहीम तुर्की, अरबी, फ़ारसी,

संस्कृत, ब्रजभाषा, अवधी और खड़ी बोली सब के जानकार थे। उनकी कविता में इन सबके प्रमाण मिलते हैं। उनकी कविता की भाषा में सत्ता की भाषा फ़ारसी के लिए जगह है तो शास्त्र की भाषा संस्कृत के लिए भी जगह है। पर उनका कवि मन सबसे अधिक रमता है ब्रज और अवधी में कविता लिखने में। सबसे बेहतर कविता रहीम की ब्रज और अवधी में ही लिखी गयी है। उनकी एक किताब है कविताओं की 'मदनाष्टक' जिसमें संस्कृत के साथ-साथ सीधे खड़ी बोली के उदाहरण हैं, मैं केवल एक उदाहरण दूँगा, आप इसमें देखिए संस्कृत भी है और सीधे खड़ी बोली भी है :

दृष्टवा तत्र विचित्रताम् तरुलता, मैं था गया बाग में।
काचित तत्र कुरङ्गशावक नयनी, गुल तोड़ती थी खड़ी॥

दोनों एक साथ आपको दिखाई देगा। यह परम्परा वह है जो कभी खुसरो ने शुरू की थी। आधी पंक्ति फ़ारसी में और आधी ब्रज-भाषा में। यह उससे एक कदम और आगे है—आधी पंक्ति संस्कृत में और आधी खड़ी बोली में। 'खेटकौतुकम' नाम की उनकी एक किताब है, उसमें संस्कृत और फ़ारसी दोनों का मेल है। बरवै जो लिखा है वह अवधी में है और सबसे अधिक लोकप्रिय उनके दोहे अधिकांशतः ब्रजभाषा में हैं। एक तरह से मैं कह सकता हूँ कि रहीम मध्यकाल में भारत की सांस्कृतिक बहुलता, भाषिक बहुलता के प्रतिनिधि कवि हैं। एक बात और मुझे कहनी है। बड़े से बड़ा कवि अपने समय और इतिहास में अपनी स्थिति से और समाज में अपनी अवस्थिति से प्रभावित जरूर होता है। रहीम जिस दरबारी और सामन्ती माहौल में रहते थे उससे अछूते नहीं थे, ऐसा नहीं है कि वह सब उनको छू ही नहीं गया। पर उन्होंने रास्ता निकाला। सामन्तवाद और दरबार में रहना आश्चर्यजनक नहीं है, आश्चर्यजनक है उससे लड़ते हुए बाहर निकलना।

रहीम की दो कविता की पुस्तकें हैं—एक है 'नगर शोभा' और एक है—'बरवै नायिका भेद'। 'नगर शोभा' समाजशास्त्रीय दृष्टि से अत्यन्त महत्त्व की पुस्तक है। उसमें लगभग 50-60 जातियों का उल्लेख है। मेरा खयाल है कि मध्यकाल में शायद ही किसी और किताब में इतनी जातियों का कविता में उल्लेख है। यह समाजशास्त्रीय दिलचस्पी और अध्ययन का विषय है। लेकिन इन दोनों किताबों में जो बात मुझे बेचैन कर रही थी वह यह कि रहीम ने हर जाति की केवल स्त्री को ध्यान में रखा और स्त्री भी ये न समझिए कि जवान, सुन्दर, कामलीला और क्रीड़ा में प्रवीण और उसी से सम्बन्धित उसके गुण या दुर्गुण। सामन्ती दौर में स्त्री को केवल कामना का लक्ष्य मानने की जो प्रवृत्ति थी, उससे रहीम प्रभावित दिखाई नहीं देते हैं।

रहीम की लोकप्रियता के कारणों के बारे में ध्यान देना चाहिए। आचार्य रामचन्द्र शुक्ल, जो स्वयं तुलसी को हिन्दी का सबसे बड़ा कवि मानते थे, उन्होंने लोकप्रियता

के प्रसंग में रहीम को तुलसीदास के समान माना है। कोई कवि लोकप्रिय क्यों होता है इसके कारणों की चर्चा आचार्य रामचन्द्र शुक्ल ने की है। मैं उनका उद्धरण पढ़ रहा हूँ–"जीवन की सच्चीं परिस्थितियों के मार्मिक रूप को ग्रहण करने की क्षमता जिस कवि में होगी वही जनता का प्यारा कवि होगा।" अर्थात कविता की लोकप्रियता के लिए दो-तीन बातें जरूरी हैं। एक तो जनजीवन की सच्ची परिस्थितियों की पहचान, दूसरे उसको मार्मिक रूप में व्यक्त करने की क्षमता। बिना सन्देह के आज भी, आधुनिक काल में भी निराला से लेकर नागार्जुन तक लोकप्रिय कवि वे ही है जिनमें ये दोनों बातें हैं। मतलब जनता के जीवन की सच्ची परिस्थितियों की पहचान हो और सहज ढंग से व्यक्त करने की क्षमता हो। यह रहीम में थी और इसीलिए रहीम हिन्दी के अत्यन्त लोकप्रिय कवि हैं। अनेक दोहे हैं मैं पढ़कर सुनाऊँगा नहीं। आप सब लोगों को रहीम के दोहे, मालूम हैं। दोहों के प्रसंग में एक बात और कहना चाहता हूँ। रहीम के बारे में कुछ लोगों ने मान रखा है कि रहीम ने नीति के दोहे लिखे। रहीम ने नीति के दोहे भी लिखे लेकिन यह जोर देकर कहना चाहता हूँ कि केवल नीति के दोहे उन्होंने नहीं लिखे। असल में रहीम के दोहों में लोकजीवन के अनुभवों की अभिव्यक्ति हुई है और इन अनुभवों से सहज रूप से पाठक तादात्म्य अनुभव करता है। इसलिए रहीम की कविता लोगों को पसन्द आती है। उन्होंने जीवन के, लोक-जीवन के अनुभवों की अभिव्यक्ति अपने अनेक सोरठों में की है। मैं जो आखिरी बात आपसे कहना चाहता हूँ वह यह कि रहीम की सारी लोकप्रियता या तुलसीदास की भी लोकप्रियता का कारण क्या है? मेरा एक अनुमान है, असल में जनजीवन में वही कविता लोकप्रिय होती है जो संकट के समय याद आये और संकट में काम आये। हमारे, आपके, सबके जीवन में कभी-न-कभी समस्या, संकट, परेशानी आती ही है। ऐसे में जो कवि और जो कविता याद आती है, जीवन जीने में जो कविता मदद करती है, उसी से हम प्रेम करते हैं। आज की अधिकांश कविता अगर अलोकप्रिय है तो उसका एक कारण यह है कि लोकजीवन के अनुभवों से उसका सम्बन्ध नहीं है। इसलिए संकट आने पर न वह याद आती है और न काम आती है। ऐसी कविता की एक और विशेषता यह है कि कवि की विश्वदृष्टि और आम जनता की विश्वदृष्टि के बीच जितनी दूर तक सहभागिता होती है, उतनी ही दूर तक कविता की लोकप्रियता जाती है। रहीम ऐसे कवि हैं जो सहज रूप से हिन्दी के अत्यन्त लोकप्रिय कवि हैं।

(सत्यप्रकाश मिश्र स्मृति व्याख्यान)

खण्ड : दो

हिन्दी की पहली आधुनिक कविता

हिन्दी आलोचना में इस प्रश्न पर लम्बी बहस हुई है कि हिन्दी का पहला उपन्यास कौन-सा है और इस पर भी बहस होती रही है कि हिन्दी की पहली कहानी कौन-सी है। ऐसी बहसों से हिन्दी उपन्यास और हिन्दी कहानी से सम्बन्धित अनेक महत्त्वपूर्ण बातें सामने आयी हैं। लेकिन इस बात की कभी चर्चा नहीं हुई कि हिन्दी की पहली आधुनिक कविता कौन-सी है। आश्चर्य की बात तो यह है कि इस प्रश्न पर विचार करने की आवश्यकता का अनुभव ही नहीं किया गया है। मुझे लगता है कि इस प्रश्न पर गम्भीर विचार होना चाहिए कि हिन्दी की पहली आधुनिक कविता कौन-सी है। इस प्रश्न पर बात करते समय सबसे पहले यह विचारणीय है कि हिन्दी की पहली आधुनिक कविता की खोज के प्रसंग में आधुनिक का अर्थ क्या है।

सामान्य रूप से हिन्दी साहित्य में और विशेष रूप से हिन्दी कविता के सन्दर्भ में आधुनिकता की बात करते समय भाषा का प्रश्न सामने आता है। कविता के प्रसंग में खड़ी बोली में लिखी गयी कविता ही आधुनिक कविता मानी जाती है। भारतेन्दु युग से खड़ी बोली में हिन्दी कविता की शुरुआत होती है। लेकिन उस समय काव्य-भाषा के रूप में ब्रजभाषा ही अधिक प्रचलित थी। लम्बे समय तक इस बात पर विवाद होता रहा कि क्या ब्रजभाषा को छोड़कर खड़ी बोली में हिन्दी कविता लिखी जा सकती है। धीरे-धीरे यह विवाद समाप्त हुआ और खड़ी बोली हिन्दी गद्य के साथ कविता की भाषा के रूप में भी स्वीकृत हुई। वैसे ब्रजभाषा के पीछे कविता की एक लम्बी परम्परा थी तो खड़ी बोली के पीछे भी कविता की एक समृद्ध परम्परा थी, जिसे उर्दू कविता कहा जाता है। कठिनाई यह थी कि 19वीं सदी में हिन्दी और उर्दू की अनेक स्तरीय एकता के बावजूद दोनों के बीच अलगाव बढ़ रहा था और हिन्दी में खड़ी बोली की कविता की एक ऐसी परम्परा के निर्माण की कोशिश हो रही थी जो उर्दू कविता की भाषा से अलग और स्वतन्त्र हो।

जो लोग उर्दू कविता की परम्परा से परिचित हैं, वे जानते हैं कि उर्दू की कविता खड़ी बोली की ही कविता है। मीर और नजीर की कविता से यह साबित होता है कि काव्य भाषा के रूप में खड़ी बोली का विकास 18वीं सदी में अत्यन्त उन्नत रूप में

हो चुका था। नजीर और मीर की कविता की बनावट और वाक्य-संरचना में खड़ी बोली हिन्दी का अत्यन्त विकसित स्वरूप दिखाई देता है। मीर की कविता में खड़ी बोली का आरम्भिक रूप इस प्रकार है :

"होगा किसू दीवार के साये में पड़ा मीर
क्या काम मुहब्बत से, उस आराम तलब को"

नजीर की कविता में खड़ी बोली का यह रूप है :

"रोटी न पेट में हो तो फिर कुछ जतन न हो
मेले की सैर, ख्वाहिशे-बागो-चमन न हो
भूखे गरीब दिल की खुदा से लगन न हो
सच है कहा किसी ने कि, 'भूखे भजन न हो'"

अगर आज भी कोई हिन्दी का कवि सहज और प्रभावशाली हिन्दी लिखना चाहेगा तो उसकी भाषा मीर और नजीर की भाषा के करीब होगी। मीर स्वयं अपनी भाषा को हिन्दी ही कहते थे और उसे वे अरबी-फारसी के प्रभाव से बचाना भी चाहते थे। इसीलिए उन्होंने कहा था :

"क्या जानूँ लोग कहते हैं किस को सुरूर-ए-क़ल्ब
आया नहीं यह लफ़्ज तो हिन्दी जुबाँ के बीच"

हिन्दी के जो लोग उर्दू शायरी में अरबी-फारसी के शब्दों, सन्धियों और समासों को देखकर मुँह बिचकाते हैं और उसे परायी समझते हैं उन्हें 'प्रिय प्रवास' और 'राम की शक्तिपूजा' की संस्कृतमय हिन्दी पर भी ध्यान देना चाहिए। असल में खड़ी बोली हिन्दी के सहज-स्वाभाविक रूप को बिगाड़ने के दो स्रोत हैं। एक अरबी-फारसी की शब्दावली और दूसरे संस्कृत की तत्सम पदावली। इन दोनों से बचकर ही सहज-स्वाभाविक खड़ी बोली हिन्दी पहले भी विकसित हुई है और आज भी विकसित हो सकती है, बशर्ते कि अतिवादी दुराग्रहों से बचा जाए। ऐसी ही हिन्दी भारतेन्दु युग में विकसित हो रही थी, लेकिन हिन्दी-उर्दू के विवाद ने दोनों के बीच अलगाव और दूरी पैदा करने का जो प्रयत्न किया उसके परिणामस्वरूप बाद के दिनों में दोनों भाषाएँ अलग हो गयीं और उनकी साहित्यिक परम्पराएँ भी।

हिन्दी की पहली आधुनिक कविता की खोज और पहचान के प्रसंग में उस चेतना की विशेषताओं को जानना जरूरी है जो हिन्दी कविता को आधुनिक बनाती है। आचार्य रामचन्द्र शुक्ल भारतेन्दु हरिश्चन्द्र के परम प्रशंसक थे। फिर भी उन्होंने लिखा है कि "भारतेन्दु की कविता में आधुनिकता कम ही मिलती है।" आखिर वह कौन-सी आधुनिकता थी जो आचार्य शुक्ल को भारतेन्दु के नाटकों में तो मिलती थी और निबन्धों में भी; परन्तु उनकी कविता में कम ही मिलती थी। हिन्दी में आधुनिक होने के लिए आचार्य शुक्ल के अनुसार अपने समय और समाज के प्रति सजगता

आवश्यक है। भारतेन्दु युग की सबसे बड़ी सच्चाई यह थी कि देश उपनिवेशवाद का शिकार था, इसलिए उपनिवेशवाद की स्थिति, भारत की गुलामी और उससे स्वाधीन होने की चेतना आधुनिकता की अनिवार्य शर्त थी। उस समय जो कवि अपने समाज की सबसे बड़ी वास्तविकता अर्थात देश की पराधीनता और उसके विरोध में क्रियाशील स्वाधीनता की भावना के बारे में सजग नहीं होगा वह आधुनिक भी नहीं होगा। यही कारण है कि छायावाद के काल में कविता लिखते हुए भी जगन्नाथ दास 'रत्नाकर' आधुनिक कवि नहीं हैं। आज भी ऐसे लोगों का अभाव नहीं है जो अपने समय और समाज की लोकव्यापी वास्तविकता के बारे में सजग होने की जरूरत नहीं समझते। वे अपने समय और समाज दोनों का प्रतिपक्ष बनकर अपनी स्वायत्त सत्ता की अभिव्यक्ति अपनी रचनाओं में करते हैं। ऐसी कामना रचनाकार को आधुनिकता से दूर ले जाती है। साहित्य का एक काम कामनाओं का विस्तार भी है, लेकिन अगर कामनाओं का विस्तार जमीन पर नहीं, आसमान में होने लगे तो साहित्य रचना पतंगबाजी बन जाती है।

भारतेन्दु युग को हिन्दी साहित्य का आधुनिक काल कहने और भारतेन्दु को आधुनिक साहित्य का प्रवर्त्तक मानने के कारण की ओर संकेत करते हुए आचार्य शुक्ल ने ठीक ही लिखा है कि "प्रायः सभी सभ्य जातियों का साहित्य उनके विचारों और व्यापारों से लगा हुआ चलता है। यह नहीं कि उनकी चिन्ताओं और कार्यों का व्यापार एक ओर जा रहा हो और उनके साहित्य का प्रवाह दूसरी ओर।" भारतेन्दु युग के ठीक पहले हिन्दी भाषी समाज और हिन्दी साहित्य में यही स्थिति थी। आचार्य शुक्ल के अनुसार भारतेन्दु हरिश्चन्द्र का सबसे बड़ा योगदान यह है कि "उन्होंने हमारे जीवन के साथ हमारे साहित्य को फिर से लगा दिया, बड़े भारी विच्छेद से हमें बचाया।" इसी प्रक्रिया में भारतेन्दु के प्रयत्न से हिन्दी साहित्य में ऐसी आधुनिकता आयी और आधुनिक काल भी, जिसमें भारत की पराधीनता की यातना का बोध था और स्वाधीनता की चेतना के जागरण की पहचान भी।

भारतेन्दु हरिश्चन्द्र हिन्दी में नाटक, निबन्ध और साहित्यिक पत्रकारिता के प्रवर्तक तो थे ही, वे महत्त्वपूर्ण कवि भी थे। उन्होंने मुख्य रूप से ब्रजभाषा में कविताएँ लिखी हैं लेकिन ब्रजभाषा के साथ-साथ उन्होंने संस्कृत, बांग्ला, उर्दू, गुजराती, मारवाड़ी और पंजाबी में भी कविताओं की रचना की है। इन सबके साथ ही उन्होंने अपने समय की माँग को पहचानते हुए 1881 में खड़ी बोली में भी कुछ कविताएँ लिखकर 'भारत मित्र' में प्रकाशन के लिए भेजा और साथ में एक पत्र भी, जिसमें यह लिखा था कि "प्रचलित साधुभाषा में कुछ कविता भेजी है। देखिएगा कि इसमें क्या कसर है और किस उपाय के अवलम्बन करने से इस भाषा में काव्य सुन्दर बन सकता है। इस विषय में सर्वसाधारण की अनुमति ज्ञात होने पर आगे से वैसा परिश्रम किया

जाएगा। तीन भिन्न-भिन्न छन्दों में यह अनुभव करने ही के लिए कि किस छन्द में भाषा का काव्य अच्छा होगा, कविता लिखी है। मेरा चित्त इससे सन्तुष्ट न हुआ और न जाने क्यों ब्रजभाषा से मुझे इसके लिखने में दूना परिश्रम हुआ। इस भाषा की क्रियाओं में दीर्घ मात्रा विशेष होने के कारण बहुत असुविधा होती है। मैंने कहीं-कहीं सौकर्य के हेतु दीर्घ मात्राओं को भी लघु करके पढ़ने की चाल रखी है। लोग विशेष इच्छा करेंगे और स्पष्ट अनुमति प्रकाश करेंगे तो मैं और भी लिखने का यत्न करूँगा।" 01 सितम्बर, 1881 को लिखे भारतेन्दु हरिश्चन्द्र के इस पत्र से यह स्पष्ट हो जाता है कि उस समय खड़ी बोली हिन्दी में कविता की क्या स्थिति थी और खड़ी बोली के कवि के रूप में भारतेन्दु किस मनोदशा से गुजर रहे थे। उनके इस पत्र से यह भी स्पष्ट है कि वे खड़ी बोली में लिखी अपनी कविता से न सन्तुष्ट थे, न आश्वस्त।

हिन्दी की पहली आधुनिक कविता वही होगी जो एक तो खड़ी बोली में लिखी हुई हो, दूसरे भारत की पराधीनता की पहचान के साथ ही स्वाधीनता की चेतना की अभिव्यक्ति उसमें भी हो। ऐसी ही कविता है 'स्वप्न' जो 13 अक्तूबर, 1881 को पटना से प्रकाशित होने वाली 'बिहार बन्धु' नामक पत्रिका में छपी थी। उसके कवि हैं पटना निवासी महेश नारायण। यह कविता अयोध्या प्रसाद खत्री द्वारा 1887 ई. में सम्पादित और प्रकाशित 'खड़ी बोली का पद्य' (पहला भाग) में संगृहीत है। 'खड़ी बोली का पद्य' में राजा शिवप्रसाद सितारे हिन्द, राय सोहन लाल, भारतेन्दु हरिश्चन्द्र, मौलवी इल्ताफ़ हुसेन, बाबू लक्ष्मी प्रसाद, श्री सत्यानन्द अग्निहोत्री आदि की कविताएँ हैं और 'खड़ी बोली का पद्य' (दूसरा भाग) में श्रीधर पाठक की कविताएँ हैं। 'खड़ी बोली का पद्य' के दोनों भागों में संकलित कविताओं में केवल महेश नारायण की 'स्वप्न' नामक कविता ही ऐसी रचना है, जिसमें भारत की परतन्त्रता का बोध और स्वतन्त्रता की चेतना व्यक्त हुई है। इसलिए इसे हिन्दी की पहली आधुनिक कविता कहना उचित ही है।

19वीं सदी से भारत में नवजागरण की जो प्रक्रिया आरम्भ हुई थी उसको समझने के लिए अगर हम 19वीं सदी के भारतीय साहित्य पर ध्यान दें तो उसमें 'स्वप्न' पर लिखी रचनाओं की बहुलता दिखाई देती है। इस प्रवृत्ति की पहचान को अगर हम केवल हिन्दी साहित्य तक सीमित रखें तो भी यह स्पष्ट हो जाएगा कि 19वीं सदी के उत्तरार्द्ध से लेकर 20वीं सदी के चौथे दशक तक के हिन्दी साहित्य में स्वप्न अनेक रूपों में हमारे सामने आता है। हिन्दी में स्वप्न से जुड़ी अनेक रचनाएँ भारतेन्दु युग में लिखी गयी थीं। उनमें प्रमुख हैं—राजा शिवप्रसाद सितारे हिन्द की कहानी 'राजा भोज का सपना', बाबू तोताराम का निबन्ध 'एक अद्‌भुत अपूर्व स्वप्न', बालकृष्ण भट्‌ट का 'विचित्र स्वप्न', राधाचरण गोस्वामी का 'यम लोक की यात्रा' और बालमुकुन्द गुप्त का दिवास्वप्न के रूप में, 'शिवशम्भु का चिट्‌ठा'। इसी क्रम में हम

रामनरेश त्रिपाठी की रचना 'स्वप्न' को भी याद कर सकते हैं और छायावादी कविता में स्वप्न की उपस्थिति को भी। एक विचारणीय प्रश्न यह है कि नवजागरण काल के साहित्य में स्वप्न की इतनी अधिक उपस्थिति और उसके रचनात्मक प्रयोग का संवेदनात्मक उद्देश्य क्या है।

वाल्टर बेंयामिन ने ठीक ही लिखा है कि प्रत्येक युग आने वाले युग का केवल स्वप्न ही नहीं देखता, बल्कि स्वप्न देखने की प्रक्रिया में ही जागरण की दिशा में आगे भी बढ़ता है। 19वीं सदी के भारतीय साहित्य और विशेष रूप से हिन्दी साहित्य में स्वप्न के रचनात्मक उपयोग का एक उद्‌देश्य है नये युग की सम्भावनाओं की खोज करना और उसके साथ ही आत्म-सजग होकर सामाजिक रूप से जाग्रत होना। ऐसी रचनाओं में यथार्थ और स्वप्न का जो सम्बन्ध दिखाई देता है, उसमें पराधीनता के यथार्थ और स्वाधीनता के स्वप्न की द्वन्द्वात्मकता व्यक्त हुई है। यथार्थ और स्वप्न की यही द्वन्द्वात्मकता महेश नारायण की कविता 'स्वप्न' में मिलती है और उसे गहरे तथा व्यापक अर्थ में पहली आधुनिक कविता बनाती है। इस कविता पर विचार करते समय यह भी ध्यान में रखना होगा कि इसकी रचना 1857 के महाविद्रोह के 23 वर्षों बाद और कांग्रेस की स्थापना (1885) से 4 वर्ष पहले हुई थी।

'स्वप्न' एक स्वच्छन्दतावादी प्रेम कविता है। यह 33 खंडों में फैली एक लम्बी कविता है। इस कविता की संरचना फैंटेसी के माध्यम से निर्मित हुई है। फैंटेसी का उपयोग करते हुए लम्बी कविता लिखने का जो प्रयत्न मुक्तिबोध के यहाँ मिलता है, उसका पूर्वाभास स्वप्न में दिखाई देता है। इस कविता में एक छोटी-सी कथा है। इसमें चन्द्रलोक की एक सुन्दरी की प्रेमकथा और जीवन कथा है। उस सुन्दरी का एक युवक से प्रेम हो जाता है, जिसका पता चलने पर उसके माता-पिता नाराज होते हैं और उसका विवाह एक वृद्ध से कर देते हैं। वृद्ध पति की मृत्यु के बाद वह अपने माता-पिता के घर में रहने लगती है। एक बरस बाद वह अपने जीवन से ऊबकर घर से निकल पड़ती है और एक वन में उसकी भेंट अपने पुराने प्रेमी से होती है। उसी समय उसका पिता वहाँ पहुँचता है और क्रोध में वह सुन्दरी को शून्य में फेंक देता है। वह पृथ्वी पर भारत के एक जंगल में आकर गिरती है और वहाँ अपने प्रिय को पुकारते हुए जीवन बिताती है। वह आस-पास के वृक्षों को अपनी जीवन-कथा सुनाती है और चन्द्रलोक से भारत की तुलना करती है। इस कविता में फैंटेसी के माध्यम से भारत को चन्द्रलोक और चन्द्रलोक को भारत बना दिया गया है। यह कविता एक स्तर पर यूटोपिया की भी रचना करती है।

'स्वप्न' कविता में स्वाधीनता की आकांक्षा बार-बार सामने आती है। कवि ने प्रकृति-चित्रण में भी स्वाधीनता की अभिव्यक्ति के लिए जगह बना ली है। वह एक जंगल का चित्रण करते हुए कहता है :

आती थी उस जगह से स्वाधीनता की खुशबू;
स्वाधीन थे दरख्त वो स्वाधीन थी लतैं
स्वाधीन सुर थे चिड़ियों के, स्वाधीन थी गतैं।

इस कविता की प्रखर राजनीतिक चेतना 22वें और 23वें खंड में व्यक्त हुई है जिसमें स्वाधीनता की जितनी प्रबल आकांक्षा है, पराधीनता की उतनी ही तीखी आलोचना भी है। सुन्दरी भारत से चन्द्रलोक की तुलना करती हुई कहती है :

क्या है यह अहा हिन्द की जमीन?
होगी तो जरूर यह स्वाधीन,
चन्द्रलोक से आयी हूँ मैं जहाँ अधीनता की है बड़ी
ही बड़ाई
राजा तो यहाँ यहीं के होंगे,
वाँ तो हैं विदेशी राज करते,

इस कविता में अंग्रेजी राज की रीति-नीति और भारतीय जीवन पर उनके घातक प्रभावों की मार्मिक अभिव्यक्ति है। अंग्रेजी राज में पराधीनता की प्रशंसा और स्वाधीनता की आलोचना करके ही भारतीय चैन की साँस ले सकते थे। इस प्रवृत्ति की पहचान भी इस कविता में है। भारत के धन की उपनिवेशवाद द्वारा लूट की जो चिन्ता भारतेन्दु के नाटक 'भारत-दुर्दशा' में व्यक्त हुई है वह इस कविता में भी है :

रुपये तो यहाँ के याँ ही रहते होंगे?
और याँ के भले में सर्फ़ होते होंगे?
वाँ तो जमा भी नहीं होते, कि हैं कर लेते वह अगोढ़ बटाई

भारतेन्दु युगीन साहित्य के सन्दर्भ में देशभक्ति और राजभक्ति के बीच द्वन्द्व की चर्चा बहुत हुई है। प्रायः उस युग के लेखकों पर राजभक्ति का आरोप भी लगाया जाता रहा है। इस कविता में भक्ति की ऐसी मूलगामी आलोचना है, जिसके अन्तर्गत राजभक्ति और देशभक्ति दोनों की विकृतियों पर व्यंग्य है :

'अति भक्ति है चोरों का लक्षण, गूढ़ता काली है भक्ति में समाई।'

हाल के वर्षों में साम्राज्यवाद से सम्बन्ध के सन्दर्भ में इतिहासकारों ने भक्तिभाव की भूमिका पर विचार किया है। सबॉल्टर्न इतिहास लेखन की परम्परा के प्रवर्तक रणजीत गुहा ने भक्ति को पराधीनता की परम विचारधारा मानते हुए लिखा है कि अंग्रेजी राज से सहयोग और उसका आज्ञाकारी बनने की प्रवृत्ति का एक स्रोत भक्ति की परम्परा भी है।

इस कविता में अंग्रेजी राज के दौरान भारतीयों की अभिव्यक्ति की आजादी पर लगे तरह-तरह के प्रतिबन्धों की तरफ संकेत है और अंग्रेजी राज के लोकतन्त्र सम्बन्धी दावों के झूठ का पर्दाफाश भी है :

समाचार पत्र याँ के होंगे स्वाधीन?
जबां उनकी काहे गयी होगी छीन?
देशी समाचार पत्र हैं वाँ भी पर बन्द है इनकी स्वाधीन छपाई

1857 के महाविद्रोह के बाद भारत में समाचार पत्रों पर जो पाबन्दियाँ लगीं और दमन चक्र चला उसकी अनुगूँज इन पंक्तियों में सुनाई देती है। इसके साथ ही भारतीयों को निरस्त्र करने और उनकी प्रतिरोध की क्षमता को समाप्त करने के लिए उपनिवेशवाद ने जो कदम उठाए उनकी ओर संकेत निम्नलिखित पंक्तियों में है :

रैयत तो यहाँ रखती होगी अपना हथियार
हम लोगों के पास वाँ नहीं है एक तलवार
ह हम लोगों को उनकी यह भक्ति,
कि दे के सब अस्त्र स्वाधीनता ही गँवाई

1857 के बाद विक्टोरिया के घोषणा पत्र में भारतीयों से तरह-तरह के वादे किये गये थे, पर वादाखिलाफी साम्राज्यवाद के चरित्र की बुनियादी विशेषता है। यह इस कविता से जाहिर होता है :

आशा है बहुत वह हम को देते
आशाओं पर हमसे काम लेते
वादा जो खिलाफ हो कहें वह
"आया है नहीं अभी समय वह,
धीर धरो फल पाओगे तुम,
क्या है अभी उम्र तुम्हारी गँवाई"

1881 में लिखी यह कविता प्रेमचन्द के इस कथन को सच साबित करती है कि साहित्य "देशभक्ति और राजनीति के पीछे चलने वाली सच्चाई भी नहीं, बल्कि उनके आगे मशाल दिखाती हुई चलने वाली सच्चाई है।"

'स्वप्न' नामक कविता की एक विशेषता उसकी छन्द योजना भी है जो उसकी आधुनिकता को पुष्ट करती है। इसमें अनेक छन्दों का प्रयोग है। कविता में कुछ ऐसे छन्द भी हैं जो उस समय उर्दू कविता में प्रचलित थे लेकिन इस कविता की छन्द योजना की सबसे चकित करने वाली विशेषता यह है कि इसमें मुक्त छन्द का प्रयोग हुआ है। आप कविता के निम्नलिखित अंश को ध्यान से पढ़िए :

एक कुंज
वह कुंज,
पेड़ों से घिरा था
झरने के बगल में
बिजली की चमक भी न पहुँचती थी वहाँ तक

ऐसा वह घिरा था
जैसे दीप हो जल में
पानी की टपक राह भला पावे कहाँ तक।

मुक्त छन्द के इस प्रयोग को देखते हुए यह ध्यान में रखना जरूरी है कि महेश नारायण निराला और छायावाद से लगभग चार दशक पहले हिन्दी कविता को छन्द के बन्धन से मुक्त करने का प्रयत्न कर रहे थे। ऐसा लगता है कि महेश नारायण वाल्ट ह्विटमैन के मुक्त छन्द के प्रयोग से परिचित थे। वाल्ट ह्विटमैन की 'घास की पत्तियाँ' संग्रह का पहला संस्करण 1855 में प्रकाशित हुआ था और उग्र विवाद का विषय बना था। आचार्य रामचन्द्र शुक्ल वाल्ट ह्विटमैन के मुक्त छन्द के प्रयोग को विचित्र प्रयोग मानते थे और निराला के मुक्त छन्द को भी स्वीकार नहीं कर पाये थे, तब उनसे या किसी और आलोचक से महेश नारायण के मुक्त छन्द के प्रयोग के महत्त्व को स्वीकार करने और उसके उचित मूल्यांकन की उम्मीद कैसे की जा सकती है।

यह कविता उस काल की कविता है जब हिन्दी और उर्दू की दूरी उतनी नहीं बढ़ी थी जितनी वह छायावाद तक आते-आते बढ़ गयी। 'स्वप्न' में उर्दू की शब्दावली ही नहीं, संरचना भी मौजूद है। इसकी भाषा वही है, जिसे बाद के दिनों में गाँधी जी हिन्दुस्तानी कहा करते थे। यह कविता एक स्तर पर काव्यभाषा के रूप में हिन्दी के बनने-बिगड़ने के इतिहास की भी गवाही देती है।

क्या यह आश्चर्य और दुःख की बात नहीं है कि जो लोग रामचन्द्र शुक्ल की इतिहास-दृष्टि रो मुक्त होने और उनके इतिहास-लेखन से आगे बढ़कर हिन्दी साहित्य का नया इतिहास लिखने का प्रयत्न और दावा करते हैं, उन्होंने भी महेश नारायण की कविता 'स्वप्न' की राजनीतिक और साहित्यिक विशिष्टता के ऐतिहासिक महत्त्व को ठीक ढंग से समझने की कोशिश की कौन कहे, उसका व्यवस्थित रूप से उल्लेख भी नहीं किया है।

शंकर : परम्परा और नयी चेतना की एकता

नाथूराम शर्मा 'शंकर' की कविता पर विचार करने वाले विद्वान प्रायः कहते हैं कि आचार्य रामचन्द्र शुक्ल ने 'हिंदी साहित्य का इतिहास' में शंकर जी के साथ न्याय नहीं किया है। अतः यह आवश्यक है कि हम पहले शुक्ल जी के मूल्यांकन को ध्यान से देखें। आचार्य शुक्ल ने शंकर जी को द्विवेदी-युग का कवि माना है, पर उन्हें द्विवेदी- मंडल के बाहर की काव्य-भूमि पर अपना स्वतन्त्र मार्ग बनाकर सरस और प्रभावपूर्ण कविता लिखने वाला द्विवेदी जी के प्रभाव से मुक्त कवि कहा है। द्विवेदी-युग के ऐसे कवियों के बारे में आचार्य शुक्ल ने लिखा : "इन कवियों में से अधिकांश दोरंगी कवि थे, जो ब्रजभाषा में तो शृंगार, वीर, भक्ति आदि की पुरानी परिपाटी की कविता कवित्त-सवैयों या गेय पदों में करते आये थे और खड़ी बोली में नूतन विषयों को लेकर चलते थे। बात यह थी कि खड़ी बोली का प्रचार बराबर बढ़ता दिखायी देता था और काव्य के प्रवाह के लिए कुछ नयी-नयी भूमियाँ भी दिखायी पड़ती थीं। देशदशा, समाजदशा, स्वदेशप्रेम, आचरण-सम्बन्धी उपदेश आदि तक ही नयी धारा की कविता न रहकर जीवन के कुछ और पक्षों की ओर भी बढ़ी, पर गहराई के साथ नहीं। प्यार, वीरता, उदारता, सहिष्णुता इत्यादि के अनेक पौराणिक और ऐतिहासिक प्रसंग पद्यबद्ध हुए, जिनके बीच-बीच में जन्मभूमि-प्रेम, स्वजाति-गौरव, आत्म-सम्मान की व्यंजना करने वाले जोशीले भाषण रखे गये।" इस लम्बे उद्धरण में जिन कवियों की कविता का विवेचन है, उनमें एक शंकर जी भी हैं। पाठक अगर शंकर जी की कविता को ध्यान में रखकर इस विवेचन पर विचार करें तो देखेंगे कि इसमें शंकर जी की कविता की मुख्य विशेषताएँ स्पष्ट रूप में सामने आती हैं। आचार्य शुक्ल का यह विवेचन अपर्याप्त कहा जा सकता है, लेकिन गलत नहीं। असल में भावुकता के आवेग में शुक्ल जी पर आरोप लगाना सरल है, लेकिन उनसे आगे बढ़कर शंकर जी की कविता का सुन्दर विवेचन करना कठिन है।

आचार्य शुक्ल ने 'हिन्दी साहित्य का इतिहास' में संक्षेप में, लेकिन स्वतन्त्र रूप से भी शंकर जी की कविता का मूल्यांकन किया है। उन्होंने शंकर जी की पुरानी परिपाटी की कविता की प्रशंसा करते हुए लिखा है कि वे पद्यरचना में अत्यन्त सिद्धहस्त थे, समस्यापूर्ति बड़ी सटीक और सुन्दर करते थे। शुक्ल जी ने यह भी

लिखा है : "छन्दों के नपे-तुले विधान के साथ ही उनकी उद्भावनाएँ भी अनूठी थीं।" यह बात शंकर जी की ब्रजभाषा की ही नहीं, खड़ी बोली की कविताओं के बारे में भी सत्य है। आचार्य शुक्ल ने शंकर जी की खड़ी बोली की कविताओं का महत्त्व स्वीकार किया है, लेकिन यह भी लिखा है : "उनकी पदावली कुछ उद्दंडता लिए होती थी।" आचार्य शुक्ल के अनुसार, "इसका कारण यह है कि उनका सम्बन्ध आर्यसमाज से रहा, जिसमें अन्धविश्वास और सामाजिक कुरीतियों के उग्र विरोध की प्रवृत्ति बहुत दिनों तक जाग्रत रही।" यह सही है कि शंकर जी का सम्बन्ध आर्यसमाज से था। उन्होंने स्वामी दयानन्द पर कविता लिखी है। उनकी कविताओं में आर्यसमाजी सुधारवाद है—अन्धविश्वासों और सामाजिक कुरीतियों का उग्र विरोध है। लेकिन क्या सामाजिक कुरीतियों और अन्धविश्वासों का उग्र विरोध गलत है? क्या विरोध की उग्रता से उपजी काव्य-भाषा की तल्खी को उद्दंडता कहना उचित है? अगर सोये हुए समाज को जगाने के लिए तीखी भाषा में कड़वा सच कहना उद्दंडता है, तो यह उद्दंडता केवल शंकर में ही नहीं है, अपितु कबीर से लेकर धूमिल तक की हिन्दी-काव्य परम्परा में ऐसी उद्दंडता बहुत है। आज इसकी आवश्यकता और माँग बढ़ रही है। शंकर जी कबीरदास की परम्परा के आधुनिक कवि हैं। आचार्य शुक्ल जैसे कबीर की उग्रता सह नहीं पाते, वैसे ही शंकर की उग्रता भी उन्हें नापसन्द है। यही कारण है कि वे कबीर और शंकर—दोनों में उद्दंडता देखते हैं। अगर अप्रिय सत्य कहना ही उद्दंडता है तो ऐसी उद्दंडता आचार्य शुक्ल के लेखन में भी कम नहीं है।

शंकर जी का कवि-कर्म सन् 1880 से 1932 तक फैला हुआ है—भारतेन्दु-युग से छायावाद तक। लेकिन उनकी कविता में छायावादी एवं रहस्यवादी काव्य-चेतना कहीं नहीं है। उनके काव्य-संसार में पर्याप्त विविधता है। यह विविधता विषयवस्तु, शिल्प और भाषा—तीनों में है। उनके भक्ति के पद भक्तिकाल के कवियों के पदों के निकट लगते हैं; विशेष तौर से सूरदास के विनय के पदों के निकट। उनके शृंगार के कवित्त-सवैये और दोहे रीतिकाल की कविता से होड़ करते प्रतीत होते हैं। उनकी सामाजिक-राजनीतिक चेतना की कविताएँ कहीं भारतेन्दु-युग के साथ चलती दिखाई देती हैं, कहीं भारतेन्दु-युग से आगे जाती हैं। सुधारवाद और नैतिक आग्रहों में वे द्विवेदीयुगीन हैं; लेकिन द्विवेदी-युग के मर्यादावाद का अतिक्रमण भी करते हैं। उनके काव्य की जिन्दादिली और व्यंग्य-वृत्ति भारतेन्दु-युग की याद दिलाते हैं तो उपदेशपरकता द्विवेदी-युग की। शंकर जी ने ब्रजभाषा, खड़ी बोली और उर्दू में काव्य रचना की है। भाषा की यह विविधता उन्हें भारतेन्दु-युग से जोड़ती है। भारतेन्दु-युग के अधिकांश लेखकों में भाषा की यह विविधता और प्रयोगशीलता दिखाई देती है। स्वयं भारतेन्दु हरिश्चन्द्र इस प्रवृत्ति के सबसे बड़े उदाहरण हैं, जो वैसे तो अनेक भारतीय भाषाओं में कविता लिखते थे, लेकिन मुख्य रूप से ब्रजभाषा और खड़ी बोली के साथ-साथ उर्दू

में भी कविता करते थे। भारतेन्दु सच्चे और व्यापक अर्थों में हिन्दी के लेखक थे। शंकर जी प्रतापनारायण मिश्र के मित्र थे। उनमें प्रतापनारायण मिश्र के व्यक्तित्व की अनेक विशेषताएँ दिखाई देती हैं।

शंकर जी के कवि-कर्म की एक बड़ी विशेषता यह है कि वे परम्परा और नयी चेतना के सामंजस्य के कवि हैं। वे रूढ़िवाद के विरोधी हैं, लेकिन नयी चेतना के साथ परम्परा के सार्थक रूपों का उपयोग करते हैं। वे कविता को बनी-बनायी रूढ़ियों के अन्दर देखने के बदले उसे समाज और जीवन की विकास-प्रक्रिया के साथ आगे बढ़ते देखना चाहते थे। वे काव्यानुभूति को काव्यशास्त्र के घेरे से निकालकर जीवनानुभव से जोड़ना चाहते थे, इसीलिए उन्होंने लिखा :

अब लौं जितना भाव जाँचकर जान लिया है।
क्या अनुभव का अन्त वही बस मान लिया है॥

जीवन और समाज के नये अनुभवों से अपनी कविता को जोड़कर ही शंकर जी ने हिन्दी-कविता को भावबोध, विचार और भाषा के स्तरों पर विकसित किया।

शंकर जी की कविता में परम्परा और नयी चेतना के सामंजस्य का एक रूप वहाँ दिखाई देता है, जहाँ वे ब्रजभाषा में अपने समय के समाज के यथार्थ के किसी-न-किसी पक्ष की अभिव्यक्ति करते हैं। लेकिन ऐसी कविताएँ ब्रजभाषा की काव्य-रूढ़ियों से पूरी तरह मुक्त नहीं हैं। रूढ़ि के इस दबाव से अपनी कविता को मुक्त करने और उसे समकालीन जीवन की समस्याओं की अभिव्यक्ति के लायक बनाने के प्रयास में ही शंकर जी ने ब्रजभाषा को छोड़कर खड़ीबोली को अपनाया। उनकी खड़ीबोली की कविताओं में ही उस समय के समाज की वास्तविकताओं और समस्याओं की सक्षम अभिव्यक्ति हुई है। लेकिन खड़ीबोली में कविता लिखते हुए उन्होंने छन्द-विधान को नहीं छोड़ा, जबकि उनके सामने छन्द-मुक्ति का आन्दोलन और मुक्त छन्द का काव्य-प्रवाह आ चुका था। शंकर जी ने काव्य-परम्परा से प्राप्त छन्दों का ही उपयोग नहीं किया है, उन्होंने लोक-काव्य में प्रचलित छन्दों का भी कुशल प्रयोग किया है। उनके सामने उद्देश्य था कविता के माध्यम से जन-जीवन की समस्याओं को व्यापक जनता तक पहुँचाना। इस उद्देश्य के लिए छन्दों के महत्त्व को उन्होंने पहचाना, इसलिए काव्य-परम्परा और जन-जीवन, दोनों में प्राप्त छन्दों को अपनाया। आज भी जो कवि छन्द से कविता की आयु और लोकप्रियता का सम्बन्ध जानते हैं, वे मुक्त छन्द की रूढ़ि से मुक्त होकर छन्दों का प्रयोग कर रहे हैं।

द्विवेदी-युग में कविता की एक प्रवृत्ति समस्यापूर्ति की थी। यह प्रवृत्ति पहले से चली आ रही थी। शंकर जी समस्यापूर्ति की कला में अत्यन्त कुशल थे। उनके इस काव्य-कौशल के बारे में तरह-तरह की कहानियाँ प्रचलित हैं। हम उन कहानियों को छोड़ भी दें तो 'शंकर-सर्वस्व' की समस्यापूतियाँ स्वयं शंकर जी के इस काव्य-कौशल

की साक्षी हैं। इन समस्यापूर्तियों में छन्द-विधान, शब्द-संयोजन और वक्रोक्ति का चमत्कार ही नहीं है, कहीं-कहीं गहरी सहृदयता भी है। शंकर जी ने काव्य-रचना के इस पुरातन रूप का एक नया उपयोग भी किया है। उन्होंने समस्यापूर्ति के ढाँचे में राजनीतिक कविता लिखी है। उनकी एक प्रिय समस्या है 'अटकत है'। 'शंकर-सर्वस्व' में इसकी तीन पूर्तियाँ मौजूद हैं। एक पूर्ति शृंगारपरक और परम्पराबद्ध है। बाकी दो में से एक का लक्ष्य अंग्रेजी राज के लूटतन्त्र की नौकरशाही है और दूसरी का पुलिस। पहली समस्यापूर्ति देखिए :

नौकरों की शाही सभ्यता का गला काटती है,
गाँधी के सँगाती अँखियों में खटकत हैं।
भारत को लूट कूटनीति की उजाड़ रही,
न्याय के भिखारी ठौर-ठौर भटकत हैं॥
जेलों में स्वदेश-भक्ति हिंसाहीन सज्जनों को,
पेट-पाल पातकी पिशाच पटकत हैं।
कौन पै पुकारें अब शंकर बचा लो हमें,
गोरे और गोरों के गुलाम अटकत हैं॥

रूप पुराना है, लेकिन अन्तर्वस्तु नयी है, रचना-पद्धति और भाषा पुरानी है, लेकिन राजनीतिक चेतना नयी है। देशभक्ति और साम्राज्यवाद-विरोध की भावना से भरपूर यह समस्यापूर्ति परम्परा और नयी चेतना के सामंजस्य का एक अच्छा उदाहरण है। दूसरा उदाहरण पहले से भी अधिक महत्त्वपूर्ण है :

गोरों के गुलाम अनुयायी काले हाकिमों के,
गोल बाँध गुण्डे ललमुण्डे मटकत हैं।
झूठा बनते हैं, जान-माल को रखाने वाले,
कौन मानता है सही, साँचे हटकत हैं॥
घेर-घेर लाते, घूँस खाते हैं, घसीटते हैं।
लोहू जनता का गटागट गटकत हैं।
पाप करते हैं, डरते हैं नहीं शंकर से,
भाई ये हमारे हमहीं से अटकत हैं॥

यह है अंग्रेजी राज की पुलिस (गोलबन्द गुण्डों) का असली रूप और चरित्र। इस चित्रण के लिए शंकर जी की कला की सराहना ही काफी नहीं है; जनता से उनकी सच्ची सहानुभूति और निर्भीकता भी ध्यान देने योग्य है। अब चाहें तो अंग्रेजी राज की पुलिस के इस चित्रण से आज की पुलिस की तुलना कर लें और अगर पाएँ कि अंग्रेजी राज के लूट-तन्त्र के सच्चे उत्तराधिकारी आज के भारतीय लोकतन्त्र की पुलिस का भी इसमें सच्चा चित्र है तो कवि-दृष्टि की दूरदर्शिता और कविता की

व्यापकता एवं सार्थकता पर विचार कीजिए। ऐसा नहीं है कि इन दोनों समस्यापूर्तियों में पुराना रूप नयी अन्तर्वस्तु को प्रभावित नहीं कर रहा है। महत्त्व की बात यह है कि नयी अन्तर्वस्तु से पुराने रूप को नया अर्थ मिल रहा है। इसी समस्यापूर्ति की शैली में शंकर जी ने अनेक राजनीतिक कविताएँ लिखी हैं; विशेष रूप से 'बलि जाएँगे', 'राखी बाँध लीजिए', 'सही जात है' और 'भारत के, सम भारत है' जैसी समस्यापूर्तियों में उनकी देश-भक्ति, स्वतन्त्रता-प्रेम, साम्राज्यवाद-विरोधी चेतना और अतीत के भारत-गौरव के साथ वर्तमान की भारत-दुर्दशा के बोध की अभिव्यक्ति है।

शंकर जी की काव्य-चेतना का विकास उनकी सामाजिक-राजनीतिक चेतना के विकास से जुड़ा हुआ है। उनकी सामाजिक चेतना बहुत कुछ आर्यसमाज के प्रभाव से बनी, इसलिए समाज में व्याप्त कुरीतियों और अन्धविश्वासों का जोरदार खण्डन उनकी कविता में हुआ है; विशेष तौर से भारतीय समाज में नारी-जीवन की दुर्दशा पर, बाल-विवाह और विधवा-जीवन की समस्या पर उन्होंने ढेर सारी कविताएँ लिखी हैं। ऐसी कविताओं में सबसे ऊँचा स्वर सुधारवाद का ही है। इसके साथ-साथ जन-जीवन में फैली विषमता, गरीबी और बदहाली का भी बोध उनकी अनेक कविताओं में है। उस समय के कई दूसरे सजग कवियों की तरह ही शंकर जी की कविता में भी अंग्रेजी राज की लूट से तबाह किसानों की दशा का जगह-जगह चित्रण है। भारतीय जनता को लूटने वाले अंग्रेजी राज के चाकरों के बारे में शंकर जी ने लिखा है :

खाते हैं भरपेट जो, मार-मार कर घूस।
वे चाकर ऊँचे चढ़े, रुधिर न्याय का चूस॥

जनता को लूटने वाले केवल अँग्रेजी राज के चाकर ही नहीं थे, उनके साथ देशी दलाल भी थे। ऐसे सेठों का एक व्यंग्य-चित्र शंकर जी के शब्दों में देखिए :

तन मोटो मोटे चलन, धन मोटो घर माहिं।
मति के मोटे सेठजी, कहाँ मुटाई नाहिं॥

अब ऐसे दलालों की करतूतों पर शंकर जी की चोट देखिए :

देशी तूल अनाज से, भरते रहे जहाज।
रक्षा करें विदेश की, धन्य महाजन राज॥

सरकारी लूट के साथ-साथ प्रकृति की मार भी सबसे अधिक गरीब किसानों पर ही पड़ती है। संवत् 1953-54 में भयंकर अकाल पड़ा। इस अकाल पर एक आल्हा 'हिन्दी-प्रदीप' में छपा था, जो डॉ. रामविलास शर्मा की पुस्तक 'भारतेन्दु-युग और हिन्दी-भाषा की विकास-परम्परा' में उद्धृत है। इस आल्हा का आरम्भ इस प्रकार होता है :

संवत् उनइस सौ तिरपन माँ, पड़ा हिन्द में महा अकाल।
घर-घर फाके होने लागे, दर-दर प्रानी फिरैं बेहाल॥

इसी अकाल पर सन् 1894 में शंकर जी ने एक लम्बी कविता लिखी थी : 'संवत् 1953-54'। 'हिन्दी-प्रदीप' में छपे आल्हा और शंकर जी की उक्त कविता में अनेक समानताएँ हैं। सबसे बड़ी बात यह है कि दोनों में किसानों के प्रति सच्ची सहानुभूति है। शंकर जी की कविता की कुछ पंक्तियाँ देखिए और अकाल की भीषणता तथा जनता की हालत पर विचार कीजिए :

अब कौ संबत् ऐसो आयौ, भारत में दारुण दुःख छायौ।
गली गली में भूखे डोलैं, व्याकुल सारत वाणी बोलें॥
तन पै केवल रही लँगोटी, मिले न हाय पेटभर रोटी।
बीन-बीन कर दाने कच्चे, चाबत फिरैं बिचारे बच्चे॥

जो लोग रसराज श्रृंगार से कविता का दूर जाना उचित नहीं समझते या जो व्यंजना से नीचे की भूमि पर कविता का आना पसन्द नहीं करते, सम्भव है, उन्हें यहाँ कविता दिखाई न दे। लेकिन जो कविता को मानवीयता से सम्पृक्त देखना चाहते हैं, उनकी मानवीयता को जगाने में यह कविता सक्षम है। अगर संवत् 1953-54 के अकाल पर लिखी इन दोनों कविताओं को तुलसीदास की 'कवितावली' के अकाल-वर्णन के साथ पढ़ा जाए तो यह समझते देर न लगेगी कि यह हिन्दी-काव्य की वह परम्परा है, जो कला की अलौकिकता की आराधना करने के बदले जन-जीवन से उसके आत्मीय सम्बन्ध की साधना पर जोर देती है।

शंकर जी की राजनीतिक चेतना उस काल के अनेक दूसरे कवियों से अधिक प्रखर है। उन्होंने राष्ट्रीय जागरण की कविता ही नहीं लिखी, अपितु स्वाधीनता-आन्दोलन में सक्रिय भाग भी लिया है। इस प्रकार वे स्वाधीनता-आन्दोलन के कवि और कार्यकर्ता—दोनों हैं। शंकर जी के राजनीतिक दृष्टिकोण के निर्माण में लोकमान्य तिलक के व्यक्तित्व और चिन्तन की महत्त्वपूर्ण भूमिका है। यद्यपि उन्होंने कई कविताओं में गाँधी जी का उल्लेख किया है और गाँधी जी के चलाये आन्दोलनों का समर्थन किया है, लेकिन उनका राजनीतिक दृष्टिकोण मुख्यतः तिलकमार्गी लगता है। उन्होंने तिलक के गिरफ्तार होने और जेल जाने पर कविता लिखी थी, जो तिलक के पत्र 'केसरी' में उद्धृत हुई थी। उन्होंने तिलक की मृत्यु पर भी मार्मिक कविता लिखी। तिलक से प्रभावित होने के कारण ही जैसा उग्र साम्राज्यवाद-विरोध शंकर जी की कविता में है, वैसा उस समय के कवियों में कम ही मिलता है।

यहाँ मैं पाठकों के विचारार्थ एक समस्या रखना चाहता हूँ। आजकल हिन्दी-नवजागरण की काफी चर्चा है। हिन्दी-नवजागरण को चर्चा के केन्द्र में लाने का श्रेय डॉ. रामविलास शर्मा को है। हिन्दी-नवजागरण के प्रसंग में बंगाल के नवजागरण की बात होती है, बंगाल के नवजागरण से हिन्दी-नवजागरण के सम्बन्ध की भी चर्चा होती है, लेकिन आश्चर्य की बात है कि हिन्दी-नवजागरण और मराठी-नवजागरण के

सम्बन्ध पर कोई विचार नहीं होता। जबकि हिन्दी-नवजागरण के निर्माताओं का मराठी-नवजागरण के नेताओं से गहरा सम्पर्क रहा है। तिलक, उनके पत्र 'केसरी' और उनके ग्रन्थ 'गीता-रहस्य' का हिन्दी-नवजागरण के विचारकों-लेखकों पर गहरा प्रभाव पड़ा था। इस प्रसंग में हम मराठी से महावीरप्रसाद द्विवेदी और रामचन्द्र शुक्ल के चिन्तन-लेखन के सम्बन्ध पर विचार करें तो अनेक आश्चर्यजनक निष्कर्ष सामने आएँगे। मराठी और हिन्दी को जोड़ने वाली महत्त्वपूर्ण कड़ी के रूप में माधवराव सप्रे हैं, जिन्होंने न केवल 'गीता-रहस्य' का हिन्दी अनुवाद (1916) हिन्दी पाठकों को दिया; बल्कि 1906 में 'स्वदेशी आन्दोलन और बायकाट' नामक पुस्तक लिखकर मराठी और हिन्दीभाषी जनता को निकट लाने और दोनों की राजनीतिक चेतना को जोड़ने का क़ाम किया। भारतीय नवजागरण से हिन्दी-नवजागरण की एकता और भिन्नता पर विचार करते समय मराठी-नवजागरण में हिन्दी-नवजागरण के सम्बन्ध पर ध्यान देना अत्यावश्यक है।

शंकर जी की काव्य-चेतना और राजनीतिक चेतना के विकास का एक नया स्तर उनकी खड़ी बोली की कविताओं में दिखाई देता है। मई 1906 की 'सरस्वती' में उनकी कविता छपी थी 'हमारा अधःपतन'। इस कविता का मूल स्वर है 'हम कौन थे, क्या हो गये'। बाद में बंग-भंग विरोधी आन्दोलन के प्रभाव से उनका दृष्टिकोण बदला तो कविता का भी स्वर बदला। स्वदेशी भावना, स्वतन्त्रता की आकांक्षा और साम्राज्यवाद-विरोध में दृढ़ता आयी तो कविता में, भाव और भाषा में, दीनता की जगह शक्ति का संचार हुआ। आचार्य शुक्ल ने स्वाधीनता-आन्दोलन के विकास के साथ हिन्दी-कविता के विकास का सम्बन्ध स्पष्ट करते हुए लिखा है, "द्विवेदी-काल की देशभक्ति-सम्बन्धी रचनाओं में शासन-पद्धति के प्रति असन्तोष तो व्यंजित होता था, पर कर्म में तत्पर कराने वाला, आत्मत्याग कराने वाला जोश और उत्साह न था।" यह बात द्विवेदी-मंडल के कवि मैथिलीशरण गुप्त की कविता के बारे में ठीक है, लेकिन द्विवेदी-मंडल के बाहर के कवि शंकर जी की कविता के बारे में सही नहीं है। आचार्य शुक्ल के अनुसार द्विवेदी-युग के बाद की हिन्दी-कविता, तृतीय उत्थान की कविता में यह विशेषता आयी कि "कवियों की वाणी देशवासियों को ही 'स्वतन्त्रता देवी की वेदी पर बलिदान' होने को प्रोत्साहित करने लगी।" यह गुण शंकर जी की कविता में पर्याप्त मात्रा में मौजूद है।

शंकर जी ने स्वाधीनता-आन्दोलन के नये रूप को देखा, उसके महत्त्व को पहचाना और असहयोग आन्दोलन का स्वागत करते हुए लिखा :

जागा क्षुब्ध राष्ट्र सागर में, असहयोग तूफान।
जनता में जातीय जोश के, उठने लगे उफान॥

यह राष्ट्रीय जागरण के नये रूप को मुखर करने वाले काव्य का नया स्वर है। इस बोध के बाद ही कवि यह आह्वान कर सकता था :

ऐ अहले हिन्द अब तो उठो खूब सो चुके।
कर प्यार तनज्जुल पै तरक्की को खो चुके॥
शंकर जला दो जल्द गुलामी के जाल को।
राहत रही न तुख्म मुसीबत के बो चुके॥

शंकर जी ने अनेक कविताओं में 'देशवासियों को स्वतन्त्रता देवी की वेदी पर बलिदान' होने के लिए प्रोत्साहित किया है। समस्यापूर्ति की शैली में उनकी एक कविता है, 'बलि जाएँगे'। इस कविता में बलिदान और आत्मत्याग की भावना है, लेकिन इसमें वह सहज आवेग और उत्साह नहीं है जो 'बलिदान-गान' में है। 'बलिदान-गान' का आरम्भ इस प्रकार होता है :

शंकर के प्यारे उठो, उन्नति का प्रण ठान।
लो स्वराज्य-स्वातन्त्र्य को, दो जीवन बलिदान॥

अब बाद की कुछ पंक्तियाँ देखिए और शंकर जी की राजनीतिक चेतना के साथ-साथ काव्य-भाषा की शक्ति पर भी ध्यान दीजिए :

समता की प्यारी पद्धति पर निर्विराम चलना होगा।
शुद्ध भावना की विभूति को अंगों पर मलना होगा॥
ध्रुवता के आतंक ताप से धातु तुल्य गलना होगा।
सुदृढ़ सच्चाई के साँचे में निर्मल हो ढलना होगा॥
इष्ट देव स्वातन्त्र्य-ध्येय का धन्य ध्यान धरना होगा।
प्राणों का बलिदान देश की वेदी पर करना होगा॥

ध्यान दीजिए कि यहाँ स्वतन्त्रता के साथ-साथ 'समता की प्यारी पद्धति' पर भी जोर दिया जा रहा है। अभिप्राय यह है कि स्वतन्त्रता के साथ समता की पद्धति लाना भी जरूरी है। इस कविता में शंकर जी अपने कई समकालीन कवियों से आगे चलते दिखाई देते हैं, लगभग निराला के साथ खड़े होते हैं।

स्वाधीनता-आन्दोलन की सफलता के लिए, स्वतन्त्रता-देवी की वेदी पर बलिदान होने के लिए, देशवासियों को प्रोत्साहित करना ही पर्याप्त न था। जो लोग स्वाधीनता-प्राप्ति के लक्ष्य में बाधक थे, उनकी पहचान कराते हुए उनसे देशवासियों को सावधान करना भी आवश्यक था। यह काम शंकर जी ने खूब किया है। भारत की जनता को लूटने और उसे स्वतन्त्रता से वंचित करने में सबसे आगे थी अंग्रेजी राज की नौकरशाही। शंकर जी ने बार-बार इस नौकरशाही को अपने व्यंग्य-बाण का लक्ष्य बनाया है और जनता को सावधान किया है। कांग्रेस के नेताओं को भ्रम था कि आवेदनों से

स्वतन्त्रता मिल जाएगी। अंग्रेज नौकरशाही की ओर आशा से देखने वालों को असलियत बताते हुए शंकर जी ने लिखा :

नौकरशाही दे चुकी भारत तुझे स्वराज्य।
डाल न आशा-आग में असहयोग का आज्य॥
क्रूर कुशासन की धज धारी, कट्टर कूट कुनीति पसारी।
हाँ, न लोकमत से डरती है, भारत का भुरता करती है॥
अकड़ अड़ाती है चितचाही।
अटकी कुटिला नौकरशाही॥

ब्रिटिश साम्राज्यवाद के साथ नौकरशाही का हित जुड़ा था, इसलिए वह स्वाधीनता-आन्दोलन का विरोध करती थी। अंग्रेजी राज के साथ नाभिनालबद्ध देशी दलाल और सामन्त भी थे, जो भारतीय जनता को गुलाम रखकर लूटना-खसोटना चाहते थे। इनकी ओर इशारा करते हुए शंकर जी ने लिखा :

महाराज, नव्वाब नकीले, सेठ रईस तुँदारे।
पूज-पूज गोरी प्रभुता को निरखें नीति नवारे॥

शंकर जी ने दिवाली और होली के अवसर पर राजनीतिक चेतना जगाने वाली कविताएँ लिखी हैं। यह प्रवृत्ति भारतेन्दु-युग में बहुत व्यापक थी। जलियाँवाला बाग के भीषण नर-संहार से क्षुब्ध होकर शंकर जी ने कविता लिखी, 'हत्यारी होली'। इसका आरम्भ इस प्रकार होता है :

दुख देखे दिवाली बितायी।
हँसो मत रोते रहो होली आयी॥
रौलट ऐक्ट पास होते ही राजनीति गरमायी।
रोग, दुकाल युद्ध की मारी दीन प्रजा घबरायी॥

इसी परम्परा का अधिक लोकप्रिय रूप 'भारत और वलायत' होली-गीत है :

दईमारे भारत होरी है। तू अति रंक वलायत रानी
तू कारौ वह गोरी है॥ दईमारे....॥
तू दारुण दरिद्र कौ दादा
वह धन-धनेश की छोरी है॥ दईमारे....॥

गीत होली का है, इसलिए विनोद का भाव है, लेकिन इस विनोद के पीछे व्यंग्य है और व्यंग्य के पीछे भारत की गुलामी एवं गरीबी के बोध से उपजी वेदना है। ऐसे अनेक गीत 'शंकर-सर्वस्व' में हैं। राजनीतिक व्यंग्य की कविता की यह परम्परा भारतेन्दु-युग की विशिष्ट देन है, जिसका विकसित रूप नागार्जुन की कविता में दिखाई देता है। शंकर जी के गीत भूला रे भोला, भूखा भारत देश, से नागार्जुन के गीत 'प्रभुजी तुम चंदन हम पानी' की तुलना करने पर यह बात स्पष्ट हो जाएगी।

शंकर जी ने स्वाधीनता-आन्दोलन और उसके दमन के अनेक प्रसंगों पर कविताएँ लिखी हैं। उन्होंने असहयोग-आन्दोलन के समर्थन, रौलट ऐक्ट के विरोध और जलियाँवाला बाग के नरसंहार के विरोध में कविताएँ लिखी हैं। शंकर जी ने यदि छद्म देशभक्तों की खबर ली है तो कांग्रेसियों की समझौतापरस्ती की आलोचना भी की है। जनआन्दोलन के उभार से घबराकर अंग्रेजी राज ने जब प्रेस का मुँह बन्द करने का प्रयास किया, तब शंकर जी ने लिखा :

सम्पादन स्वातन्त्र्य को, कुचल रहा सर्वत्र।
प्रेस ऐक्ट की मार से, अब न बचेंगे पत्र॥

यह दोहा एक बार फिर पुराने रूप और नयी अन्तर्वस्तु के नये सम्बन्ध, परम्परा और नयी चेतना के सामंजस्य की कला की ओर हमारा ध्यान खींचता है। राजनीतिक दोहों की यह परम्परा नागार्जुन के दोहों तक चली आयी है।

शंकर जी ने हिन्दी-कविता की परम्परा में एक नया प्रयोग किया है, जिसका महत्त्व पहचाना नहीं गया है। उन्होंने चित्रों पर कविता लिखी है। कविता के आधार पर चित्र बनाने की परम्परा पुरानी है और आज भी इस दिशा में प्रयोग हो रहे हैं लेकिन चित्रों पर कविता लिखने के प्रयास कम ही हुए हैं। शंकर जी की चित्रों पर लिखी तीन कविताएँ 'शंकर-सर्वस्व' में हैं। 'वसन्तसेना' और 'केरल की तारा' रवि वर्मा के चित्रों के आधार पर लिखी गयी कविताएँ हैं। 'पुरानी पाठशाला' के चित्रकार का नाम 'शंकर-सर्वस्व' में नहीं है। अगर हमारे सामने ये तीनों चित्र कविता के साथ होते तो चित्रों से कविताओं के सम्बन्ध पर बात करना बेहतर होता। लेकिन यहाँ सामने केवल कविताएँ हैं, इसलिए उन्हीं पर बात की जा सकती है। वसन्तसेना के चित्र पर कविता लिखना उतना कठिन नहीं था, जितना केरल की तारा पर। वसन्तसेना की शबीह के पीछे मृच्छकटिकम् है तो शंकर जी ने भी कविता में मृच्छकटिकम् से पूरी सहायता ली है। कविता में कथा मृच्छकटिकम् से ली गयी है और नख-शिख-वर्णन रीतिकालीन काव्य परम्परा से। चित्र तो केवल आधार है। रवि वर्मा रचित शबीह में अंगों की बनावट और पृष्ठभूमि की सजावट पर जोर है तो कविता में भी इनका ध्यान रखा गया है। अलंकार की प्रवृत्ति दोनों में है। नारी-सौन्दर्य के बोध का स्तर दोनों का एक-सा है। दोनों में रीतिबद्धता है। 'वसन्तसेना' कविता का अन्तिम छन्द विशेष ध्यान देने योग्य है। दिलचस्प बात यह है कि अन्तिम छन्द भाषा और रचना-विधान की दृष्टि से कविता के बाकी हिस्से से अलग लगता है। यहाँ छन्द हिन्दी का है, लेकिन भाषा उर्दू है और रचना-विधान में उर्दू काव्य-परम्परा की रूढ़ियों से पूरी सहायता ली गयी है। छन्द इस प्रकार है :

बाग की बहार देखी मौसमे बहार में तो,
दिले अन्दलीब को रिझाया गुलेतर से।

हाय, चकराते रहे आसमाँ के चक्कर में,
तो भी लौ लगी ही रही माह की महर से॥
आतिशे मुसीबत ने दूर की कुदूरत को,
बात की न बात मिली लज्जते शंकर से।
शंकर नतीजा इस हाल का यही है बस,
सच्ची आशिकी में नफा होता है जरर से॥

कवि न तो चित्र का वर्णन कर रहा है, न मृच्छकटिकम् की कथा कह रहा है और न वसन्तसेना का रूप-वर्णन कर रहा है। यहाँ कविता, चित्र और नाटक—दोनों से स्वतन्त्र है; फिर भी वसन्तसेना के मन की कथा और भाव की दशाओं की अभिव्यक्ति करता हुआ कवि दोनों से जुड़ रहा है।

'केरल की तारा' कविता का रचना-विधान नये ढंग का है, इसमें स्वप्न-पद्धति का प्रयोग है। स्वप्न में चित्र की केरल की तारा कवि के पास आती है, वह रूप निहारता है, रूप का वर्णन करता है और केरल की तारा का हो जाता है। सपने में ही कवि तारा के साथ केरल की यात्रा करता है। यात्रा-वर्णन के रूप में वह केरल की प्रकृति और संस्कृति का वर्णन करता है, जो रवि वर्मा के चित्रों में प्रायः मौजूद रहती है। यहाँ कवि पहली कविता की तुलना में चित्र से अधिक स्वतन्त्र है, इसीलिए कविता की अपनी पहचान बनी है। तीसरी कविता है, 'पुरानी पाठशाला'। इसमें चित्र कवि को भारत के अतीत और वर्तमान पर सोचने की प्रेरणा देता है। यही सोच कविता में है।

प्रायः चित्र पर कविता लिखते समय कवि या तो कविता में चित्र का वर्णन करते हैं, या चित्र के प्रभावों का चित्रण करते हैं, या फिर चित्र के विषय पर स्वतन्त्र शब्द-चित्र बनाते हैं। कुछ कवि चित्र में कविता की खोज करते हुए कविता लिखते हैं। चित्र और कविता के बीच एकता का आधार बिम्ब है, इसलिए कहा जाता है कि चित्र मौन कविता है और कविता मुखर चित्र। चित्र पर कविता लिखने का एक तरीका यह भी है कि कवि चित्र के बिम्बों को शब्द चित्रों में व्यक्त करे, जैसा कि एक सीमा तक 'वसन्तसेना' कविता में हुआ है। अमूर्तन की प्रधानता ने चित्र और कविता का सम्बन्ध बदल दिया है। यहाँ जिन चित्रों और कविताओं की चर्चा हुई है, वे भारतीय नवजागरण की आरम्भिक अवस्था की उपज हैं, आधुनिकतावादी कला की मंजिल से काफी पहले की स्थिति में।

शंकर जी कई बार कविता से वह काम लेते हैं, जहाँ कविता की गति नहीं होती। वे कई बार गद्य का काम कविता से करते हैं; फलतः कविता गद्यवत् हो जाती है। वे खण्डन और मण्डन, विरोध और समर्थन, उपदेश और प्रचार का काम कविता के माध्यम से करते हैं। ऐसी कविताओं में अनुभवों की जगह विचार होते हैं, भाषा

व्यंजक होने के बदले तार्किक हो जाती है। उपदेशपरकता के कारण भाषा में संश्लिष्टता की जगह इतिवृत्तात्मकता प्रमुख हो जाती है। कई बार कविता की भाषा भाषण की भाषा बन जाती है। इन सब बातों के उदाहरण के रूप में शंकर जी की अनेक कविताएँ दी जा सकती हैं, लेकिन अगर इन सबको एक जगह देखना हो तो 'समालोचक-लक्षण' कविता देखी जा सकती है। यह कविता 1906 की 'सरस्वती' में छपी है। वैसे इस कविता को पढ़कर लगता है कि समालोचना के अर्थ और प्रयोजन के बारे में शंकर जी कितने सजग थे और महावीरप्रसाद द्विवेदी की साहित्य-चेतना के कितने करीब।

शंकर जी और महावीरप्रसाद द्विवेदी की साहित्य-चेतना में काफी निकटता थी, लेकिन कुछ दूरी भी थी। द्विवेदी जी के आग्रह पर 'सरस्वती' में शंकर जी की कविताएँ छपीं। द्विवेदी जी ने उन कविताओं की तारीफ भी की। जब नागरी प्रचारिणी सभा के कुछ कवियों ने दलबन्दी के कारण 'सरस्वती' में छपने वाली कविताओं को भद्दी कविता कहा, तब द्विवेदी जी ने 'भद्दी कविता' नामक लेख में उनको मुँह-तोड़ उत्तर दिया। इस लेख में भी शंकर जी की कविता की सराहना है। शंकर जी ने भी 'वसन्तसेना' कविता के एक अंश में द्विवेदी जी के विरोधियों की खबर ली है। इस निकटता के बावजूद दोनों की साहित्य-चेतना में दूरी के कारण और प्रमाण हैं। आचार्य द्विवेदी 'सरस्वती' में छपने के लिए आयी कविताओं की भाषा दुरुस्त करते थे, उनमें संशोधन करते थे और कभी-कभी मूल की एक-दो ही नहीं, चार-चार पंक्तियाँ तक बदल देते थे। 'सरस्वती' के कवि द्विवेदी जी के संशोधनों को स्वीकार करते थे; क्योंकि उस समय कवि बने रहने के लिए द्विवेदी जी के संशोधनों को स्वीकार करना शायद आवश्यक था। पर शंकर जी को यह बात पसन्द न थी, वे द्विवेदी जी के संशोधनों को स्वीकार करने के लिए तैयार न थे, इसलिए जब कभी 'सरस्वती' में उनकी कविता छपती थी और वे अपनी कविताओं में छोटे-बड़े संशोधन देखते थे तो 'सरस्वती' की अपनी प्रति में संशोधित अंशों के पास मूल रूप लिख देते थे। संयोगवश 'सरस्वती' की ऐसी प्रतियाँ अब भी सुरक्षित हैं।

इस प्रसंग में सितम्बर 1906 की 'सरस्वती' में छपी शंकर जी की कविता 'पावस-पंचाशिका' को उदाहरण के रूप में देखा जा सकता है। द्विवेदी जी ने इस कविता में अनेक संशोधन किये हैं। कहीं शब्द बदला है, कहीं पदावली बदल दी है, कहीं वाक्यों की संरचना, कहीं पूरी पंक्ति और चालीसवें छन्द की तो चारों मूल पंक्तियों के स्थान पर अपनी चार पंक्तियाँ कविता में जोड़ दी हैं। शंकर जी ने 'सरस्वती' की अपनी प्रति में हर जगह मूल रूप लिख दिया है। चालीसवें छन्द के सामने शंकर जी ने लिखा है, "यह पद्य मेरा नहीं है।" और कविता के अन्त में चारों मूल पंक्तियाँ लिखी हैं।

द्विवेदी जी के संशोधनों को देखकर लगता है कि उनका उद्‌देश्य केवल भाषा सुधारना नहीं है, नैतिक दृष्टि से भी कविता को ठीक करना है। द्विवेदी जी के काव्य-बोध पर मर्यादावाद की छाया है। यह मर्यादावाद कविता के भाव, विचार, कल्पना और भाषा तक के संशोधनों में सक्रिय है। 'पावस-पंचाशिका' के चालीसवें छन्द को बदलने के पीछे यही मर्यादावाद है। यह बात मूल रूप से द्विवेदी जी की पंक्तियों की तुलना करने पर स्पष्ट हो जाएगी। वास्तव में, यह मर्यादावाद द्विवेदी जी के ही काव्य-बोध का नहीं, पूरे द्विवेदी-युग के काव्य-बोध का अनिवार्य अंग है। इसी मर्यादावाद के कारण आचार्य रामचन्द्र शुक्ल को शंकर जी की काव्य-भाषा में 'कुछ उद्दंडता' दिखाई देती है।

इस प्रसंग में विचारणीय बात यह है कि द्विवेदी जी के संशोधनों से कविता बेहतर हुई या नहीं। 'पावस-पंचाशिका' के संशोधनों को देखकर, मूल रूप से संशोधित रूपों की तुलना करने पर यही लगता है कि संशोधनों से कई जगह कवि के अभिप्रेत अर्थ की क्षति तो हुई है, छन्द की लय और भाषा के प्रवाह में भी शिथिलता आयी है। इस प्रक्रिया में मर्यादा बच गयी है, पर कविता खो गयी है।

ऐसा नहीं है कि शंकर जी अपनी कविता में सुधार-परिष्कार नहीं करते थे। वही 'पावस-पंचाशिका', 'शंकर-सर्वस्व' में 'पावस-प्रसाद' शीर्षक से छपी है। 'पावस-प्रसाद' में इतना परिवर्तन और परिष्कार है कि वह पावस-पंचाशिका से भिन्न नयी और बेहतर कविता बन गयी है। पावस-पंचाशिका में पचास छन्द हैं। 'पावस-प्रसाद' में अड़तालीस। कुछ छन्द बदल दिये गये हैं, कुछ नये जोड़े गये हैं। जिन छन्दों को द्विवेदी जी ने अधिक सुधारा था, वे 'पावस-प्रसाद' में नहीं हैं, न मूल रूप में और न संशोधित में। उनके बदले जो छन्द जोड़े गये हैं, उनमें मर्यादा का ध्यान रखा गया है। इससे लगता है कि द्विवेदी जी के सुधार का असर तो हुआ है, लेकिन सुधार स्वीकार नहीं है। जिन छन्दों को द्विवेदी जी ने कम सुधारा था, वे भी 'पावस-प्रसाद' में बदले हुए रूप में हैं। लेकिन कहीं भी द्विवेदी जी के संशोधनों को शंकर जी ने अपनाया नहीं है। कवि की विकासशीलता के साथ-साथ यह दृढ़ता आज भी ध्यान देने लायक है।

मैथिलीशरण गुप्त का महत्त्व

जिस देश और समाज के पास समृद्ध सांस्कृतिक विरासत होती है वहाँ रचना में परम्परा और समकालीनता के बीच सर्जनात्मक सम्बन्ध बनाने का दायित्व रचनाकारों के सामने होता है। विशेष रूप से नवजागरण की ऐतिहासिक अवस्था में गुजरते हुए समाज के रचनाकार इस दायित्व की उपेक्षा अपनी रचनाओं की सार्थकता की कीमत पर ही कर सकते हैं। मैथिलीशरण गुप्त नवजागरण काल के कवि हैं इसलिए उन्होंने भारतीय समाज के इतिहास और परम्परा से कथा और चरित्र लेकर उन्हें इस रूप में रचा कि वे वर्तमान में समाज को जागरण और उत्थान की प्रेरणा दे सके। उन्होंने देशभक्ति की भावना से संचालित होकर अपने कविकर्म को स्वाधीनता आन्दोलन से जोड़ दिया। इस रचनात्मक उद्देश्य में उन्हें सफलता भी मिली। इस प्रसंग में 'भारत-भारती' विशेष रूप से उल्लेखनीय है जिसमें "मुसद्दस हाली के ढंग पर भारतीयों की या हिन्दुओं की भूत और वर्तमान दशाओं की विषमता दिखाई गयी है, भविष्य निरूपण का प्रयत्न नहीं है। यद्यपि काव्य की विशिष्ट पदावली, रसात्मक चित्रण, वाग्वैचित्र्य इत्यादि का विधान इसमें न था, पर बीच-बीच में मार्मिक तथ्यों का समावेश बहुत साफ और सीधी भाषा में होने से यह पुस्तक स्वदेश की ममता से पूर्ण नवयुवकों को बहुत प्रिय हुई।" (आचार्य रामचन्द्र शुक्ल)

मैथिलीशरण गुप्त की अधिकांश रचनाओं के पात्र आदर्शों के प्रतीक या प्रवक्ता हैं, वास्तविक मनुष्य नहीं। आज जबकि वे आदर्श सपने साबित हो रहे हैं तब उन आदर्शों के प्रतीक और प्रवक्ता प्रासंगिक कैसे हो सकते? आज की कविता वास्तविक मनुष्य के जीवन, यथार्थ और अनुभव से जुड़ी है। इस जीवन यथार्थ के अनुभव के बोध और व्यंजना को बढ़ाने के लिए आज का कोई कवि चाहे तो परम्परा का रचनात्मक उपयोग कर सकता है, जैसा कि मुक्तिबोध और नागार्जुन ने किया है, लेकिन अब मैथिलीशरण गुप्त की तरह कथाकाव्य लिखना छायावाद से आज तक की हिन्दी कविता के रूप एवं शिल्प सम्बन्धी विकास को छोड़कर पीछे लौटना होगा जो ठीक नहीं है। यह लगभग वही स्थिति होगी कि आज का कोई चित्रकार चित्रकला के अद्यतन विकास की उपेक्षा करके रविवर्मा की शैली में चित्र बनाने लगे। कवि

मैथिलीशरण गुप्त चित्रकार रविवर्मा के समकालीन भले ही न हो, लेकिन समानधर्मा तो हैं ही। मैथिलीशरण गुप्त को हिन्दी कविता का रविवर्मा कहना अनुचित न होगा। मिथकों एवं कथानक-रूढ़ियों का एक ऐसा मूल अर्थ भी होता है जो उनके इतिहास से जुड़ा होता है और उसे मनमानी ढंग से बदला नहीं जा सकता, इसलिए कई बार मिथकों का मूल अर्थ रचनाकार के अभिप्रेत अर्थ पर छा जाता है। धर्मवीर भारती के 'अन्धायुग' और एम.एफ. हुसैन के आपात काल के दौरान बनाये गये कुछ चित्रों में यह स्थिति दिखाई देती है। इस तरह आज के रचनाकार के लिए यह एक खतरनाक रास्ता है।

× × ×

मैथिलीशरण गुप्त की कविता में गाँधी-युग है और गाँधीवाद भी। गाँधीजी स्वाधीनता आन्दोलन के नेता थे और विशेष दृष्टि के विचारक भी। गुप्त जी की कविता में जहाँ गाँधी-युग है वहाँ स्वाधीनता आन्दोलन की चेतना है और जहाँ गाँधीवाद है वहीं प्रार्थना-भाव है, हृदय-परिवर्तन है, समन्वयवाद है, सुधारवाद है। वैसे मैथिलीशरण गुप्त की सर्वोत्तम रचना 'साकेत' गाँधी जी को अपने युग के अनुकूल नहीं लगी थी। मैथिलीशरण गुप्त अपनी कविताएँ गाँधीजी के पास भेजते रहते थे। उनकी कविताएँ पढ़कर राष्ट्र कवि को राष्ट्रपिता ने एक पत्र लिखा– " 'साकेत', 'अनघ', 'पंचवटी' और 'झंकार' सब रसपूर्वक पढ़ गया। बहुत अच्छे लगे। परन्तु टीका करने की मैं अपनी कुछ भी योग्यता नहीं समझता हूँ। तो भी आपने मेरे अभिप्राय पूछे हैं और क्योंकि जैसे पढ़ता गया वैसे विचार भी आते रहते थे, इसलिए जैसे आये वैसे ही आपके सामने रखता हूँ। उर्मिला का विषाद अगरचे भाषा की दृष्टि से सुन्दर है, परन्तु साकेत में उसको शायद ही स्थान हो सकता। तुलसीदास ने उर्मिला के बारे में बहुत कुछ नहीं कहा है, यह दोष माना गया। मैंने इस अभाव को दोष– दृष्टि से नहीं देखा। मुझको उसमें कवि की कला प्रतीत हुई है। ....एक और चीज भी कह दूँ, दशरथादि का रुदन तुलसीदास जी के 'मानस' में पढ़ने से आघात नहीं पहुँचता था। तुलसीदास से दूसरा कुछ नहीं हो सकता था, परन्तु इस युग की पुस्तक में ऐसा रुदन अच्छा नहीं भाता। उसमें वीरता को हानि पहुँचती है, और इधर भक्ति को भी।" स्वाधीनता संघर्ष के काल की कविता में रुदन का इतना विस्तार अगर गाँधी जी को अच्छा नहीं लगता तो वह आज के जन संघर्ष के युग के किसी प्रबुद्ध पाठक को कैसे अच्छा लगेगा?

× × ×

आधुनिक हिन्दी कविता के इतिहास में यह तथाकथित 'राष्ट्रीय भावधारा' या 'राष्ट्रीयतावादी' कविता एक पहेली है। अगर मैथिलीशरण गुप्त, माखनलाल चतुर्वेदी आदि ही राष्ट्रीय भावधारा के कवि हैं तो क्या छायावादी काव्य 'राष्ट्रीय भावधारा' से

बाहर है? क्या प्रसाद और निराला के काव्य में राष्ट्रीय चेतना नहीं है? असल में राष्ट्र और राष्ट्रीयता की एक खास तरह की धारणा से जुड़ी हुई है यह राष्ट्रीयतावादी कविता की धारणा। प्रसाद और निराला की कविता में व्यक्त राष्ट्रीय चेतना राष्ट्रीयतावादी कविता की राष्ट्रीयता से भिन्न है। छायावादी काव्य की राष्ट्रीय चेतना में साम्राज्यवाद विरोध के साथ-साथ सामन्तवाद का भी विरोध है, जबकि तथाकथित राष्ट्रीय भावधारा के काव्य में पुनरुत्थानवादी तत्त्व काफी मात्रा में घुले-मिले हैं। निराला के काव्य में जनतन्त्रवादी राष्ट्रीयता के साथ-साथ समतावादी भविष्य दृष्टि भी है, लेकिन 'राष्ट्रीय भावधारा' की कविता में अतीत का गौरवगान और वर्तमान दुर्दशा पर असन्तोष ही है। उसमें जहाँ कहीं भविष्य की चिन्ता है वहाँ 'अतीत के स्वर्णयुग' को भविष्य में स्थापित करने का आग्रह है।

आजकल आध्यात्मिक मूल्यों की माँग बढ़ गयी है। धार्मिक समारोहों की संख्या बढ़ गयी है, रेडियो-टेलीविजन पर भजन-कीर्तन का गायन बढ़ गया है, नयी शिक्षा नीति में धार्मिक-आध्यात्मिक शिक्षा पर जोर बढ़ रहा है। ऐसे समय में राष्ट्रीयता की धार्मिक-आध्यात्मिक और साम्प्रदायिक व्याख्या करने वालों की संख्या बढ़ जाए तो क्या आश्चर्य! भारतीय समाज के इतिहास की व्याख्या का यही दृष्टिकोण आधुनिक हिन्दी कविता के इतिहास की व्याख्या में सक्रिय है।

धर्म, नस्ल और सम्प्रदाय पर आधारित राष्ट्रवाद के दुष्परिणाम से दुनिया परिचित है। भारतीय महादेश ऐसी राष्ट्रीयता का कुफल भोग चुका है। आजकल देश ऐसी राष्ट्रीयता से उपजी यातना भुगत रहा है। आज सच्ची राष्ट्रीयता की बुनियाद व्यापक श्रमजीवी जनता है। उसकी आकांक्षाओं से जुड़कर ही राष्ट्रीयता लोककल्याणकारी हो सकती है। मुट्ठी भर अमीरों के स्वार्थ का साधन बनाने के बदले राष्ट्रीयता को मैथिलीशरण गुप्त के ही शब्दों में, 'बहुजन हिताय बहुजन सुखाय' के रूप में विकसित करना आवश्यक है।

× × ×

स्वाधीनता आन्दोलन में अपने त्याग, संघर्ष और बलिदान से नारियों ने समाज में नयी स्थिति अर्जित की। यहाँ नारी मुक्ति की चेतना राष्ट्रीय मुक्ति के आन्दोलन के साथ विकसित हुई। मैथिलीशरण गुप्त समय की पुकार सुनने वाले कवि थे, उन्होंने राष्ट्रीय स्वाधीनता और सामाजिक उत्थान के सन्दर्भ में नारी मुक्ति के महत्त्व को समझा, लेकिन उनकी नारी मुक्ति की भावना मर्यादावाद और आदर्शवाद से अनुशासित है। यही कारण है कि उनके काव्य में प्रेमचन्द के नारी पात्रों की तरह अपने सम्मान, अधिकार और स्वतन्त्रता के लिए संघर्ष करने वाली स्त्रियाँ नहीं हैं। प्रेमचन्द के कथा-साहित्य में स्त्रियाँ केवल अपने ही अधिकारों के लिए नहीं लड़तीं, वे अपने परिवार के अस्तित्व, दूसरी स्त्रियों की रक्षा और देश की स्वतन्त्रता के लिए भी लड़ती

हैं। प्रेमचन्द के कथा-साहित्य की स्त्रियाँ उस समय के स्त्री समुदाय के वास्तविक जीवन का प्रतिनिधित्व करती हैं। वे नारियाँ प्रेमचन्द की यथार्थवादी कला की सृष्टि हैं इसलिए उनकी स्वाधीनता गुप्तजी के नारी-पात्रों की स्वाधीनता की तरह परम्परा के अधीन नहीं है। प्रेमचन्द के यहाँ स्त्रियाँ जीवन और समाज में संघर्ष करती हुई स्वतन्त्रता अर्जित करती हैं जबकि गुप्तजी के काव्य में नारी मुक्ति कवि की करुणा पर निर्भर हैं।

× × ×

शोषण पर टिकी व्यवस्था में धन के सम्मुख जन तुच्छ होता ही है। वर्तमान पूँजीवादी व्यवस्था में अगर ऐसा दिखाई दे रहा है तो कोई आश्चर्य की बात नहीं है। मैथिलीशरण गुप्त ने यह देखा कि धन के सामने जन तुच्छ होता जा रहा है, उन्होंने महाजनी सभ्यता के जनविरोधी रूप को पहचाना। उनको इस पहचान का श्रेय तो मिलना ही चाहिए। लेकिन महाजनी सभ्यता से जनता की मुक्ति का वास्तविक मार्ग उनको न दिखाई पड़ा, इसलिए धार्मिक आदर्श और नैतिक उपदेश से काम चलाया। प्रेमचन्द ने 1936 में कहा था, "यदि हम अब भी धर्म और नीति का दामन पकड़कर समानता के ऊँचे लक्ष्य पर पहुँचना चाहें तो विफलता ही मिलेगी।" मतलब यह कि धर्म और नीति के सहारे पूँजीवादी शोषण से जन को बचाने या जन के सम्मुख धन को तुच्छ जताने की आकांक्षा कभी पूरी न होगी। 'जन' की मुक्ति के लिए संघर्ष के अलावा और कोई रास्ता नहीं है।

× × ×

जो लोग मैथिलीशरण गुप्त को राष्ट्रभाषा का आदि कवि कहते हैं वे समझते हैं कि खड़ी बोली में काव्य रचना का आरम्भ मैथिलीशरण गुप्त से हुआ। यह मान्यता सही नहीं है। 19वीं शती के अन्त के कुछ पहले ही खड़ी बोली काव्यभाषा का स्वरूप स्थिर हो चुका था। प्रमाण है अयोध्या प्रसाद खत्री द्वारा सम्पादित 'खड़ी बोली का पद्य' में संगृहीत कविताएँ। इस संग्रह में शामिल महेश नारायण की लम्बी कविता 'स्वप्न' विशेष रूप से उल्लेखनीय है जो 1881 ई. में 'बिहार-बन्धु' में छपी थी। यह कविता भाव-भूमि, भाषा के स्वरूप, छन्द-विधान और रचना-शिल्प की दृष्टि से बहुत महत्त्वपूर्ण है। यह खड़ी बोली की पहली आधुनिक लम्बी कविता है जिसमें मुक्त छन्द और फैंटेसी के शिल्प में स्वाधीनता की आकांक्षा व्यक्त हुई है। श्रीधर पाठक, भारतेन्दु हरिश्चन्द्र, हरिऔध आदि के हाथों खड़ी बोली काव्यभाषा का निर्मित-विकसित वह रूप मैथिलीशरण गुप्त को मिला जिसमें वे लगभग 1905 से रचना करने लगे।

गुप्त जी की 'काव्यभाषा' को गद्यवत, रूखी और इतिवृत्तात्मक आचार्य रामचन्द्र शुक्ल कह गये हैं। उन्होंने यह भी लिखा है कि छोटे छन्दों के चरणान्त में, कुछ ऊबड़-खाबड़ और संस्कृत के व्यवहार बहिष्कृत शब्दों के प्रयोग की ठोकरें लगती हैं;

तुकों के अतिरिक्त आग्रह से कविता की दुर्गति की बात सब जानते हैं। गुप्तजी ने प्रायः मात्रिक छन्दों का प्रयोग किया है। खड़ी बोली काव्यभाषा के विकास के आरम्भिक काल में ऐसे प्रयोग के प्रयत्न कम हुए जिनमें छन्द में लय के अनुसार लघु-गुरु के बन्धन की कठोरता के कारण काव्यभाषा से लचीलापन जाता रहा।

लगभग साठ वर्षों के रचनाकाल में मैथिलीशरण गुप्त ने हिन्दी में प्रचलित-अप्रचलित, शास्त्रीय-लौकिक अनेक काव्य रूपों में रचना की है, प्रबन्ध से प्रगीत तक उनका काव्य-संसार फैला हुआ है। हिन्दी में चम्पू का सफल प्रयोग करने वाले वे अकेले कवि हैं। जैसे केशवदास की 'रामचन्द्र चन्द्रिका' छन्दों की विविधता के लिए याद की जाती है वैसे ही हिन्दी काव्य रूपों की अनेकता के लिए गुप्त जी का काव्य-संसार स्मरणीय है।

मैथिलीशरण गुप्त की काव्यभाषा की सबसे बड़ी विशेषता है 'चलती हुई खड़ी बोली का परिमार्जित और सुव्यवस्थित रूप'। गुप्त जी की काव्यभाषा संरचना, पदविन्यास और अभिव्यंजना शैली की दृष्टि से बोलचाल की भाषा के अनुरूप है। वह हिन्दी भाषा के जातीय रूप, जन-जीवन में व्यवहार की भाषा का ही काव्योचित प्रयोग है। गुप्त जी की कविता की व्यापक लोकप्रियता का एक महत्त्वपूर्ण कारण उनकी काव्यभाषा का स्वरूप भी है। कुछ लोग मानते हैं कि गुप्त जी की काव्यभाषा बोलचाल की भाषा के करीब तथा गद्य के पद-विन्यास के निकट होने के कारण अकाव्यात्मक और इतिवृत्तात्मक हो गयी। यह सही नहीं है। भक्तिकाल के कवियों की काव्यभाषा बोलचाल के निकट है, उर्दू के मीर और गालिब की काव्यभाषा, संरचना और अभिव्यंजना शैली की दृष्टि से बोलचाल की भाषा के अत्यन्त करीब है, लेकिन कोई यह नहीं कह सकता कि उनकी काव्यभाषा अकाव्यात्मक और इतिवृत्तात्मक है। गुप्त जी की काव्यभाषा के अकाव्यात्मक होने का कारण कुछ और है। वास्तव में गुप्त जी की काव्यभाषा की बाह्य-संरचना तो बोलचाल के निकट है, लेकिन उसकी आन्तरिक प्रकृति कथात्मक और वर्णनात्मक है। कथा कहने और वर्णन करने की प्रवृत्ति की प्रधानता के कारण ही मैथिलीशरण गुप्त की काव्यभाषा इतिवृत्तात्मक हुई है। प्रायः उनकी कविता में भाषा या तो कथा कहने में लगी रहती है या वस्तुओं के नाम-रूप गिनाती-बताती वस्तु वर्णन में व्यस्त रहती है। ऐसी कथात्मक और वर्णनात्मक भाषा इतिवृत्तात्मक नहीं तो और क्या होगी। निश्चय ही काव्यभाषा के इस रूप के निर्माण में उनके विशेष प्रकार के भावबोध और वस्तुबोध की भी महत्त्वपूर्ण भूमिका है। जहाँ कविता में भाषा का प्रयोजन कथा कहना और वस्तु वर्णन करना नहीं है, लेकिन भाषा की संरचना बोलचाल के निकट है वहाँ भाषा का काव्योचित प्रयोग सौन्दर्यबोधीय प्रयोजन की साधना में सफल है। उदाहरण के लिए अपनी साठवीं वर्षगाँठ पर लिखी गुप्त जी की यह कविता देखी जा सकती है :

अब वे वासर बीत गये
मन तो भरा-भरा है अब भी पर तन के रस रीत गये!
चमक छोड़ चौमासे बीते कम्प छोड़ कर शीत गये
देकर सुध की उमस आगे बढ़ कितने मधु मीत गये
इसे राम जाने जीवन में हारे हम वा जीत गये
इतना ही क्या थोड़ा जो यह गूँज बची है गीत गये!

छायावाद के कवियों ने जब कविता की मुक्ति का नारा दिया तो उनके सामने छन्द के कठोर बन्धन, तुक के अतिरिक्त आग्रह और इतिवृत्तात्मकता के रेगिस्तान में फँसी हिन्दी कविता की दुर्दशा थी। छायावादी कवियों ने अपने रचनात्मक प्रयत्न से छन्द के बन्धन तोड़कर, तुकों का आग्रह छोड़कर कोमलकान्त पदावली के सहारे काव्यभाषा में चित्रमयता और लाक्षणिक वक्रता का विकास किया। इस तरह काव्यभाषा अधिक अभिव्यंजक हुई। यह नयी काव्यभाषा नये काव्यबोध से उपजी थी। इस तरह कविता की मुक्ति का प्रयत्न भाव और भाषा दोनों स्तरों पर हुआ। लेकिन कविता की इस मुक्ति के प्रयास में काव्यभाषा संरचना और पदविन्यास की दृष्टि से बोलचाल की भाषा से दूर हटती चली गयी। काव्यभाषा की यह स्थिति छायावादी कवियों में सबसे अधिक पन्त के यहाँ है और सबसे कम निराला के यहाँ। छायावादी कविता की दुरूहता और अलोकप्रियता का एक बड़ा कारण बोलचाल की भाषा से उसकी दूरी है। निराला ने छायावादी काव्यभाषा की इस कमजोरी को पहचाना और अपनी बाद की कविताओं को इससे बचाया। प्रगतिशील कविता ने एक बार फिर काव्यभाषा को बोलचाल की भाषा के निकट लाने का प्रयास किया।

दिनकर : व्यापक सामाजिक चेतना के कवि

दुनिया के दूसरे देशों में जन्म शताब्दी वर्ष का गम्भीर उपयोग होता है। हम लोग अंग्रेजी के माध्यम से यूरोप के बारे में जानते हैं। अभी कुछ दिन पहले स्पेन के महान उपन्यासकार सरवेंटिज की 400वीं जयन्ती मनायी गयी। आप कल्पना नहीं कर सकते कि उन पर कम से कम पचास किताबें छपी हैं और तीन साल के भीतर पच्चीस पत्रिकाओं के विशेषांक निकले हैं। दुनिया के देशों में शताब्दी वर्षों का जैसा भी गम्भीर उपयोग होता हो, हिन्दी में तो प्रायः शताब्दी वर्ष खाओ-पीओ वर्ष रूप में मनाया जाता है। जन्मशती वर्ष में दिनकर का पुनर्मूल्यांकन होना चाहिए।

दिनकर के बारे में अच्छा-बुरा, कहा-लिखा बहुत गया है। लक्ष्मीनारायण सुधांशु ने एक लेख में लिखा था कि हिन्दी में किसी भी जीवित कवि के बारे में इतना नहीं लिखा गया, जितना रामधारी सिंह दिनकर के बारे में। हाँ, बहुत अच्छा नहीं लिखा गया है। इसमें दिनकर जी का तो कोई दोष है नहीं। लिखने वालों की अपनी बुद्धि जहाँ तक जाएगी, वहीं तक वे लिख सकते हैं।

प्रत्येक बड़े कवि की कविता बहुत दूर तक उसके व्यक्तित्व की ही अभिव्यक्ति होती है। व्यक्तित्व में बहुत सारी चीजें शामिल होती हैं। कवि का परिवेश, उसकी मनोभूमि, उसका स्वभाव, उसके भाव, उसके विचार, उसकी संवेदनशीलता और उसकी समाज में कर्मशीलता—ये सब व्यक्तित्व के बनने-बनाने के हिस्से हैं। हरेक कवि की रचना में व्यक्तित्व के हिस्से होते हैं। मैं दिनकर के व्यक्तित्व की बुनियादी विशेषता की खोज करते हुए उन्हीं की एक पंक्ति से मदद लेते हुए कहना चाहूँगा कि दिनकर जी 'पौरुष के पूंजीभूत ज्वाल' थे। यह 'हिमालय' नाम की उनकी कविता की एक पंक्ति है। इसमें दो बातें महत्त्वपूर्ण हैं—एक तो 'पौरुष' और दूसरी 'ज्वाला'। उनके काव्य और व्यक्तित्व को मिलाकर देखिए तो वे शक्ति और ऊर्जा के कवि के रूप में हमारे सामने आते हैं और साथ ही उनकी कविता में यहाँ से वहाँ तक आग दिखाई देती है।

दिनकर जब हिन्दी कविता में आये, तो उस समय क्या वातावरण था हिन्दी कविता का? वह समय कविता में छायावाद का था। छायावाद की कविता की पहली विशेषता यह थी कि वह अपनी ही जनता से दूर की कविता थी। दूसरी यह कि

उसकी भाषा जीवन-व्यवहार से अलग, एक काव्य-भाषा थी। तीसरी बात यह कि जनता से अलग-थलग होते ही उसका उर्दू से पूरी तरह अलगाव हो गया था। छायावाद ने हिन्दी-उर्दू के अलगाव को हमेशा के लिए स्थायी बना दिया। चौथी बात यह कि वह स्वाधीनता आन्दोलन का दौर था, जनता लड़ रही थी, मर रही थी और अपने समय की कविता में अपनी जिन्दगी की वास्तविकताओं, आकांक्षाओं और संघर्षों की आवाज सुनना चाह रही थी जो छायावाद की कविता में सुनाई नहीं पड़ रही थी। वह ऐसी भाषा में सुनना चाहती थी जो उसके दिलो-दिमाग को छुए। ऐसे समय में दिनकर जी हिन्दी कविता में आये।

दिनकर ने बहुत बड़ा काम किया कि एक साथ हिन्दी कविता का रूप, उसकी अन्तर्वस्तु और जनता से उसके सम्बन्ध को बदल डाला। यह काम अकेले दिनकर ने नहीं किया। हरिवंश राय बच्चन, नरेन्द्र शर्मा, भगवतीचरण वर्मा आदि उस पीढ़ी के अनेक कवियों ने किया। हिन्दी कविता या आलोचना में जिसे छायावादोत्तर पीढ़ी कहा जाता है, उसने चार काम एक साथ किये। एक तो काव्य-भाषा को बोलचाल की भाषा के करीब ले आये। दूसरा काम यह किया कि जीवन की सच्ची अनुभूतियों की– केवल काल्पनिक अनुभूतियों की नहीं–अभिव्यक्ति कविता में शुरू की, जिनका समाज और राष्ट्र के साथ गहरा रिश्ता था। तीसरा काम किया, जो काव्य-शास्त्र से जुड़ा हुआ है कि उससे कविता में बोधगम्यता आयी। कविता आसानी से समझ में आ सके, ऐसी भाषा और शैली में लिखना शुरू किया। चौथा काम यह कि स्वच्छ अभिव्यक्ति, ऐसी अभिव्यक्ति जो कहीं भी दुराव-छिपाव को महत्त्व नहीं देती है। इन चार कामों का एक परिणाम हुआ कि कविता जनता से जुड़ी, जनता ने कविता का स्वागत करना शुरू किया।

दिनकर, बच्चन जैसे कवियों को उस जमाने में कवि-सम्मेलनों में सुनने के लिए भीड़ हुआ करती थी। एक तरीका वह भी था। दूसरा तरीका यह था कि पाठकों के रूप में जनता कविता से जुड़ती थी। बहुत सारे कवि केवल पाठ्य-पुस्तकों के कवि होते हैं। आज भी हिन्दी में ऐसे अनेक महाकवि हैं जिनको पाठ्यक्रम से निकाल दिया जाए तो चार-पाँच पाठक भी नहीं मिलेंगे। कुछ कवि ऐसे होते हैं जिनको मजबूरी में लोग पाठ्यक्रम में शामिल करते हैं। दिनकर भी उन्हीं कवियों में से एक थे जो बाहर लोकप्रिय होने के बाद पाठ्यक्रम में आये। यह जो कविता का रूप बदला, इसका एक और दूसरा बड़ा महत्त्व है, जिस ओर हिन्दी में ध्यान नहीं दिया गया। छायावाद के बाद प्रगतिशील आन्दोलन की काव्य-भाषा के लिए रास्ता बनाने का काम दिनकर और उनकी पीढ़ी ने किया अन्यथा प्रगतिशील कविता के लिए भाषा निर्मित करना एक नये सिरे का काम होता। यह सम्भव नहीं कि प्रगतिवादी कवि छायावादी काव्य-भाषा में प्रगतिशील कविता

लिखकर प्रगतिशील बने रहते। इसलिए कविता की भाषा को मोड़ने और जनता से जोड़ने का जो काम दिनकर और उनकी पीढ़ी ने किया वह अत्यन्त महत्त्वपूर्ण है। इस पर गम्भीरता से विचार होना चाहिए।

दिनकर के काव्य पर यदि आप ध्यान दें तो उनका शुरू का काव्य, खासतौर से 1930 से 1947 तक का काव्य स्वाधीनता आन्दोलन का काव्य है। स्वाधीनता आन्दोलन के उतार-चढ़ाव, द्वन्द्वों-दुविधाओं, जय-पराजय का इतिहास यदि किसी एक कवि की कविता में खोजना हो तो यह इतिहास केवल दिनकर की कविता में मिलेगा। दिनकर स्वाधीनता आन्दोलन के कवि हैं। दिनकर कानाफूसी की भाषा में क्रान्ति करना नहीं जानते थे। बहुत सारे कवि ऐसे हैं जो ऐसी भाषा और ऐसे अन्दाज में क्रान्ति की कविता लिखते हैं कि जैसे दूसरे के कान में धीरे-धीरे बतिया रहे हों। इसके ठीक विपरीत उनकी स्वाधीनता से जुड़ी कविताओं में शक्ति है, आग भी है।

भारतीय कविता में तीन-चार कवि ऐसे हैं जिनसे दिनकर की कविता की समानता देखी जा सकती है। बांग्ला के काजी नज़रुल इस्लाम, उर्दू के इकबाल एवं दूसरे जोश। इन कवियों की कविता में जो शक्ति और आग है, वही शक्ति और आग दिनकर की कविता में दिखाई देती है। जोश से तो उनका व्यक्तिगत सम्बन्ध बहुत अच्छा था। जोश से एक बार दिनकर जी की भेंट हुई। जोश थे वैसे जोशीले आदमी सहज प्रतिक्रिया करने वाले। जोश ने बाद में एक खत में लिखाः

हिन्द में लाजवाब हैं दोनों
शायर-ए-इंकलाब हैं दोनों
देखने में अगरचे जर्रे हैं
वाकई आफताब हैं दोनों।

जोश ने अपने बारे में और दिनकर के बारे में यह बात कही है। उनकी कविता की भी लगभग बहुत सारी वही विशेषताएँ हैं, जो दिनकर की हैं। उनकी इस विशेषता को ठीक से देखना चाहें तो 'आग की भीख' नाम की कविता देखिए। स्वाधीनता आन्दोलन के दौरान जैसी प्रेरणादायक कविता की जरूरत थी, वैसी कविताएँ 'रेणुका', 'हुंकार' और 'सामधेनी' में दिखाई देती हैं। दिनकर केवल स्वाधीनता आन्दोलन के कवि या राजनीतिक कवि नहीं हैं। संवेदना और विषयवस्तु की जैसी व्यापकता और विविधता उनमें दिखाई देती है वैसी निराला को छोड़कर बाद के कवियों में कम मिलती है। एक ओर रेणुका, हुंकार और सामधेनी में राजनीतिक चेतना है तो दूसरी ओर रसवन्ती और उर्वशी में उद्दाम प्रेम भी है। इसीलिए दिनकर केवल राजनीतिक कवि नहीं हैं।

इस बात पर गम्भीरता से विचार करने और जाँच-परख करने की जरूरत है कि भारतीय कविता की दो परम्पराएँ हैं। एक रामायण से जुड़ी हुई कविता की परम्परा

जो वाल्मीकि रामायण से शुरू होकर बहुत बाद तक चली आती है। दूसरी महाभारत से जुड़ी हुई भारतीय कविता की परम्परा। कविता की इन दोनों परम्पराओं में बुनियादी फर्क है। विद्रोह, नैतिक द्वन्द्व, बौद्धिक जटिलता आदि की कविताएँ खोजनी हों तो वे महाभारत में मिलती हैं। यह हमारा दुर्भाग्य ही है कि राम या रामायण की जो काव्य-परम्परा है वह आज दक्षिण-पन्थियों की काव्य-परम्परा बन गयी है। अपवाद उसमें भी हैं। असल में उसमें पूजा-पाठ की गुंजाइश ज्यादा है। वह गुंजाइश महाभारत में दिखाई नहीं देती। कर्ण या द्रौपदी, यहाँ तक कि भीष्म पितामह के चरित्र में जो नैतिक द्वन्द्व है, वैसा नैतिक द्वन्द्व भारतीय साहित्य में कहीं दिखाई नहीं देता। दिनकर महाभारत से जुड़ी काव्य-परम्परा के कवि हैं। उन्होंने अनेक रचनाएँ महाभारत से जुड़ी हुई काव्य-परम्परा की लिखीं। उन्होंने 'कुरुक्षेत्र' लिखा है, 'रश्मिरथी' लिखा है। हाल के वर्षों में हिन्दी ही नहीं, भारतीय भाषाओं के साहित्य में दो चरित्रों पर सबसे ज्यादा उपन्यास और कविताएँ लिखी गयी हैं—एक, द्रौपदी और दूसरे, कर्ण। भारतीय भाषाओं के साहित्य में बहुत लोगों से पहले दिनकर ने रश्मिरथी लिखा था। महाभारत से सिद्ध होता है कि कर्ण वर्ण-व्यवस्था का साक्षात् खण्डन था। उसने भरी सभा में, द्रौपदी के स्वयंवर में यह खण्डन किया था। मैं जो कुछ भी हूँ बाहुबल से, जिसको जीतना हो जीते, जो हारे सो हारे। इसका क्या मतलब कि एक आदमी ब्राह्मण है, एक क्षत्रिय है, तीसरा शूद्र है। महाभारत में वर्ण-व्यवस्था का खण्डन दिखाई देता है। जिन लोगों की वर्ण-व्यवस्था के खण्डन में दिलचस्पी रही है वे हर हाल में महाभारत की परम्परा से अपने को जोड़ते हैं।

दिनकर की काव्य चेतना बहुत व्यापक थी। वह एक ओर महाभारत से तो जुड़ती ही थी, दूसरी ओर आधुनिक काल के जिन कवियों से जुड़ती थी उसके लिए मैं दूसरा उदाहरण देना चाहूँगा। रामधारी सिंह दिनकर की उर्वशी पर हिन्दी में खूब बहस हुई है। उसके पक्ष में जितना लिखा गया है उससे अधिक विपक्ष में लिखा गया है। रामविलास शर्मा को छोड़कर हिन्दी के अधिकांश मार्क्सवादियों ने दिनकर की उर्वशी की कठोर आलोचना की है। दिनकर की उर्वशी को आप देखिए, वह आसमान से उतरी हुई कविता नहीं है। उर्वशी को ठीक से पढ़िए तो उसमें चार-पाँच परम्पराएँ एक साथ दिखाई देंगी। इसकी जाँच-परख की जरूरत है। उसको पढ़िए तो रवीन्द्रनाथ ठाकुर की उर्वशी की याद आयेगी, अरविन्द की उर्वशी की याद आयेगी, विक्रमोर्वशीयम् याद आयेगा। उसकी संरचना देखिए तो विक्रमोर्वशीयम् में संयोग का उद्दाम वर्णन नहीं है। दिनकर ने असल में कथा ली है विक्रमोर्वशीयम् से और उद्दाम शृंगार का चित्रण लिया है कुमारसम्भव से। इसलिए वे सीधे कालिदास से जुड़ते हैं। इतनी व्यापक चेतना का कवि निराला को छोड़कर दूसरा कोई नहीं है। उर्वशी के सन्दर्भ में इसकी जाँच-परख करने की जरूरत है।

हमारे यहाँ कछुआ धर्म बहुत है। हम जो करते हैं, वह कहते नहीं और जो कहते हैं वह करते नहीं। मैं ऐसे बहुत-से महापुरुषों को जानता हूँ जो रामधारी सिंह दिनकर के उद्दाम संयोग वर्णन की निन्दा करते हुए उर्वशी की आलोचना करते हैं लेकिन जीवन में इससे परहेज नहीं है। दिनकर केवल समकालीन संवेदना या स्वाधीनता आन्दोलन के कवि नहीं हैं। उनकी सम्पूर्ण कविता की दुनिया में गहरा और सघन-परम्परा-बोध है जो संस्कृत, बांग्ला और उर्दू से एक साथ जुड़ता है। भारतीय कविता की परम्परा और रामधारी सिंह दिनकर के सम्बन्धों पर विचार होना चाहिए।

दिनकर आजादी के बाद भी राजनीतिक कविताएँ लिखते हैं। दिनकर अकेले ऐसे कवि हैं जिन्होंने हिन्दी में गौरव की राजनीति की कविता भी लिखी है और पतन की राजनीति की भी। गौरव की राजनीति की कविता देखनी हो तो गाँधी पर लिखी कविता देखिए। पतन की राजनीति की कविता के कुछ उदाहरण दूँगा। दिनकर के ज़माने का राजनीतिक पतन नाली की तरह था तो आज वह हमारे चारों ओर समुद्र की तरह बह रहा है। दिनकर सत्ता से मजबूरी में जुड़े हुए थे। व्यक्ति के रूप में सत्ता से जुड़ाव के बावजूद कवि के रूप में सत्ता के कटुतम आलोचक थे। यह उन्होंने ब्रिटिश राज में भी किया और यही उन्होंने कांग्रेसी राज में भी किया। ऐसे लोग बहुत कम मिलते हैं। आज साहित्यकारों से लेकर सारे बुद्धिजीवियों का हाल यह है कि गंगा गये तो गंगादास, जमुना गये तो जमुनादास। कांग्रेसी सत्ता कायम हुई। उस पूत के पाँव पालने में ही दिखाई पड़ने लगे। नागार्जुन ने उपन्यासों में इसकी चर्चा की है। देश में जगह-जगह, प्रान्तों में कांग्रेस की सरकारें थीं और लूट तथा झूठ का राज शुरू हुआ। उसको लेकर दिनकर ने साल भर बाद ही 1948 में एक कविता लिखी। यह कविता है–'वर्षगाँठ'। इसकी कुछ पंक्तियों के जरिये पतन की राजनीति का प्रमाण दे रहा हूँ– *"टोपी कहती है/मैं थैली बन सकती हूँ/कुर्ता कहता है/मुझे बोरिया ही कर लो/ईमान बचाकर कहती हैं आँखें सबकी/बिकने को हूँ तैयार/खुशी से जो दे दो।"*

कुछ आत्ममुग्ध आलोचक, कलावादी भी और गैर-कलावादी भी यह कहते हैं कि कविता को ज्यादा समकालीनता से नहीं जोड़ना चाहिए, नहीं तो जल्दी ही मर जाती है। समाज मरे तो मरे, पर कविता के जीने की चिन्ता होनी चाहिए। मैं कहता हूँ दूसरी बात। यह कविता 1948 की है। आज क्या स्थिति है? यह कविता झूठी हो गयी है या ज्यादा सच्ची हो गयी है? इस तरह से देखें तो रामधारी सिंह दिनकर भविष्यवक्ता कवि के रूप में हमारे सामने आते हैं। पचासों उदाहरण दिनकर से दिये जा सकते हैं कि उन्होंने कविता को इस तरह से साधा कि कविता समकालीन होते हुए सार्वकालिक हो सके। यही बड़े कलाकार की क्षमता होती है। दिनकर की कविता पढ़ते हुए नागार्जुन की याद आये तो मानना चाहिए कि दोनों में अनेक समानताएँ हैं।

दिनकर मार्क्सवादी नहीं थे लेकिन उनकी कविता में पराधीनता, विषमता, शोषण और सामाजिक अन्याय के प्रति जैसा गहरा आक्रोश है वैसा बहुत कम प्रगतिशील कवियों के यहाँ दिखाई देता है। असल में भावना को संयमित करके कला में ढालने की कोशिश करने में बहुत सारे प्रगतिशील कवि मारे गये। अकारण नहीं है कि खुलकर कविता लिखने के कारण हिन्दी आलोचना ने तीस साल तक नागार्जुन को कवि नहीं माना। नागार्जुन को मजबूरी में अपने पैसे से पुस्तकें छपवानी पड़ती थीं। 'तालाब की मछलियाँ' नागार्जुन को स्वयं छपवानी पड़ी। यह हिन्दी आलोचना की दुर्गति का सबूत है। यदि एक कवि के मन में पराधीनता, शोषण, उत्पीड़न, सामाजिक अन्याय के प्रति गहरा आक्रोश है, जिसे वह कविता में व्यक्त कर रहा है तो प्रगतिशीलों द्वारा उसका स्वागत किया जाना चाहिए था। यह नहीं हुआ।

दिनकर ने उस ज़माने की राजनीति की चर्चा करते हुए जो कविताएँ लिखी हैं, उसमें से दो कविताएँ सामने रखूँगा। उनकी एक कविता हैं–'समर शेष है'। 1954 की वह कविता अनेक दृष्टियों से अत्यन्त महत्त्वपूर्ण कविता है। दिल्ली में बहुत कवि रहते हैं, लेकिन दिल्ली क्या है, इस पर ध्यान देने वाले कवि बहुत कम हैं। हिन्दी में अकेले दिनकर ने दिल्ली पर तीन-चार कविताएँ लिखी हैं। उन कविताओं को अलग-अलग पढ़िए तो उनमें दिनकर की चेतना की चार अवस्थाएँ दिखाई देंगी–अंग्रेजी सत्ता की केन्द्र दिल्ली, स्वाधीनता आन्दोलन के दौर की दिल्ली, आज़ादी के बाद की दिल्ली और बाद में और भी पतनशील दिल्ली–उन्होंने दिल्ली के विभिन्न रूपों पर कविताएँ लिखी हैं। 'समर शेष है' बहुत प्रसिद्ध कविता है। यह भी दिल्ली पर है। दिनकर ने दिल्ली की सत्ता की जैसी व्यापक आलोचना की है, वैसी हिन्दी की बहुत कम कविता में है:

फूलों की रंगीन लहर पर ओ उतराने वाले
ओ रेशमी नगर के वासी! ओ छवि के मतवाले!
सकल देश में हालाहल है, दिल्ली में हाला है
दिल्ली में रोशनी, शेष भारत में अँधियाला है।
अटका कहाँ स्वराज? बोल दिल्ली, तू क्या कहती है?
तू रानी बन गयी, वेदना जनता क्यों सहती है?
सबके भाग दबा रक्खे हैं? किसने अपने कर में?
उतरी थी जो विभा, हुई बन्दिनी बता किस घर में?

यहाँ पतन की राजनीति की अभिव्यक्ति दिनकर ने की है। आगे फिर भविष्यवाणी उन्होंने की है:

समर शेष है, अहंकार इनका हरना बाकी है
वृक को दन्तहीन, अहि को निर्विष करना बाकी है।

एक बहुत ही मार्मिक पंक्ति लिखी है दिनकर ने इस कविता के अन्त में:

समर शेष है, नहीं पाप का भागी केवल व्याध
जो तटस्थ हैं, समय लिखेगा उनका भी अपराध।

ऐसी दृष्टि वाले कवि को ही प्रतिभाशाली कवि कहते हैं। इसे दिनकर ने 1954 में लिखा था। 1968 में फ्रांस के छात्रों की हड़ताल हुई। बहुत विशाल, बल्कि लगभग क्रान्ति की तरह। अनेक नारे थे। उनमें एक नारा था कि जो तटस्थ रहेंगे वे भी मारे जाएँगे। यह उनकी अमर पंक्तियों में से है। यह तब भी सच थी और आज भी। न्याय और अन्याय तथा सच और झूठ के बीच में तटस्थता का जो नाटक करते हैं उनके बारे में यह पंक्ति लिखी गयी है। आजादी के बाद जो देश का हाल है और जो तरह-तरह के संघर्ष चल रहे हैं, वर्षों पहले उनकी ओर दिनकर ने संकेत किया था।

हिन्दी कविता में रामायण, महाभारत की परम्परा की तरह एक और परम्परा है। जो भी विवेकशील कवि रहे हैं, वे बौद्ध-दर्शन को बहुत महत्त्व देते हैं। उसमें विवेकवाद तो है ही, वर्ण-व्यवस्था का खण्डन भी है। दिनकर ने बहुत पहले एक कविता लिखी थी—'बुद्धदेव'। इस कविता को पढ़कर लगेगा कि दिनकर गहरे स्तर पर प्रयोगवादी तो थे ही, वर्ण-व्यवस्था के शोषण-दमन और अन्याय के कितने विरोधी थे। उसका केवल एक अंश देखिए:

आज दीनता को प्रभु की पूजा का भी अधिकार नहीं
देव, बना था क्या दुखियों के लिए निठुर संसार नहीं
धन पिशाच की विजय, धर्म की पावन ज्योति अदृश्य हुई
दौड़ो बोधिसत्व, भारत में मानवता अस्पृश्य हुई।

गौतम बुद्ध और बौद्ध दर्शन से जो लगाव है, वह एक विवेकवादी परम्परा है। इससे जुड़ते हैं दिनकर।

दिनकर का काव्य हमारे सामने कुछ सवाल रखता है। एक सवाल तो यही है कि हमें कैसी कविता चाहिए। ऐसी जो सोये हुए को जगा दे या ऐसी जो जगे हुए को सुला दे। दूसरा सवाल यह है कि कविता व्यापक जनसमाज के लिए है या मुट्ठी-भर विशिष्ट जनों के लिए। कवि और आलोचक एक-दूसरे की कविताएँ पढ़ते रहेंगे या कविता व्यापक जनसमुदाय में भी जाएगी।

महान कवि वे होते हैं जो कुछ नया रचने की प्रेरणा देते हैं। नया समाज रचने और नया साहित्य रचने की प्रेरणा। दिनकर की दो पंक्तियों ने समाज रचने की भी प्रेरणा दी है और साहित्य रचने की भी—

सेनानी करो प्रयाण अभय, भावी इतिहास तुम्हारा है
ये नखत अमा के बुझते हैं, सारा आकाश तुम्हारा है।

इसने सम्पूर्ण क्रान्ति को प्रेरित किया और इसी की आखिरी पंक्ति ने राजेन्द्र यादव को 'सारा आकाश' उपन्यास लिखने की प्रेरणा दी।

मार्क्सवाद से दिनकर का सम्बन्ध कैसा था? मार्क्सवाद से दिनकर का सम्बन्ध राग का भी था और विराग का भी। मार्क्सवाद के जो उद्देश्य हैं उन उद्देश्यों से उनका सम्बन्ध राग का था, जो उनकी कविता से सिद्ध होता है। लेकिन हिन्दी के मार्क्सवादियों के व्यवहार से उनका सम्बन्ध विराग का था। दूसरी बात यह है कि हिन्दी के प्रगतिशील कवियों से उनका सम्बन्ध राग का था, लेकिन हिन्दी के मार्क्सवादी आलोचकों से उनका सम्बन्ध विराग का था। अधिकांश मार्क्सवादी आलोचकों ने दिनकर की आलोचना की। इसका कारण यह है कि हिन्दी के अधिकांश मार्क्सवादी आलोचकों ने सिद्धान्त के आधार पर नहीं, सुविधा के आधार पर आलोचना लिखी। रामविलास शर्मा ने सिद्धान्त के आधार पर आलोचना लिखी। इसीलिए अकेले उन्होंने दिनकर के उर्वशी विवाद में भाग लेते हुए दिनकर के पक्ष में लिखा।

मार्क्सवाद से दिनकर का सम्बन्ध संक्षेप में रखता हूँ। 1944 में बिहार प्रगतिशील लेखक संघ का पहला अधिवेशन हुआ। उसमें दिनकर स्वागताध्यक्ष थे। उन्होंने जो भाषण दिया, वह छपा भी। साम्राज्यवाद की जैसी आलोचना दिनकर ने की, वैसी बहुत कम कवियों ने की है। आखिर क्या कारण है कि मार्क्सवादियों को दिनकर की साम्राज्यवाद विरोधी कविताएँ भी पसन्द नहीं आतीं। उन कविताओं की चर्चा कीजिए, उनकी कमजोरी की चर्चा कीजिए, कौन रोक रहा है? लेकिन चर्चा ही नहीं करेंगे।

दिनकर ने 1969 में एक काम किया। भारत-सोवियत मैत्री संघ की ओर से लेनिन की जन्मशती पर एक किताब छपी—लेनिन और साहित्य। उसमें हिन्दी के तीन साहित्यकारों के लेख हैं। पहला लेख दिनकर का ही है, दूसरा लेख विष्णु प्रभाकर का है और तीसरा लेख भीष्म साहनी का है। उस लेख में दिनकर ने लेनिन के प्रति गहरे आदर और लगाव का केवल उल्लेख ही नहीं किया है बल्कि अपनी कविताओं से लगभग पन्द्रह जगहों का जिक्र किया जहाँ प्रत्यक्ष या परोक्ष रूप से लेनिन आते थे। दिनकर ने एक लम्बी और बहुत ही ओजस्वी कविता लिखी थी—'दिल्ली और मास्को'। उस कविता में भी मास्को और उसकी समाजवादी नीतियाँ, व्यवहार और लेनिन—सबकी बहुत तारीफ की है। तब उनको लगता था कि हिन्दी के मार्क्सवादी आलोचक या तो उनकी कविता पढ़ते नहीं या पढ़ते हैं तो उस पर बात क्यों नहीं करते? उस लेख में दिनकर ने तीन-चार कविताओं की ओर ध्यान दिलाया है। उनकी एक बहुत प्रसिद्ध कविता है—'कस्मै देवाय', दूसरी कविता है—'विपथगा', तीसरी कविता है—'बापू' और चौथी कविता है—'मास्को और दिल्ली'। इन सारी कविताओं

में कहीं न कहीं या तो लेनिन आते हैं या समाजवादी चेतना आती है। इस सबको ध्यान में रखते हुए मैं कहता हूँ कि दिनकर का मार्क्सवाद से राग का सम्बन्ध था।

दिनकर के और दो पक्षों के बारे में संक्षिप्त चर्चा होनी चाहिए। दिनकर ने काफी आलोचनाएँ लिखीं। उनकी आलोचना की कई किताबें हैं। दिनकर की आलोचना-दृष्टि पर बात करने की जरूरत है। हिन्दी के एक से एक बड़े आलोचकों ने छायावाद पर लिखा है पर छायावाद का जो मूल्यांकन दिनकर ने किया है वह पहले का है। तब न नामवर सिंह की छायावाद मौजूद थी और न रामविलास जी की निराला की साहित्य- साधना आयी थी। दिनकर के इस कथन पर ध्यान दीजिए—"छायावाद हिन्दी में उद्दाम वैयक्तिकता का पहला विस्फोट था। केवल साहित्य की शैली ही नहीं, समग्र जीवन की परम्पराओं, रूढ़ियों, शास्त्र निर्धारित मर्यादाओं एवं मनुष्य की चिन्ता को सीमित करने वाली परिपाटियों के विरुद्ध जन्मे हुए एक व्यापक विद्रोह का परिणाम था तथा मनुष्य की दबी हुई स्वतन्त्रता की भावना को प्रत्येक दिशा में उभारने वाला था छायावाद।"

ध्यान दीजिए, नामवर जी ने वर्षों बाद यह बात अपनी किताब में घुमा-फिराकर कही है कि व्यक्तिवाद और उसका सार्थक रूप है वह। यह दिनकर 'मिट्टी की ओर' में लिख रहे थे। दिनकर छायावाद को समग्र विद्रोह मानते हैं। दिनकर की आलोचना को गम्भीरता से जाँचने-परखने की जरूरत है। यह जो छायावाद का मूल्यांकन है, वह न तो नन्ददुलारे वाजपेयी के यहाँ है और न ही शान्तिप्रिय द्विवेदी के यहाँ, न नामवर सिंह के यहाँ है और न रामविलास शर्मा के यहाँ। उन्होंने छायावाद की केवल इस बात के लिए आलोचना जरूर की कि उसमें जीवन की समस्याओं का सीधा साक्षात्कार नहीं है। यह तो रामचन्द्र शुक्ल भी कहते हैं। हमारे रामविलास जी यह मानने को तैयार ही नहीं हैं कि संसार में जो कुछ अच्छा है वह छायावाद में नहीं है। संसार का सब अच्छा छायावाद में ही है और यदि छायावाद में नहीं होगा तो निराला में होगा।

दूसरी बात दिनकर ने कही है कि छायावाद को जो रहस्यवाद सिद्ध करने की कोशिश हुई वह भी छायावाद के साथ ज्यादती है। रहस्यवाद अपने क्लासिकल रूप में छायावाद में नहीं है। उन्होंने यह कहा कि छायावाद में इस समाज की समस्याओं से किनारे जाने की जो थोड़ी चेतना है, चिन्ता है, उसको भारतीय कविता की परम्परा में देखना चाहिए। दो कविताओं को एक साथ देखिए। प्रायः पलायनवाद के उदाहरण के रूप में प्रसाद जी का उल्लेख किया जाता है—'ले चल मुझे भुलावा देकर मेरे नाविक धीरे-धीरे।' दिनकर ने उद्धृत किया है ग़ालिब को—*रहिए अब ऐसी जगह चलकर जहाँ कोई न हो।* ग़ालिब के यहाँ जो है वह प्रसाद जी से अलग नहीं है। पहले हैं ग़ालिब, प्रसाद बहुत बाद के हैं। दिनकर का कहना यह है कि इस कवि

की मनोदशा को समझने की जरूरत है। दिनकर की एक अलग किताब ही है—प्रसाद, पन्त, मैथिलीशरण गुप्त। उसमें उन्होंने इन सम्बन्धों की खोज की है।

दिनकर ने अपने जमाने की कुछ सैद्धान्तिक बहसों में भी हिस्सा लिया था; जैसे—कला की सोद्देश्यता का सवाल। दिनकर कलावादियों के साथ एकदम नहीं थे। दिनकर ने बार-बार जोर देकर कहा कि कला निरुद्देश्य हो ही नहीं सकती। उन्होंने यह जरूर कहा कि कला के उद्देश्य और राजनीति के उद्देश्य को एकमेक करना ठीक नहीं है। निरुद्देश्य कला का कोई मतलब नहीं है। विशेष रूप से 'साहित्य और राजनीति' नाम का उनका एक निबन्ध बहुत ध्यान देने लायक है। इस निबन्ध में दिनकर ने लिखा है कि क्रान्ति जनसमूह को जगाकर उसे नयी साँस, नयी संस्कृति और तरंगित होने वाले जीवन की ओर प्रेरित करती है। जीवन का आदेश है कि साहित्य नये इतिहास के निर्माण में योग दे। यह काम केवल कला को पूजने वाले साहित्य से नहीं हो सकता। इसलिए दिनकर अपनी सारी आलोचना में बार-बार कलावाद के विरुद्ध खड़े दिखाई देते हैं। हिन्दी के मार्क्सवादी भी अब साहित्यवादी ही हैं। उस साहित्यवाद का खण्डन दिनकर पहले कर चुके हैं।

दिनकर के मूल्यांकन में जो तेजस्विता है उसका एक प्रमाण रीतिकाल के मूल्यांकन में दिखाई देता है। रीतिकाल पर उनके दो लेख हैं। उन्होंने लिखा है कि घनानन्द अनेक अर्थों में रीतिकाल के नहीं, प्रत्युत छायावाद के कवि हैं। यह कहने की हिम्मत उस जमाने में किसी की नहीं थी और आज भी यह स्वीकार करने की तत्परता किसी में नहीं है। अगर आप रामचन्द्र शुक्ल के विचारों से मिलाकर देखिए तो शुक्ल जी ने छायावाद की कविता से घनानन्द की कविता की समानता की चर्चा अनेक स्तरों पर की है। दिनकर की आलोचना में बहुत सारी ऐसी महत्त्वपूर्ण स्थापनाएँ हैं, जिन पर नये ढंग से सोचने और विचार करने की जरूरत है।

दिनकर ने संस्कृति पर गम्भीर चिन्तन किया है। आजकल जो सबसे अधिक संस्कृति का नाम लेते हैं, वे ही इस देश में सबसे अधिक असांस्कृतिक कार्य करते हुए दिखाई देते हैं। अब तो ऐसा लगता है कि संस्कृति और गुंडई लगभग पर्याय हो गयी है। इस देश में संस्कृति के नाम पर कलम नहीं, डंडे चलने लगे हैं। इसीलिए संस्कृति पर ध्यान देना बहुत जरूरी है। दिनकर के सांस्कृतिक चिन्तन पर भी।

दिनकर संस्कृति के बारे में बहुत पहले से चिन्तित रहे हैं। उनकी दो किताबें 'संस्कृति के चार अध्याय' से पहले आ चुकी थीं जिनका सम्बन्ध संस्कृति-चिन्तन से ही है। एक तो 'राष्ट्रभाषा और राष्ट्रीय एकता' और दूसरी किताब है—'हमारी सांस्कृतिक एकता।' गम्भीर विचार की एक किताब 'संस्कृति के चार अध्याय' अब तक 15 बार छप चुकी है। गुलशन नन्दा आदि के उपन्यासों को छोड़कर हिन्दी के लेखकों को यह सौभाग्य नहीं मिलता कि उनकी किताबें 15 बार छपें। इस पुस्तक की लोकप्रियता हमें आकर्षित करती है। एक तरह से यह भारतीय संस्कृति का

विश्वकोश है। संस्कृति के बनने, बदलने, बिगड़ने और फिर बनने की जटिल समग्र और द्वन्द्वात्मक प्रक्रिया की पहचान है 'संस्कृति के चार अध्याय' में।

जब यह किताब छपी थी तो क्या प्रतिक्रिया हुई, उसके बारे में तीसरे संस्करण की भूमिका में दिनकर ने लिखा है—"मेरी स्थापनाओं से सनातनी दुःखी हैं और आर्यसमाजी तथा ब्रह्मसमाजी भी। उग्र हिन्दुत्व के समर्थक तो इन ग्रन्थ से काफी नाराज़ हैं। नाराजगी का एक पत्र एक मुस्लिम विद्वान ने भी लिखा है। यह नाराजगी क्यों है?" दिनकर मानते हैं कि भारतीय संस्कृति सामासिक संस्कृति है। सामासिक संस्कृति माने क्या? समास व्याकरण का एक शब्द है। दो शब्दों के मेल से एक तीसरा शब्द बनता है और उसका नया अर्थ हो जाता है। यह सामासिकता है कि दो चीजों के मिलने से एक तीसरी वस्तु बने और उसका नया अर्थ हो।

हजारीप्रसाद द्विवेदी भारतीय संस्कृति के बारे में एक उदाहरण दिया करते थे। वे कहा करते थे कि भारतीय संस्कृति एक हुक्के की तरह है। हुक्के की विशेषता यह है कि हुक्का 10-20 वर्ष पुराना हो गया, उसका नरचा खराब हो गया तो नरचा बदल दिया जाएगा और हुक्का वही रहेगा। 20-30 वर्ष बाद चिलम खराब हो गयी तो चिलम बदल दी जाएगी। फिर भी हुक्का वही रहेगा। 50-60 वर्ष बाद उसके नीचे का हिस्सा बदल दिया जाएगा और फिर भी हुक्का वही रहेगा। जैसे हुक्का होता है कि चीजें बदलती रहती हैं, फिर भी हुक्का वही रहता है, वैसे ही भारतीय संस्कृति में बहुत सारी चीजें जुड़ती हैं, आगे बढ़ती हैं; फिर भी भारतीय संस्कृति है। भारतीय संस्कृति लगभग गंगा की तरह है। गंगा जहाँ से निकलती है उसको आप ध्यान में रखिए। समुद्र तक जाते-जाते उसमें पच्चीसों नदियाँ मिलती हैं। जब कोई नदी मिल जाती है तो मिलने के बाद वह स्वयं गंगा का हिस्सा हो जाती है और वह नदी गंगा ही कहलाती है। इसलिए मैं तो कई बार भारतीय संस्कृति को संगम संस्कृति कहा करता हूँ। संगम संस्कृति है भारतीय संस्कृति। संगम संस्कृति का भी अर्थ वही है जो दिनकर सामासिक संस्कृति में कहना चाहते हैं। जो लोग संस्कृति की शुद्धता की बात करते हैं, जो संस्कृति को धर्म का पर्याय समझते हैं, वे दिनकर से नाराज होते हैं।

(दिनकर जन्म शताब्दी समारोह का उद्घाटन भाषण)

नागार्जुन और विक्षोभ रस

नागार्जुन का एक निबन्ध है 'विषकीट'। उसमें उन्होंने लिखा है कि "भारतीय काव्य की समीक्षा में नौ रस माने गये हैं। परन्तु अपने कटु-तिक्त-चरपरी रचना के सिलसिले में मुझे एक और ही रस की अनुभूति होने लगी है। यह है विक्षोभ रस।" नागार्जुन ने उसी निबन्ध में यह भी लिखा है कि "बहुजन समाज की व्यापक विपन्नता से यदि आपका प्रत्यक्ष परिचय है, तब आपको विक्षोभ रस का अनुभव होगा। दरिद्रता, अज्ञान, गुलामी, रूढ़िग्रस्तता, रोग, विषमता—इनके प्रति हमारे मन में चरम घृणा का अनुभव नहीं हुआ तो हम बहुत बड़ी प्रवंचना के शिकार होंगे। गरीबी की सीमा-रेखा से नीचे रहनेवाले लोगों की संख्या दस-पाँच लाख की नहीं है, यह तो हमारी सम्पूर्ण जनसंख्या की आधे से ऊपर चली गयी। ऐसी स्थिति में यदि मेरी चेतना विक्षुब्ध भावभूमि पर विराजमान हो गयी तो अस्वाभाविक नहीं है।"

नागार्जुन यह भी मानते हैं कि वे विक्षोभ रस के अकेले कवि नहीं हैं। उनके अनुसार, "प्रत्येक कवि अपने-अपने ढंग से प्रतिकूल भावनाओं के प्रति विक्षुब्ध होता है।" आप विचार कीजिए कि निरीह और निरपराध क्रौंच के वध को देखकर आदि कवि वाल्मीकि विक्षुब्ध हुए थे या नहीं। उनके मुख से तत्काल जो श्लोक प्रस्फुटित हुआ, उसमें विक्षोभ रस की सम्भावना है या नहीं। हिन्दी में सरहपाद, कबीरदास, तुलसीदास और निराला की बहुत सारी कविताओं में विक्षोभ रस की व्यंजना है। अंग्रेजी राज के दौरान हिन्दी की जिन कविताओं पर पाबन्दी लगायी गयी थी, उनमें से अधिकांश में अंग्रेजी राज द्वारा भारतीय जनता के भीषण शोषण और दमन के विरुद्ध विक्षोभ की अभिव्यक्ति है।

नागार्जुन जिसे विक्षोभ रस कहते हैं, उसके मूल में तीन भावों का योग होता है। ये भाव हैं करुणा, क्रोध और घृणा। इन तीनों का स्वभाव प्रायः सामाजिक होता है। एक स्थिति में ये तीनों एक साथ क्रियाशील हो सकते हैं। अपने देश या समाज की साधारण जनता की भीषण गरीबी के प्रत्यक्ष बोध से जो विक्षोभ पैदा होगा, उसमें गरीबों के प्रति करुणा होगी, गरीबी से घृणा होगी और गरीबी के कारणों के प्रति क्रोध होगा। ये तीनों भाव मनुष्य को कर्मशील बनाते हैं, विक्षोभ के कारण को मिटाने के लिए क्रियाशीलता की प्रेरणा देते हैं, इसलिए यह भाव परिवर्तनकारी भी है। जो कवि

या लेखक समाज में फैले अन्याय, अत्याचार, दमन, शोषण और भेद-भाव का विरोधी होगा, उसका विक्षुब्ध होना स्वाभाविक है और उसके विक्षोम की अभिव्यक्ति उसकी रचनाओं में अवश्य होगी।

नागार्जुन ने मैथिली में एक कविता लिखी है—हम छी क्षुब्ध (मैं क्षुब्ध हूँ)। इस कविता में उन्होंने अपने विक्षोभ के मुद्दों का विस्तार से वर्णन किया है। उन्होंने कविता के अन्त में लिखा है:

सब के भीतर आज स्पन्दित
विश्व मानव हेतु शिव संकल्प!
किन्तु 'कृत्रिम एकता' के लिए प्रयासी शासकों पर
देश को आ रहा गुस्सा
हम हैं क्षुब्ध!
कर रहा अन्तःकरण विद्रोह...
लोकवाणी की यह अवहेलना है शत्रु लोकोदय का...
प्राण भले ही जाएँ पर नहीं स्वीकार जिह्वा-स्तम्भन!

प्रेमचन्द की तरह नागार्जुन भी सामाजिक जीवन में घृणा का स्थान और महत्त्व जानते हैं। उनकी एक कविता है, 'प्रतिहिंसा ही स्थायी भाव है'। कविता का आरम्भ यह है:

नफरत की अपनी भट्ठी में
तुम्हें गलाने की कोशिश ही
मेरे अन्दर बार-बार ताकत भरती है
प्रतिहिंसा ही स्थायी भाव है अपने ऋषि का
वियत्काङ् के तरुण गुरिल्ले जो करते थे
मेरी प्रिया वही करती है...
नव-दुर्वासा, शबर-पुत्र मैं, शबर-पितामह
सभी रसों को गला-गलाकर
अभिनव द्रव तैयार करूँगा
महासिद्ध मैं, मैं नागार्जुन...

नागार्जुन के अनुसार विक्षोभ की अभिव्यक्ति जिस कविता में होती है, उसमें जब आवेगधर्मिता, असहनीयता और दृष्टि की तीव्रता रची-बसी होती है, तब कविता में प्रभावशीलता आती है और सुन्दरता भी।

नागार्जुन की कविता में पहली बार विक्षोभ तब व्यक्त हुआ, जब 1948 में गाँधी की हत्या हुई। उस हत्या के परिणामस्वरूप नागार्जुन पहले स्तब्ध, फिर अवसन्न और बाद में विक्षुब्ध हुए। शोभाकान्त ने नागार्जुन रचनावली के पहले खण्ड की भूमिका

में लिखा है, "हत्या के दस दिनों के भीतर ही नागार्जुन की चार क्षोभ-व्यंजक कविताएँ—शपथ, तर्पण, गोडसे और मत क्षमा करना 'जनशक्ति' दैनिक, पटना में शोणित-तर्पण नामक मुख्य शीर्षक के अन्तर्गत छपती रहीं। उल्लेखनीय है कि बिहार के तत्कालीन प्रशासन ने उन रचनाओं को वर्जित रचना की सूची में डालकर कवि और अखबार पर कानूनी कार्रवाई की और उन्हें प्रताड़ित करने में कोई कसर नहीं छोड़ी। फलस्वरूप नागार्जुन को स्वतन्त्र भारत में पहली बार जेल जाना पड़ा। लेकिन उसी वर्ष उन चारों कविताओं की एक बुकलेट भी छपी। नाम था—शपथ।"

जिस सरकार, समाज और व्यक्ति को कवि और कविता से केवल अमृत की चाहत होती है, उसे केवल वैष्णवी साँचे में ढली कविता पसन्द आती है। वे सभी दो-टूक और बेलाग भाषा में कहे गये सच को कैसे बर्दाश्त कर सकते हैं। इसीलिए नागार्जुन को आजाद भारत में जन-भावना के सच को दुविधा रहित अन्दाज और चोट करनेवाली भाषा में कहने के कारण कई बार जेल जाना पड़ा। नागार्जुन की एक कविता है, 'मैं कैसे अमरित बरसाऊँ'। इस कविता में उन्होंने अपने कवि मन के संकट और बनावट के बारे में लिखा है:

कहो कि कैसे झूठ बोलना सीखूँ और सिखलाऊँ?
कहो कि अच्छा-ही-अच्छा सब कुछ कैसे दिखलाऊँ?
कहो कि कैसे सरकंडे से स्वर्ण-किरण लिख लाऊँ?
तुम्हीं बताओ मीत कि मैं कैसे अमरित बरसाऊँ?

इसके साथ ही उन्होंने अपनी कविता के प्रयोजनों को भी पाठकों के सामने रखा है:

पंडित की मैं पूँछ, आज-कल कवित-कुठार कहाऊँ!
जालिम जोंकों की जमात पर कस-कस लात जमाऊँ!
चिन्तक चतुर चाचा लोगों को जा-जा निकट चिढ़ाऊँ!
तुम्हीं बताओ मीत कि मैं कैसे अमरित बरसाऊँ?

नागार्जुन के काव्य-संसार में विक्षोभ की अभिव्यक्ति के अनेक प्रसंग हैं, अनेक रूप हैं और भंगिमाएँ भी हैं। यहाँ उन सबके बारे में बात करना सम्भव नहीं है। केवल कुछ कविताओं में व्यक्त कुछ प्रसंगों और रूपों की बात करते हुए मैं उम्मीद करता हूँ कि नागार्जुन की कविता के पाठक अपनी रुचि और समझ के अनुसार अन्य अनेक प्रसंगों और रूपों की खोज और पहचान करेंगे।

नागार्जुन सबसे अधिक विक्षुब्ध तब होते हैं, जब वे किसी व्यक्ति को प्राणहारी गरीबी में जीते हुए, भूख से मृत्यु का शिकार होते देखते हैं। इसे वे भारत की आजादी के आन्दोलन का अपमान मानते हैं और देश के वर्तमान शासक वर्ग के झूठ और

लूट की राजनीति का नतीजा समझते हैं। इसीलिए उन्होंने 'स्वदेशी शासक' नामक कविता में लिखा था:

घर-बाहर भर गया तुम्हारा
रत्ती-भर भी हुआ नहीं उपकार हमारा
व्यर्थ हुई साधना, त्याग कुछ काम न आया
कुछ ही लोगों ने स्वतन्त्रता का फल पाया
इसीलिए क्या लाठी-गोली के प्रहार हमने थे झेले?
इसीलिए क्या डंडा-बेड़ी डलवाई हाथों-पैरों में?
इसीलिए क्या जेलों में जिन्दगी बितायी?
इसीलिए क्या खून बहाया?
इसीलिए क्या मारे-मारे फिरे यहाँ-से-वहाँ वहाँ-से-यहाँ रात-दिन
इसीलिए क्या कालेपानी में जा-जाकर मरे-पचे हम?
इसीलिए क्या फाँसी के तख्ते पर झूले?

अंग्रेजी राज के समय में अकाल और भुखमरी से करोड़ों लोगों की मौत का सच और उसका कारण नागार्जुन की समझ में आता है, लेकिन आजाद भारत में लोगों का भूख से मरना उनको भारतीय गणतन्त्र पर धब्बा लगता है। इसीलिए उनके मन में विक्षोभ पैदा होता है। ऐसे ही विक्षोभ से उपजी एक कविता है 'प्रेत का बयान।'

नागार्जुन यह जानते हैं कि वर्तमान भारत का आम आदमी जिस सत्ता और व्यवस्था के अन्तर्गत जी रहा है और मर रहा है, उसमें आम आदमी की जिन्दगी के सच को सुनने, सहने और उसका सामना करने वाला कोई नहीं है, इसीलिए सच बोलना न सम्भव है न सार्थक। नागार्जुन की एक कविता है 'वह तो था बीमार', जिसमें भुखमरी के झूठे सच की विडम्बना व्यक्त हुई है:

मरो भूख से, फौरन आ धमकेगा थानेदार
लिखवा लेगा घरवालों से—"वह तो था बीमार"
अगर भूख की बातों से तुम कर न सके इनकार
फिर तो खाएँगे घरवाले हाकिम की फटकार
ले भागेगी जीप लाश को सात समुन्दर पर
अंग-अंग की चीर-फाड़ होगी फिर बारम्बार
मरी भूख को मारेंगे फिर सर्जन के औजार
जो चाहेगी लिखवा लेगी डॉक्टर से सरकार।

नागार्जुन का विक्षोभ तब उग्र रूप धारण करता है जब वे जन-आन्दोलनों का सरकार द्वारा निर्मम दमन देखते हैं। 1955 में बिहार में एक बड़ा छात्र-आन्दोलन हुआ था, जिसमें पुलिस की गोली से कई छात्र मारे गये थे। छात्रों की मौत के बाद वह

आन्दोलन पूरे बिहार में फैलकर जन-आन्दोलन बन गया। उस समय नागार्जुन ने छात्रों के आन्दोलन के दमन और उनकी हत्या से विक्षुब्ध होकर कई कविताएँ लिखीं, जो एक बुकलेट के रूप में 'खून और शोले' नाम से छपीं। जो व्यक्ति उन कविताओं को पढ़ेगा, उसे नागार्जुन के विक्षोभ का उग्र रूप दिखाई पड़ेगा। उस बुकलेट की एक कविता 'ऐसा क्या अब फिर-फिर होगा?' का यह अंश पढ़िए और नागार्जुन के दुःख और विक्षोभ पर विचार कीजिए:

ग्रामवासिनी-नगरवासिनी
माताओं-बहनों-बहुओं की
रुकी निगाहें, झुकी निगाहें
क्रुद्ध निगाहें, क्षुब्ध निगाहें
अरुण निगाहें, करुण निगाहें
डरी निगाहें, भरी निगाहें
तरल निगाहें, सजल निगाहें
स्तब्ध निगाहें, शून्य निगाहें
देख रहीं बी.एन. कालिज के बरामदे पर सूखा शोणित-पंक
प्रभाहीन इन चेहरों पर छा रहा स्याह आतंक
समझ न पातीं, किसने थोपा मानवता पर ऐसा अमिट कलंक
भीगी-भीगी, सहमी-सहमी
दहशत-भरी निगाहों के ये दृश्य भला मैं भूल सकूँगा?

नागार्जुन ने जयप्रकाश नारायण के नेतृत्व में चलनेवाले सम्पूर्ण क्रान्ति आन्दोलन में भाग लिया था और उसके दमन को देखा तथा स्वयं झेला था। उस आन्दोलन के दमन के दौरान एक बर्बर लाठीचार्ज के शिकार जयप्रकाश नारायण भी हुए थे। उस प्रसंग पर नागार्जुन की एक कविता यह है—'जयप्रकाश पर पड़ी लाठियाँ लोकतन्त्र की।' कविता का आरम्भिक अंश यह है:

एक और गाँधी की हत्या होगी अब क्या?
बर्बरता के भोग चढ़ेगा योगी अब क्या?
पोल खुल गयी शासक दल के महामन्त्र की?
जयप्रकाश पर पड़ीं लाठियाँ लोकतन्त्र की?

नागार्जुन का विक्षोभ असीम तब होता है जब वे दलितों और स्त्रियों पर किसी तरह का अत्याचार देखते हैं। दलितों पर अत्याचार की घटनाएँ रोज-रोज घटती ही रहती हैं। एक भीषण घटना बिहार के बेलछी गाँव में हुई थी, जिसमें तेरह दलितों को जिन्दा जला दिया गया था। उस घटना से नागार्जुन के मन में जो अथाह विक्षोभ पैदा

हुआ, उसी से उपजी 'हरिजन गाथा' नाम की लम्बी कविता। उस घटना के प्रभाव का एक चित्र यह है:

यह पैशाचिक नरमेध
पैदा कर गया है दहशत जन-जन के मन में
इन बूढ़ों की तो नींद ही उड़ गयी है तब से!
बाकी नहीं बचे हैं पलकों के निशान
दिखते हैं दृगों के कोर ही कोर
देती है जब-तब पहरा पपोटों पर
सील-मुहर सूखी कीचड़ की।

नागार्जुन का विक्षोभ जब शान्त होता है, तब वे सजग और सचेत होकर कविता के सधे स्वर में भविष्य की सम्भावनाओं की खोज करते हैं। 'हरिजन गाथा' कविता में दलितों की भावी मुक्ति की चिन्ता और चेतना इसी प्रक्रिया में व्यक्त हुई है। इस कविता में गरीबदास के रूप में स्वयं नागार्जुन हैं। वे नवजात शिशु के रूप में दलितों की मुक्ति की सम्भावना को देखकर कहते हैं:

दिल ने कहा—दलित माँओं के
सब बच्चे अब बागी होंगे
अग्निपुत्र होंगे वे, अन्तिम
विप्लव में सहभागी होंगे।

भारत के शासकों और प्रशासकों का जो दोहरा चरित्र है, वह सामाजिक संवेदना वाले प्रत्येक व्यक्ति को बेचैन और विक्षुब्ध करनेवाला है। इस देश के शासकों और प्रशासकों के छल-छद्म, धोखा-धड़ी और लूट-खसोट से भरे व्यवहार का साक्षी पूरा भारतीय समाज होगा। हमारे शासकों और प्रशासकों की मानसिक बनावट में सामन्ती प्रवृत्ति और पूँजीवादी मनोवृत्ति का अद्‌भुत मेल है, इसलिए लूट और दमन उनके अचारण के अंग बन गये। नागार्जुन इस देश के शासकों और प्रशासकों के व्यवहार और आचरण की इस सभ्यता से खूब परिचित थे, इसीलिए अत्यन्त विक्षुब्ध भी थे। उन्होंने अनेक कविताओं में इस देश के शासकों-प्रशासकों के वादों, इरादों और व्यवहारों की असलियत का चित्रण किया है। उनकी एक कविता है 'स्वदेशी शासक'। इस कविता को पढ़ते हुए आपको मालूम होगा कि नागार्जुन स्वदेशी शासकों के आचरण की सभ्यता की प्रत्येक विशेषता को कितनी बारीकी से देखते और पहचानते थे। कविता का आरम्भ इस तरह होता है:

बात बनाओ
करो बहाने
गप्पें मारो

लो जँभाइयाँ
ताजा-ताजा माल उड़ाओ
चाँदी का मुँह, कंचन की है जीभ तुम्हारी
चरण तुम्हारे गगनविहारी
राजाओं के राजा हो तुम
हीरा-मोती-मणि-माणिक का भस्म तुम्हारी शक्ति बढ़ाता
चाटुकार है आसमान पर तुम्हें चढ़ाता
जा-जाकर दिल्ली-लन्दन
बुर्जुआ शिष्टता सीख-सीखकर
अपनी सामन्ती संस्कृति में
पश्चिम के विज्ञानवाद की छौंक मारकर
वायुयान से वापस आओ
हमें सीख दो शान्ति और संयत जीवन की
अपने खातिर करो जुगाड़ अपरिमित धन की।

नागार्जुन का विक्षोभ जब चरम स्थिति में पहुँचता है, तब वे भावावेग में ऐसी पंक्तियाँ लिखते हैं:

बताऊँ?
कैसे लगते हैं—
दरिद्र देश के धनिक?
कोढ़ी-कुढब तन पर मणिमय आभूषण!!
... ...
बताऊँ?
कैसी लगती है—
पंचवर्षीय योजना?
हिडिम्बा की हिचकी, सुरसा की जँभाई!!

जब तक हमारे समाज में अन्याय, अत्याचार, झूठ, लूट और दमन को देखकर विक्षुब्ध होने वाले व्यक्ति हैं, तब तक समाज में मनुष्यता सुरक्षित है और जब तक विक्षोभ की कविता लिखने वाले कवि समाज में मौजूद हैं, तब तक कविता की सामाजिकता भी सुरक्षित है।

नागार्जुन की कविता की दुनिया

नागार्जुन की कविता की दुनिया वैसी ही व्यापकता और विविधता से भरी हुई है जैसी व्यापकता और विविधता भारत देश में है और भारतीय समाज में। उनकी कविता की दुनिया में भारतवर्ष का विशाल भूगोल है जो उत्तर के हिमालय से लेकर दक्षिण के केरल तक फैला हुआ है और पूरब के मिजोरम से पश्चिम के गुजरात तक। उन्होंने हिमालय के उदात्त सौन्दर्य पर अनेक कविताएँ लिखी हैं। केरल के महाकवि वल्लतोल पर भी उनकी एक कविता है। देश के पूरब में स्थित मिजोरम पर उनकी एक कविता संस्कृत में है तो गुजरात से जुड़ी उनकी अनेक कविताएँ हिन्दी में हैं।

नागार्जुन की कविता की दुनिया में भारत की व्यापकता और विविधता ही नहीं है, यहाँ की प्रकृति के विभिन्न रूपों के मोहक और चकित करने वाले सौन्दर्य के असंख्य चित्र हैं। साथ ही भारतीय संस्कृति के विभिन्न पक्षों की पहचान और अभिव्यक्ति भी है। नागार्जुन की समग्रतावादी काव्य दृष्टि केवल भारत की प्रकृति के सौन्दर्य और संस्कृति की बहुलता तक सीमित नहीं है, वह भारतीय समाज और संस्कृति में मौजूद विकृतियों को भी पहचानती है और उनकी तीखी आलोचना भी करती है। नागार्जुन कविता को मनुष्यता की मातृभाषा मानते हैं, इसलिए उनकी कविता मनुष्यता की रक्षा के लिए लड़ने वाले मनुष्य की भाषा बोलने वाली कविता है।

नागार्जुन मुख्यतः राजनीतिक कवि माने जाते हैं। उन्होंने भारत और दुनिया के राजनीतिक व्यक्तियों पर जितनी कविताएँ लिखी हैं उतनी शायद ही किसी अन्य कवि ने लिखी हों। उन कविताओं के आधार पर आजादी के बाद की भारतीय राजनीति की वास्तविकताओं, विडम्बनाओं और विरूपताओं का इतिहास लिखा जा सकता है। नागार्जुन की वे राजनीतिक कविताएँ विशेषरूप से महत्त्वपूर्ण हैं जो जन आन्दोलनों पर हैं। उनमें नागार्जुन की जनोन्मुखी राजनीतिक दृष्टि और जनजीवन की बेहतरी के लिए अटूट प्रतिबद्धता व्यक्त हुई है। उनकी एक कविता है 'वह कौन था।' यह कविता 1948 की है, तेलंगाना आन्दोलन से सम्बद्ध। इस कविता में उस आन्दोलन के प्रति नागार्जुन की दृष्टि इन शब्दों में व्यक्त हुई है :

आज बन्धन-मोक्ष के त्योहार का आरम्भ होता है
'उपद्रव', 'उत्पात' कहकर कुबेरों का वर्ग रोता है
कर-चरण-मन-प्राण फन्दों में फँसे थे—
दिशा थी अवरुद्ध, दृग पथरा रहे थे—
सर्वहारा ने निकाला है स्वयं ही मुक्ति का यह मार्ग।

नागार्जुन की कविता में तेलंगाना आन्दोलन के समय जो राजनीतिक दृष्टि व्यक्त हुई थी वह फिर नक्सलवाड़ी आन्दोलन से जुड़ी कविताओं में प्रकट हुई है। उन्होंने नक्सलवाड़ी आन्दोलन से उपजे संघर्षों पर अनेक कविताएँ लिखी हैं। उन कविताओं में विशेष महत्त्वपूर्ण है 'भोजपुर', जो 1981 की है। नागार्जुन भारतीय जनता की 'महामुक्ति' के प्रत्येक आन्दोलन का कविता में अभिनन्दन करते हैं।

नागार्जुन केवल किसानों और मजदूरों के आन्दोलनों के कवि नहीं हैं। उनकी कविता में छात्र आन्दोलन का भी चित्रण है। 1955 में बिहार में छात्रों का एक बड़ा आन्दोलन हुआ था, जिसका केन्द्र पटना था। उस आन्दोलन के दौरान पुलिस की गोली से अनेक छात्र मारे गये थे। सरकार और पुलिस की दमनकारी कार्रवाई से क्षुब्ध नागार्जुन ने उस समय अनेक कविताएँ लिखी थीं, जो 'खून और शोले' नाम की पुस्तिका में छपी थी। इन कविताओं में एक ओर आन्दोलनकारी छात्रों के साथ कवि की गहरी सहानुभूति है तो दूसरी ओर आन्दोलन का दमन करने वाली सरकार की प्रखर आलोचना। वैसे भारत में 1947 से जो लोकतन्त्र है उसकी जैसी आलोचना नागार्जुन ने की है वैसी आलोचना हिन्दी के किसी अन्य कवि की कविता में शायद ही मिले।

नागार्जुन जन आन्दोलन पर कविता लिखते समय अत्यन्त भावावेग के क्षणों में भी कविता के रूप और सौन्दर्य का ध्यान रखते हैं। कविता की कला के प्रति उनकी यही सजगता उनकी कविता को लोकप्रिय बनाती है। 1955 के छात्र आन्दोलन के दौरान बिहार के एक छोटे से शहर नवादा में पुलिस की गोली से दो छात्र मारे गये। जिस सड़क पर वे दोनों मारे गये उसका चित्र यह है :

पीच रोड पर
धूसर दाग लहू के देख
बेदम बूढ़े हाथी की खुरदरी पीठ पर
मसल गया हो कोई ज्यों सूखा-सूखा सिन्दूर।
गोली लगी
गिरा धरती पर
यहीं महेन्दर
वासुदेव भी यहीं गिरा था

हुए अनेकों घायल
बना कर्बला ट्रांसपोर्ट का अड्डा!

नागार्जुन की राजनीतिक चेतना जितनी प्रखर है उतनी ही मूलगामी है उनकी सामाजिक चेतना। उनकी कविता में भारतीय समाज के तीन निम्न, वर्गीय समुदायों की पराधीनता के यथार्थ और स्वाधीनता की आकांक्षा के द्वन्द्व से संचालित जीवन-संघर्ष की विभिन्न स्थितियों की व्यंजना है। वे तीन समुदाय हैं--आदिवासी, दलित और स्त्रियाँ। भारत के आदिवासी मुख्यधारा के समाज के लिए पूरी तरह पराये हैं, वे सत्ता के लिए सजावट या शिकार की वस्तु हैं और संस्कृति के लिए असुर। यह स्थिति वैदिक काल से आज तक कायम है। नागार्जुन ने भारतीय समाज और सत्ता द्वारा सताये गये दूसरे समुदायों के साथ ही आदिवासियों से अपनी गहरी हमदर्दी व्यक्त की है। उनकी एक कविता है 'शालवनों के निविड़ टापू में।' यह कविता दन्तेवाड़ा के एक आदिवासी से सम्बन्धित है। इस कविता से जाहिर होता है कि आदिवासी समुदाय का मुख्य धारा के समाज और सत्ता से कोई आत्मीय सम्बन्ध नहीं है, बल्कि दोनों एक दूसरे के लिए अजनबी हैं। आदिवासियों के जीवन और संघर्ष से सम्बन्धित उनकी दूसरी कविता है 'दरख्तों की सघन बगीची में।' यह कविता 1979 की है पर आज भी वह उतनी ही सार्थक है जितनी तब थी। उसके अन्त की कुछ पंक्तियाँ इस प्रकार हैं :

"सुनो नहीं
आलतू-फालतू बात
खाओ नहीं
डंडा-घूसा-लात
चौकस रहो
एक-एक दिन-रात
तभी तो भैया
जालिम खाएँगे मात..."

आदिवासियों की तरह ही दलित भारतीय समाज और सत्ता द्वारा सर्वाधिक सताया हुआ जनसमुदाय है। आज भी भारत में दलित पराधीनता की पीड़ा ही नहीं सहते, वे बार-बार उच्च वर्ण और उच्च वर्ग के प्राणघातक हमलों के भी शिकार होते हैं। ऐसी ही एक घटना से विक्षुब्ध होकर नागार्जुन ने 'हरिजन गाथा' नाम की एक लम्बी कविता लिखी है जिसमें दलितों की यातना के अनुभवों के चित्रण के साथ ही उनकी मुक्ति की सम्भावना की राह की ओर भी पर्याप्त संकेत हैं। नागार्जुन की यह कविता यूटोपिया के अन्त के समय में आशा के स्रोत के रूप में रची गयी एक नयी यूटोपिया की कविता है।

भारतीय समाज का तीसरा निम्न वर्गीय समाज स्त्रियों का है जिसकी पराधीनता की व्यथा-कथा नागार्जुन अपने हिन्दी और मैथिली के उपन्यासों में कहते रहे हैं और हिन्दी तथा मैथिली की कविताओं में भी। मैथिली में उन्होंने 'बूढ़ वर', 'बिलाप' और 'लखिमा' जैसी कविताओं में स्त्री की यातनाभरी जिन्दगी के अनुभवों को व्यक्त किया है तो हिन्दी में 'तालाब की मछलियाँ' नाम की कविता में। तालाब की मछलियाँ की एक विशेषता यह है कि इसमें स्त्री की गुलामी की पीड़ा की अनुभूति के साथ मुक्ति की आकांक्षा भी इस तरह व्यक्त हुई है :

उथल पुथल है जन-जीवन में
सभी ओर उत्क्रान्ति हो रही,
टूट रहे हैं अन्तःपुर के ढाँचे
आज या कि कल
तुम भी तो निकलोगी बाहर
हवेलियों से, डेवढ़ियों से
फिर जनपद के खंडनरक ये मिट जाएँगे
शब्दकोश को छोड़ कहीं भी
नहीं 'असूर्यम्पश्या' का अस्तित्व रहेगा
'औरतदारी' रह न जाएगी

यह कविता नागार्जुन की काव्य कला की दो बुनियादी विशेषताओं को प्रकट करती है। एक तो यह कि वे प्रायः कथा के माध्यम से जीवन के अनुभवों को व्यक्त करते हैं। उनकी प्रत्येक कविता में, चाहे वह छोटी हो या बड़ी एक कथा जरूर होगी। दूसरी विशेषता यह कि नागार्जुन प्रायः कविता के रचाव में रूपक का प्रयोग करते हुए मुक्ति की आंकांक्षा की अभिव्यक्ति करते हैं। ऐसा रूपक 'हरिजन गाथा' में है और 'तालाब की मछलियाँ' में भी।

जनकवि नागार्जुन भारतीय समाज की वर्गीय संरचना की बारीकियों और जटिलताओं को जितनी स्पष्टता से पहचानते हैं उतनी ही सहजता, निर्भीकता और पक्षधरता के साथ व्यक्त भी करते हैं। ऐसे प्रसंगों में भी वे दुविधा और असमंजस की भाषा नहीं बोलते। वे मध्यवर्ग के दम्भ और तुनुकमिजाजी को खूब समझते हैं, इसीलिए मजदूरों से दूरी बनाये रखने की उनकी आदत पर व्यंग्य करते हुए मजा लेते हैं। उनकी एक लोकप्रिय कविता है 'घिन तो नहीं आती है?'

कुली-मजदूर हैं
बोझा ढोते हैं, खींचते हैं ठेला
धूल-धुआँ-भाफ से पड़ता है साबका
थके-माँदे जहाँ-तहाँ हो जाते हैं ढेर

सपने में भी सुनते हैं धरती की धड़कन
आकर ट्राम के अन्दर पिछले डब्बे में
बैठ गये हैं इधर-उधर तुमसे सटकर
आपस की उनकी बतकही
सच-सच बतलाओ,
नागवार तो नहीं लगती हैं?
जी तो नहीं कुढ़ता है
घिन तो नहीं आती है?

इसको पढ़ते हुए पाठक नागार्जुन के व्यंग्य की क्षमता, विनोद की प्रवृत्ति और खिलन्दड़ापन को एक साथ अनुभव कर सकते हैं और पक्षधरता को भी जान सकते हैं।

नागार्जुन की एक कविता है 'वे और तुम' इस कविता में 'वे' मजदूरों और किसानों के लिए प्रयुक्त हुआ है और 'तुम' मध्य वर्ग के बुद्धिजीवी, विशेषरूप से आत्मबद्ध कवियों के लिए। कविता का पहला हिस्सा यह है :

वे लोहा पीट रहे हैं
तुम मन को पीट रहे हो
वे पत्तर जोड़ रहे हैं
तुम सपने जोड़ रहे हो
उनकी घुटन ठहाकों में घुलती है
और तुम्हारी घुटन?
उनींदी घड़ियों में चुरती है

इसमें एक ओर मजदूरों का स्वभाव, उनका कर्म और उनकी मानसिकता है तो दूसरी ओर मध्यवर्गीय बुद्धिजीवी का स्वभाव, व्यवहार और मानसिकता। नागार्जुन यह जानते हैं कि व्यक्ति या वर्ग का अस्तित्व ही उसकी चेतना का स्वरूप निर्मित करता है।

इस कविता के दूसरे हिस्से में कवि किसानों की चेतना से मध्यवर्गीय बुद्धिजीवी की चेतना का अन्तर बताता है :

वे हुलसित हैं
अपनी ही फसलों में डूब गये हैं
तुम हुलसित हो
चितकबरी चाँदनियों में खोये हो
उनको दुःख है
नये आम की मंजरियों को पाला मार गया है

तुमको दुःख है
काव्य-संकलन दीमक चाट गये हैं।

ऐसी कविताओं के कारण ही नागार्जुन मजदूरों और किसानों के अपने कवि हैं, उनके बीच अनन्य रूप से लोकप्रिय, लेकिन ऐसी कविताओं ने ही अभिजनवादी कवियों और आलोचकों को नागार्जुन की उपेक्षा और विरोध के लिए उकसाया है। नागार्जुन ने कवि और कविता की इस स्थिति का चुनाव स्वयं किया है, सजग और सचेत रूप से। यह अनजाने में और अचानक नहीं हुआ है। इसीलिए वे कहते हैं कि मैं औघड़ गोत्र का कवि हूँ, अभिजात समुदाय मुझे क्यों पसन्द करेगा।

नागार्जुन अपनी राजनीतिक कविताओं को सीधे जनता की दिलो-दिमाग तक पहुँचाने के लिए कभी-कभी पुराने काव्यरूपों का भी प्रयोग करते हैं। ऐसी ही उनकी एक लोकप्रिय कविता है 'आओ रानी, हम ढोएँगे पालकी'। एक लोक धुन की मदद से रची गयी यह कविता एक ओर लोक लय से कवि के लगाव को प्रकट करती है तो दूसरी ओर उसकी साम्राज्यवाद विरोधी चेतना को भी। ऐसी ही उनकी एक और कविता है अमेरिका के राष्ट्रपति जान्सन पर, जिसका एक हिस्सा यह है :

हम काहिल हैं, हम भिखमंगे, तुम हो औढरदानी
अब की पता चला है प्रभुजी, तुम चन्दन हम पानी
हम निचाट धरती निदाघ की, तुम बादल बरसाती
अबकी पता चला है प्रभुजी तुम दीपक हम बाती

इस कविता का कोई भी पाठक यह जरूर महसूस करेगा कि रैदास के एक प्रसिद्ध पद के ढाँचे का प्रयोग करते हुए नागार्जुन ने अमेरिकी साम्राज्यवाद की सेवा के लिए तत्पर भारतीय शासक वर्ग की इस कविता में वैसी ही आलोचना की है जैसी 'आओ रानी, हम ढोएँगे पालकी' में है। नयी अन्तर्वस्तु और नये अर्थ की मदद से पुराने रूप में नयी सार्थकता पैदा करने का सफल प्रयत्न नागार्जुन ने कई दूसरी राजनीतिक कविताओं में भी किया है। ऐसी ही उनकी एक कविता है शासन की बन्दूक, जिसमें दोहा छन्द को नया जीवन मिला है।

नागार्जुन केवल अन्यों की ही ओलाचना नहीं करते, वे अपनी और अपनों की भी आलोचना करते हैं। अगर आप उनकी अपनी आलोचना देखना चाहते हैं तो 'थकित-चकित-भ्रमित-मन, रहा उनके बीच मैं, मन करता है, पछाड़ दिया मेरे आस्तिक ने' जैसी कविताएँ पढ़िए। अपनी घोषित प्रतिबद्धता के बावजूद उन्होंने वामपन्थी विचारधारा के छद्‌म और दुरुपयोग की आलोचना 'एक क्रान्तिकारी' और 'वो हमें चेतावनी देने आये थे' जैसी कविताओं में की है।

नागार्जुन की कविता के भाव-लोक में केवल आक्रोश, विक्षोभ, आलोचना, आक्रमण और कटाक्ष ही नहीं है। यह सब उनकी राजनीति और सामाजिक कविताओं

में है, क्योंकि जैसा भारतीय समाज है और जैसी उसमें राजनीति है उनसे किसी भी सजग व्यक्ति के मन में और कौन से भाव पैदा होंगे। नागार्जुन की कविता का एक बड़ा हिस्सा ऐसा है जिसके भावलोक में कोमलता और मधुरता की प्रचुरता है। कोमलता और मधुरता उनकी दो प्रकार की कविताओं में है; एक तो मानवीय सम्बन्धों की अनुभूतियों से सम्बन्धित कविताओं में और दूसरे प्रकृति के विभिन्न रूपों के सौन्दर्य की अनुभूतियों के चित्रण करने वाली कविताओं में।

नागार्जुन के काव्य संसार का एक बड़ा भाग मानवीय सम्बन्धों की अनुभूतियों को व्यक्त करने वाली कविताओं से भरा हुआ है। दाम्पत्य प्रेम की उनकी दो कविताएँ प्रसिद्ध हैं। उनमें एक है 'सिंदूर तिलकित भाल' और दूसरी है 'यह तुम थीं'। दाम्पत्य के दायरे के बाहर के प्रेम की अनुभूति पर भी नागार्जुन ने कविताएँ लिखी हैं जिनमें एक है 'लच्छो की अम्मा'। वात्सल्य का माधुर्य उनकी अनेक कविताओं में है, जैसे 'मेरी नवजात सखी', 'हमारा यह प्रतिनिधि', 'चौथी पीढ़ी का प्रतिनिधि' और 'यह सुख छोटा नहीं' है। नागार्जुन दूसरों के वात्सल्य पर भी मुग्ध होते हैं। इसका प्रमाण है उनकी कविता 'गुलाबी चूड़ियाँ'। अपनी मातृभूमि से उनका प्रेम कई कविताओं में व्यक्त हुआ है। ऐसी ही एक महत्त्वपूर्ण कविता है 'बहुत दिनों के बाद'। इसी तरह की एक और कविता है 'अपना घर : तीन चित्र'। ये सारी कविताएँ पाठकों के मन को सहज और उदात्त बनाने वाली हैं।

किसी भी देश या क्षेत्र की विशिष्टता का निर्माण वहाँ की प्रकृति के विभिन्न रूपों से होता है। यही नहीं प्रत्येक देश या क्षेत्र की संस्कृति का वहाँ की प्रकृति के स्वरूप से गहरा सम्बन्ध होता है। नागार्जुन ये दोनों बातें जानते हैं इसलिए वे अपने कवि जीवन के आरम्भ से ही सामाजिक और राजनीतिक कविताओं के साथ-साथ प्रकृति सम्बन्धी कविताएँ भी लिखते रहे हैं। उन्होंने प्रकृति के विभिन्न रूपों, अवस्थाओं और क्रियाकलापों पर अनेक प्रकार की कविताएँ लिखी हैं। उनका एक नाम 'यात्री' भी है। इस नाम को सार्थक बनाते हुए वे आरम्भ से ही पहाड़ों की यात्राएँ करते रहे हैं और पहाड़ की प्रकृति के कोमल और रौद्र रूपों पर कविताएँ रचते रहे हैं। उनकी पहाड़ की प्रकृति सम्बन्धी कविताओं के केन्द्र में हिमालय की बहुरंगी और बहुरूपी, कोमल और कठोर, मधुर और उदात्त सुन्दरता है। हिमालय पर उनकी पहली कविता है 'बादल को घिरते देखा है' इसके साथ ही 'सफेद बादल', 'बरफ पड़ी है', 'बलाका', 'बदलियाँ हैं', 'बादलों ने डाल दिया है घेरा', 'शिखरों पर', 'चाँदी की हँसुली' आदि कविताएँ पहाड़ की प्रकृति पर हैं। प्रकृति से सम्बन्धित दूसरे प्रकार की कविताएँ वे हैं जो मैदानी धरती की प्रकृति का चित्रण करती हैं। ऐसी कविताओं में 'वसन्त की अगवानी', 'नीम की दो टहनियाँ', 'शरद पूर्णिमा', 'अबके इस मौसम में', 'हजार बाहोंवाली शिशिर', 'सुबह-सुबह' आदि।

नागार्जुन जैसे समाज की कविता लिखते हुए साधारण आदमी का विशेष ध्यान रखते हैं वैसे ही प्रकृति की कविता लिखते हुए प्रकृति के उन साधारण रूपों, वस्तुओं, स्थितियों और जीवों पर कविता लिखते हैं जिन पर दूसरा कोई प्रकृति प्रेमी कवि न लिखता है, न लिखने के बारे में सोचता है। नागार्जुन ने जैसे मादा सूअर और नेवले पर कविता लिखी है वैसे ही उनकी एक कविता जुगनू पर है जिसका शीर्षक है—'जान भर रहे हैं जंगल में' :

कैसे ये नीलम उजास के
अच्छत छींट रहे जंगल में
कितना अद्‌भुत योगदान है
इनका भी वर्षा-मंगल में
लगता है ये ही जीतेंगे
शक्ति-प्रदर्शन के दंगल में
लाख-लाख हैं, सौ हजार हैं
कौन गिनेगा, बेशुमार हैं
मिल-जुलकर दिप-दिप करते हैं...
कौन कहेगा, जल मरते हैं...
जान भर रहे हैं जंगल में

इसी प्रकार की एक और कविता है 'जय हे कीचड़'। छोटी, पर सुगठित और सुन्दर। कविता इस प्रकार है :

टाँगें गल जाएँगी
सरिता की कछार में
पंक ही पंक है
धँसना तो पड़ेगा ही
कर्दम का तुहिनमय स्पर्श...
कम्पन की पराकाष्ठा...
जड़िमा में डूब गया स्पर्श-बोध...
रंगों में प्रवहमान रक्त
जम गया मानो!
जय हे कीचड़, जय हे पंक!

नागार्जुन की प्रकृति सम्बन्धी चौथे प्रकार की कविताएँ वे हैं जिनमें मधुरता की पराकाष्ठा है। अनुभूति में और संरचना में भी। इन कविताओं में अनुभूति की लय अभिव्यक्ति की लय से जुड़ी है और कविता की संरचना में मूर्तिमत्ता के साथ संगीतमयता है। ऐसी ही कविताएँ हैं 'घन कुरंग' और 'मेघ बजे'।

नागार्जुन प्रायः समसामयिकता और तात्कालिकता के कवि माने जाते हैं। यह बात उनकी सामाजिक और राजनीतिक कविताओं के बारे में कही जाती है। बहुत लोगों का खयाल है कि देश की सामाजिक और राजनीतिक परिस्थितियों के बदल जाने पर नागार्जुन की सामाजिक और राजनीतिक कविताओं का मूल्य और महत्त्व समाप्त हो जाएगा। लेकिन अभी देश के विकास के नाम पर जो विनाश हो रहा है और आम आदमी के जीवन का जो सर्वनाश हो रहा है उस सब को देखते हुए ऐसा नहीं लगता है कि भारत के समाज और जनता के जीवन की परिस्थितियाँ निकट भविष्य में बदलकर ऐसी हो जाएँगी कि वे नागार्जुन की सामाजिक और राजनीतिक कविताओं को अप्रासंगिक बना दें। अगर कभी ऐसा हुआ तो वह नागार्जुन की कविताओं में व्यक्त आकांक्षा की पूर्ति ही होगी, पर साथ यह भी ध्यान में रखने की बात है कि उनकी प्रकृति और मानवीय सम्बन्धों से जुड़ी कविताएँ तात्कालिकता की सीमाओं से मुक्त हैं और भारतीय कविता की परम्परा में उनका स्थायी मूल्य और महत्त्व हमेशा बना रहेगा।

नामवर सिंह ने ठीक ही लिखा है कि "नागार्जुन की गिनती न तो प्रयोगशील कवियों के सन्दर्भ में होती है, न नयी कविता के प्रसंग में; फिर भी कविता में रूप सम्बन्धी जितने प्रयोग अकेले नागार्जुन ने किये हैं, उतने शायद ही किसी ने किये हों। कविता की उठान तो कोई नागार्जुन से सीखे और नाटकीयता में तो वे लाजवाब ही हैं। जैसी सिद्धि छन्दों में, वैसा ही अधिकार बेछन्द या मुक्त छन्द की कविता पर। उनके बात करने के हजार ढंग हैं।" नागार्जुन ने महाकाव्य को छोड़कर कविता के सभी रूपों का प्रयोग किया है उन्होंने कविता के रूप में एक ऐसा भी प्रयोग किया है जो अपूर्व तो है ही, अनूठा भी है। वह प्रयोग उनकी 'मन्त्र कविता' में है। वह उत्तर-आधुनिक कविता का एक नायाब नमूना है।

आचार्य रामचन्द्र शुक्ल के अनुसार एक बड़े कवि की भाषा में अनेकरूपता होनी चाहिए। कविता की भाषा में अनेकरूपता का अर्थ है भाषा की बुनावट और शब्दों के संयोजन में अनेकरूपता। काव्य भाषा सम्बन्धी ऐसी अनेकरूपता हिन्दी के तीन कवियों की भाषा में है। वे कवि हैं तुलसीदास, निराला और नागार्जुन। अगर नागार्जुन की कविता 'बादल को घिरते देखा है' से आरम्भ करके 'अब तो बन्द करो हे देवी, यह चुनाव का प्रहसन' तक कोई पहुँचे तो उनकी काव्य भाषा के पाँच-छह रूप अवश्य पायेगा।

त्रिलोचन : जीवन की लय में मुक्ति का राग

सुना है इस साल त्रिलोचन शास्त्री सत्तर वर्ष के हो गये हैं। कहना कठिन है कि यह सच है या अफवाह। अभी उनका 'उठा हुआ सिर, चौड़ी छाती, लम्बी बाँहें/सधे कदम तेजी से चलना' देखकर कौन कह सकता है कि वे सत्तर के हैं। कहीं यह भी उनके बारे में फैली अनेक किंवदन्तियों की तरह एक किंवदन्ती तो नहीं है। नागार्जुन कहते हैं कि त्रिलोचन किंवदन्ती-पुरुष हैं। निराला के बाद सबसे अधिक किस्से त्रिलोचन के बारे में कहे-सुने गये हैं। उनको किंवदन्ती पुरुष बनाने में सबसे अधिक योगदान उनके मित्रों का है, लेकिन कुछ सहयोग उनका भी है। वे अपने बारे में किस्से सुनकर या तो चुप रहते हैं या मुस्करा देते हैं, जैसे कि उन किस्सों से उनका कोई सम्बन्ध ही न हो। अपने बारे में ऐसी तटस्थता, लेकिन दूसरों की गहरी चिन्ता उनकी विशेषता है। यह बाहर से साधारण दिखनेवाले उनके व्यक्तित्व की आन्तरिक असाधारणता का प्रमाण है।

हम आज जैसे समाज में जी रहे हैं, उसमें शब्दों का अर्थ बिगड़ते देर नहीं लगती। प्रायः समझा जाता है कि शब्दों का अर्थ बदलने और बिगाड़ने का सबसे बड़ा कारखाना राजनीति है, लेकिन साहित्य भी उससे पीछे नहीं है। राजनीति की तरह साहित्य में भी पाखण्ड के प्रसार से शब्दों का अर्थ भ्रष्ट करने की प्रक्रिया तेजी से चल रही है। कई दूसरे शब्दों की तरह 'संघर्ष' भी इस प्रक्रिया का शिकार हुआ है। जिसे देखिए वही साहित्यकार जीवन और साहित्य में 'संघर्ष' कर रहा है। फिर भी, कुछ लेखकों ने अपने जीवन और रचना-कर्म से 'संघर्ष' के अर्थ की रक्षा की है। त्रिलोचन उनमें सबसे आगे हैं। दूसरों के लिए 'संघर्ष' विशेषण है, लेकिन त्रिलोचन की वह संज्ञा है। सुविधाजीवी कवियों के शब्द अघाए आदमी की डकार होते हैं, लेकिन त्रिलोचन की कविता में शब्द आँखों से टपनकेवाली लहू की बूँदें हैं।

पिछले पचास वर्षों से त्रिलोचन की साहित्य-साधना अविराम चल रही है। उनकी गद्य-रचनाएँ अभी पत्रिकाओं के पन्नों में बिखरी पड़ी हैं। कविताएँ धीरे-धीरे प्रकाश में आ रही हैं। उनका पहला संग्रह 1945 में छपा, दूसरा 1956 में और तीसरा 1957 में। 1957 से 80 के बीच उनका कोई संग्रह नहीं आया, लेकिन 1980 से 87 के बीच छः-सात संग्रह निकल चुके हैं। 60 से 80 के बीच वर्षों का अन्तराल और 80 के बाद

उनकी कविताओं के प्रकाशन की एक लहर। इससे स्वाधीनता के बाद की हिन्दी कविता का इतिहास और उससे त्रिलोचन के विशेष सम्बन्ध की स्थिति स्पष्ट होती है। कमोबेश यही स्थिति मुक्तिबोध, नागार्जुन, शमशेर और केदारनाथ अग्रवाल के साथ भी है। मुक्तिबोध के जीवन में उनका कोई काव्य-संग्रह नहीं छपा, मृत्यु के बाद उनकी रचनावली जरूर छप गयी है। नागार्जुन 1962 में 'प्यासी-पथरायी आँखें' लेकर आये तो 1975 में 'तालाब की मछलियाँ' देख सके। 1959 में शमशेर की 'कुछ कविताएँ' छपीं और 61 में 'कुछ और कविताएँ'। फिर 1980 के बाद कई संग्रह निकले हैं। 60 से 80 के बीच केदारनाथ अग्रवाल के दूसरों से अधिक काव्यसंग्रह छपे हैं–लेकिन 80 के बाद उनके भी अनेक संग्रह आये हैं। ये सभी कवि 1936 से या कुछ पहले से भी लगातार कविताएँ लिख रहे हैं। जब इनके संग्रह नहीं आ रहे थे, तब भी वे कविताएँ लिख रहे थे। 80 के बाद के संग्रहों में उस काल की उनकी कविताएँ हैं।

1975 के बाद प्रगतिशील धारा की कविता में पाठकों की दिलचस्पी बढ़ने के पीछे 1970 के आसपास से आरम्भ होने वाले जन-आन्दोलनों की महत्त्वपूर्ण भूमिका है। उन आन्दोलनों ने साहित्य और समाज के सम्बन्ध के बारे में नये ढंग से सोचने की प्रेरणा दी। साहित्य-चेतना बदली तो आधुनिकतावादी कविता निरर्थक लगने लगी। नयी रचनाशीलता मध्यवर्गीय जीवन की सीमा से निकलकर व्यापक जन-जीवन के यथार्थ और अनुभवों से जुड़ने की आकांक्षा लेकर आगे बढ़ी तो वैसी रचना की परम्परा की खोज शुरू हुई। प्रगतिशील कविता की परम्परा जीवन्त रूप में मौजूद थी, जरूरत थी उसको पहचानने और अपनाने की। इसी प्रक्रिया से प्रगतिशील कविता की धारा एक बार फिर हिन्दी कविता की मुख्यधारा बनी है। आज जबकि इतिहास-प्रक्रिया में जनधारा ने प्रगतिशील काव्य-धारा की प्रासंगिकता स्थापित कर दी है, तब कुछ पुराने आलोचक उसकी व्याख्या करके खुद को प्रासंगिक बनाना चाहते हैं?

प्रगतिशील काव्य-धारा में जितनी व्यापकता है, उतनी विविधता भी है। नागार्जुन, केदारनाथ अग्रवाल, मुक्तिबोध, शमशेर और त्रिलोचन की रचनाशीलता को समग्रता में देखने पर उसकी व्यापकता और विविधता का बोध होता है। इन कवियों में रचनात्मक उद्देश्य की एकता है, लेकिन प्रत्येक की काव्य-रचना का निजी रूप-रंग है। नागार्जुन और केदारनाथ अग्रवाल की रचनाशीलता में काफी समानता है, फिर भी दोनों में अन्तर है। आजादी के पहले के जन-आन्दोलनों की प्रतिध्वनि केदार की कविताओं में है, लेकिन आजादी के बाद जन-जीवन और जन-आन्दोलनों की धड़कन नागार्जुन की कविताओं में मिलती है। नागार्जुन के व्यंग्य की धार अप्रतिम है। मुक्तिबोध की गहन विचारशीलता और शमशेर की कला से प्रगतिशील धारा समृद्ध हुई है। 'किसान-जीवन की लय में मानव-मुक्ति का सधा हुआ राग' त्रिलोचन की

कविताओं में है। ये पाँचों कवि वैसे ही परस्पर पूरक हैं, विरोधी नहीं; जैसे भक्तिकाल के पाँचों महाकवि। कुछ आलोचकों की संकुचित दृष्टि में प्रगतिशील धारा की यह व्यापकता और विविधता अट नहीं पाती। वे मूल्यांकन के नाम पर छँटनी करते हैं। कविता में प्रगतिशीलता को केवल राजनीति तक और राजनीति को आन्दोलन तक सीमित समझने वाली आलोचना-दृष्टि जन-जीवन की वास्तविकता और आकांक्षा के अन्य रूपों की अभिव्यक्ति को खारिज करती चलती है। यही नहीं, वह दृष्टि इन्द्रियबोध और भावों को छूनेवाली कविता को यथार्थवादी मानती है, लेकिन पाठकों के विवेक को प्रभावित करने वाली कविता को यथार्थवाद के बाहर रखती है। प्रगतिशील धारा के प्रभाव को सीमित करने का कुछ श्रेय ऐसे आलोचकों को भी देना चाहिए। हिन्दी में राजनीतिक कविता का एक छोर है 'राम की शक्ति-पूजा' और दूसरे छोर पर शैलेन्द्र का यह गीत 'एक जोर-जुल्म की टक्कर में हड़ताल हमारा नारा है।' इन दोनों के बीच राजनीतिक कविता की जमीन बहुत व्यापक है। जिनकी नजर केवल छोरों पर रहती है, वे बीच की व्यापकता नहीं देख पाते।

पिछले कुछ वर्षों में साहित्य-चेतना के बदलने के साथ त्रिलोचन की कविता की लोकप्रियता बढ़ी है। लेकिन नये-पुराने आचार्यगण उन्हें अब भी कवि मानने को तैयार नहीं हैं; न आधुनिकतावादी आचार्य और न प्रगतिवादी। 1986-87 में कुछ आगे-पीछे इतिहास और आलोचना की दो पुस्तकें आयी हैं—रामस्वरूप चतुर्वेदी की 'हिन्दी साहित्य और संवेदना का इतिहास' और रामविलास शर्मा की—'नयी कविता और अस्तित्ववाद' का नया संस्करण। दोनों में 'कहीं त्रिलोचन नहीं'। वे रामस्वरूप चतुर्वेदी की संवेदना के बाहर हैं और रामविलास शर्मा के यथार्थवाद से बहुत दूर। दोनों पुस्तकों में एक और समानता है। केदारनाथ अग्रवाल दोनों को पसन्द हैं; रामस्वरूप चतुर्वेदी के लिए प्रगतिवादी काव्य की अकेली उपलब्धि और रामविलास शर्मा की दृष्टि में क्रान्तिकारी यथार्थवाद के अग्रदूत। 'नयी कविता और अस्तित्ववाद' के पहले संस्करण में केदारनाथ अग्रवाल की कोई खास चर्चा न थी। जहाँ थोड़ी-सी चर्चा थी, वहीं त्रिलोचन का भी उल्लेख था। 1986 में इतिहास-दृष्टि बदली तो केदारनाथ अग्रवाल क्रान्तिकारी यथार्थवाद के कवि हो गये और त्रिलोचन इतिहास से बहिष्कृत। त्रिलोचन के बारे में आधुनिकतावाद और प्रगतिवाद के इन दो आचार्यों को एकमत देखकर कुछ लोग चकित हैं। लेकिन मुझे इसमें आश्चर्य की कोई बात नहीं लगती। त्रिलोचन की तरह जो रचनाकार आचार्यों के बनाये रास्ते को छोड़कर चलता है, या अपनी राह बनाता है, उसके साथ आचार्यगण ऐसा ही व्यवहार करते हैं।

त्रिलोचन की कविता का व्यक्तित्व ऐसा है कि आधुनिकतावादियों को पसन्द नहीं आ सकता। उन्होंने आज तक अपनी कविता को लगातार आधुनिकतावादी फैशनों और प्रवृत्तियों से बचाया है। नयी कविता के व्यापक प्रभाव के दौर में भी वे

दृढ़तापूर्वक (कुछ लोगों के अनुसार हठपूर्वक) अपनी कविता के स्वतन्त्र व्यक्तित्व की रक्षा करते रहे, जबकि कई प्रगतिशील कवि नयी कविता के करीब जा रहे थे। यही कारण है कि त्रिलोचन की कविता में नयी कविता का कहीं कोई प्रभाव नहीं है; व्यक्तिवाद, रहस्यवाद आदि की छाया नहीं है। उनकी कविता नयी कविता के समानान्तर उसके विरोध में खड़ी दिखाई देती है।

नयी कविता का आधुनिकतावाद अनुभव के स्तर पर शहरी मध्यवर्ग की जिन्दगी से जुड़ा था और विचारों में पश्चिम के समानधर्मा कवियों-आलोचकों का अनुगामी था। त्रिलोचन की कविता की दुनिया एकदम दूसरी है। उसमें गाँव की जिन्दगी की वास्तविकताएँ और आकांक्षाएँ हैं, जन-जीवन के चित्र हैं और गाँव की 'बोली-ठोली, लाग-लपेट, टेक, भाषा, मुहावरा, इंगित' आदि हैं। किसान-जीवन और जातीय मन का यह काव्य नयी कविता के आधुनिकतावाद का प्रतिपक्षी और प्रतिरोधी है। नयी कविता के आधुनिकतावादी वातावरण में त्रिलोचन की कविता महानगर में बसे-बचे गाँव की तरह है। यह आपकी मानसिकता पर निर्भर है कि उसे आप पिछड़ेपन की निशानी मानें या रेगिस्तान में नखलिस्तान।

त्रिलोचन का यथार्थवाद दूसरे कवियों के यथार्थवाद से कुछ अलग है। उसमें न कहीं भावुकता है, न झूठा आशावाद; न काल्पनिक संघर्षों के अमूर्त चित्र हैं, न मारो-मारो, काटो-काटो की ललकार है। वहाँ जनशक्ति में आस्था है, संघर्ष के लिए आह्वान है, मुक्ति-आन्दोलन के गीत भी हैं; लेकिन यह चेतावनी है कि 'सोच-समझकर चलना होगा।' उपदेश और आह्वान 'धरती' की कविताओं में अधिक है, बाद के संग्रहों में कम। उनकी कविता का मुख्य स्वर यह है :

भाव उन्हीं का सबका है जो थे अभावमय
पर अभाव से दबे नहीं, जागे स्वभावमय।

वे किसान-जीवन के वास्तविक सुख-दुःख, आशा-निराशा और संघर्षों की कविता लिखते हैं—काल्पनिक उल्लास और विजय की नहीं। जो लोग जन-जीवन की कविता में केवल आशा और उल्लास देखना चाहते हैं, उनको लक्ष्य करके त्रिलोचन ने लिखा है:

अगर न हो हरियाली
कहाँ दिखा सकता हूँ? फिर आँखों पर मेरी
चश्मा हरा नहीं है। यह नवीन ऐयारी
मुझे पसन्द नहीं है। जो इसकी तैयारी
करते हों वे करें। अगर कोठरी अँधेरी
है तो उसे अँधेरी समझने-कहने का
मुझको है अधिकार।

वे मानते हैं कि अगर जनता के जीवन में संघर्ष और दुःख है तो उस वास्तविकता को झुठलाना गलत है। लेकिन वे यह भी जानते हैं कि 'दुःख के तम में जीवन-ज्योति जला करती है।' वे किसान-जीवन की करुण-कहानी नहीं कहते, उसके स्वाभिमान की रक्षा को महत्त्व देते हैं। उनका किसान अभाव में जीता है, लेकिन अभाव से दबता नहीं। उनकी कविता में किसान-जीवन का यथार्थ सच्चे और खरे रूप में है; न वह भावुकता के उच्छ्वास में डूबा है, न विचारधारा के आग्रह से ढका है। ऐसा यथार्थवाद अधीर पाठकों को बेचैन करता है।

त्रिलोचन की कविता के बारे में यह कहना काफी नहीं है कि वह किसानों के जीवन-संघर्ष की कविता है। यह भी देखना जरूरी है कि वे किसान-जीवन के यथार्थ को किस दृष्टि से देखते और चित्रित करते हैं। हिन्दी में किसान-जीवन के कवियों की कमी नहीं है। उनमें से अधिकांश कवि मध्यवर्गीय दृष्टि से किसान-जीवन के यथार्थ को देखते हैं। वे कभी समय की माँग और कभी बौद्धिक सहानुभूति के कारण किसान-जीवन की कविता लिखते हैं। ऐसी कविताओं में कहीं कवि तटस्थ दर्शक की तरह होता है तो कहीं किसानों का वकील। इनसे भिन्न मध्यवर्गीय दृष्टि के कवि हैं जो किसान-जीवन की दयनीयता से द्रवित होकर उसकी व्यथा-कथा कहते हैं या किसान-जीवन की सरलता, सादगी और पवित्रता का गौरवगान करते हैं। त्रिलोचन ऐसे कवि नहीं हैं। उनकी दृष्टि एक सजग किसान की दृष्टि है जो उस जीवन को जीते, देखते-सुनते और समझते हुए कवि को मिली है, इसलिए उसमें किसान-जीवन से आत्मीयता और तादात्म्य है, लेकिन उस जीवन में मौजूद रूढ़ियो की ओलाचना भी है। उनकी दृष्टि किसान-जीवन की समग्रता को देखती है। वह उस जीवन की शक्ति के स्रोतों की खोज करती है तो जड़ता की जड़ों पर प्रहार भी करती है। त्रिलोचन इसी सजग किसान-दृष्टि से प्रकृति, समाज और विश्व को देखते हैं। मानवीय सम्बन्धों और भावों के उनके बोध में भी वही दृष्टि सक्रिय रहती है।

उनकी कविता में किसान-जीवन के विभिन्न पक्षों के चित्र हैं। वे चित्र अलग-अलग हैं, फिर भी उनमें सम्बन्ध है और उस सम्बन्ध से किसान-जीवन की लय उभरती है। मध्यवर्गीय मानसिकता के कवियों की कविता में किसान बहुत कुछ करता है, लेकिन वह खेती करता नहीं दिखाई देता। त्रिलोचन सबसे पहले किसान को किसान के रूप में, जीवन के लिए प्रकृति से लड़ते हुए किसान के रूप में चित्रित करते हैं :

है धूप कठिन सिर ऊपर
थम गयी हवा है जैसे
दोनों दूबों के ऊपर
रख पैर खींचते पानी
उस मलिन हरी धरती पर

मिलकर वे दोनों प्रानी
दे रहे खेत में पानी।

ऐसा चित्र केवल सुनी-सुनाई बातों के आधार पर कल्पना के सहारे चित्रित नहीं किया जा सकता। इसके लिए सहृदयता भी काफी नहीं है, उस जीवन से गहरा परिचय चाहिए।

इससे भिन्न एक चित्र में किसान-जीवन का दूसरा पक्ष है। ऊपर के चित्र में पति के साथ घाम-शीत सहती हुई जो खेत में पानी दे रही है, वह किसी दिन बहू बनकर पति के घर आयी होगी। ऐसे अवसर पर किसान के जीवन में और घर में जो उत्सव और उल्लास आता है, उसकी अभिव्यक्ति त्रिलोचन ने की है। लेकिन उनकी सहृदयता उस भीड़-भाड़ से अलग आशंका, भय और संकोच में डूबी हुई बहू के पास पहुँच जाती है :

काँपती सुख से कहीं बैठी अकेली
साधती होगी बहू कुछ भाव के स्वर
आज मनसा इन सबों की गीत की पहली कड़ी ही
गा रही है गा रही है गा रही है।

कुछ कवि किसान को एक धारणा या विचार मात्र मानते हैं और कविता में उस पर बहस करते हैं। त्रिलोचन किसानों को जीते-जागते मानव-समुदाय के रूप में देखते हैं। किसानों में आर्थिक स्थिति के अनुसार अनेक स्तर हैं, कई तरह के भेद हैं। त्रिलोचन की कविता में गरीबी, शोषण और उत्पीड़न के शिकार किसान हैं। उनकी कविता में सबसे अधिक खेतिहर मजदूर आते हैं और उन खेतिहर मजदूरों में भी स्त्रियों की जीवन-दशा पर उनका ध्यान अधिक जाता है। उनकी कविताओं में कुछ चरित्र हैं। वे सब ग्रामीण, कारीगर, खेत-मजदूर और स्त्रियाँ हैं। नगई महरा, भोरई केवट, मंगल, निरहू, भिखरिया, अतवरिया, चम्पा, सोना और सुकनी आदि ऐसे ही चरित्र हैं। इन चरित्रों के माध्यम से गाँव में सबसे कठिन जिन्दगी जीनेवाले लोगों के ठोस अनुभवों की एक दुनिया साकार रूप में हमारे सामने आती है। ऐसे चरित्र या तो प्रेमचन्द के कथा-साहित्य में मिल सकते हैं या नागार्जुन के काव्य-संसार में। ऐसे चरित्रों को कविता में ले आनेवाले कवि की सामाजिक चेतना और वर्ग-दृष्टि के बारे में अलग से कुछ कहना अनावश्यक है।

त्रिलोचन जिस जनपद के कवि हैं, वहाँ के गरीब किसान और खेत-मजदूर आर्थिक तंगी के दिनों में किसी बड़े शहर में जाकर मजदूरी करते हैं। गाँव में पत्नी अकेली रह जाती है। त्रिलोचन ने दो कविताओं में परदेशी मजदूर और गाँव में रहनेवाली उसकी पत्नी के मन की गहराई में उतरकर उनकी भावनाओं की थाह लेने

की कोशिश की है। एक कविता है 'परदेशी के नाम पत्र' और दूसरी है 'सचमुच इधर तुम्हारी याद तो...।' पहले 'परदेशी के नाम पत्र' का एक अंश पढ़िए :

सोसती सिरी सर्व उपमा जोग बाबूराम दास को

× × ×

और वह बछिया कोराती है। यहाँ
जो तुम होते। देखो कब ब्याती है।

× × ×

तुम्हें गाँव की क्या कभी याद नहीं आती है
आती तो आ जाते
मुझको विश्वास है
थोड़ा लिखा समझना बहुत,
समझदार के लिए इशारा ही काफी है।

वैसे तो पूरा पत्र पढ़ने पर ही (पत्र भी कहीं आधा पढ़ा जाता है।) इस कविता का मर्म समझना सम्भव है; फिर भी जो अंश सामने है, उससे स्पष्ट है कि गाँव की बोली, भाषा, मुहावरे और इशारों का उपयोग करते हुए कवि परदेशी की पत्नी की भावनाओं को व्यक्त करने में सफल है। अब इस पत्र का जवाब भी पढ़ लीजिए :

सचमुच इधर तुम्हारी याद तो नहीं आयी
झूठ क्या कहूँ। पूरे दिन मशीन पर खटना
बासे पर आकर पड़ जाना और कमाई
का हिसाब जोड़ना, बराबर चित्त उचटना
इस-उस पर मन दौड़ाना, फिर उठकर रोटी
करना, कभी नमक से कभी साग से खाना।

× × ×

धीरज धरो आजकल करते तब आऊँगा
जब देखूँगा अपना घर कुछ कर पाऊँगा।

परदेशी मजदूर के पत्र में उसकी कठिन जिन्दगी और मन की दशाओं को जिस कुशलता से प्रकट किया गया है, वह केवल त्रिलोचन ही कर सकते हैं। यह उनकी यथार्थवादी कला का एक उदाहरण है। आधुनिकतावाद के दौर में मध्यवर्गीय व्यक्ति के परायापन (एलिअनेशन) को कविता और कहानी में बहुत फेंटा गया, लेकिन मजदूर का परायापन किसी रचना में दिखाई नहीं दिया। मार्क्स ने लिखा है कि मजदूर परायापन की प्रक्रिया का शिकार होकर धीरे-धीरे अपने परिवार और मानवीयता से भी अलग हो जाता है। इस कविता में मजदूर अपने परिवार से विच्छिन्न हो गया है। अभी उसमें परिवार से लगाव बचा है, मनुष्यता बची है; लेकिन कब तक? परायापन

की प्रक्रिया में पड़े मजदूर की भौतिक और मानसिक स्थितियों की ऐसी अभिव्यक्ति हिन्दी के किस दूसरे कवि ने की है? किसानों-मजदूरों की जिन्दगी की त्रासद स्थितियों को गहराई से महसूस करने वाला कवि ही यह लिख सकता है, "हाथों के दिन कब आयेंगे। कब तक आयेंगे, यह कोई नहीं बताता।"

जैसे प्रकृति के बिना किसान का जीवन अधूरा होता है, वैसे ही प्रकृति की उपेक्षा करने वाली किसान-जीवन की कविता भी अधूरी होगी—वह बात किसान-जीवन की समग्रता का कवि जानता है। प्रकृति किसान-जीवन का अंग है। उससे किसान का सम्बन्ध मनमाने की बात नहीं है, अस्तित्व की अनिवार्यता है। त्रिलोचन का किसान-मन प्रकृति में खूब रमता है। उनके यहाँ प्रकृति किसान-जीवन के अंग के रूप में है और उससे स्वतन्त्र भी, उसका आकर्षक सौन्दर्य है और विस्मयकारी रूप भी, सावन की बरसात का संगीत है और भादों का प्रचण्ड मेघ-गर्जन भी, प्रकृति से सहज आत्मीयता है और कठिन संघर्ष भी। प्रकृति से किसान-जीवन का ऐसा ही नाता है।

ऋतुओं के बदलने के साथ किसान का जीवन-क्रम बदलता है। त्रिलोचन ने विभिन्न ऋतुओं में बदलते किसान-जीवन का चित्रण किया है। उन्हें वर्षा और बसन्त विशेष प्रिय हैं। एक से किसानों को जीवन मिलता है और दूसरे से जीवन्तता मिलती है। उनकी कविता में वर्षा के अनेक रूपों के चित्र हैं। एक है भादों की रात में यह वर्षा :

भरी रात भादों की... पथ... लपका वह कौंधा
दीप्ति भर उठी आँखों में इतनी, फिर हम तुम
कुछ भी पकड़ सके न डीठ से, छाया चौंधा।
तड़ तड़ तड़त्तड़ाङ्. ध्रा ध्राङ्. ध्राङ्. ध्रुङ्. ध्रूहुम्
रिमझिम रिमझिम—छक् छक् छक् छक्, सर् सर् सर्-सर्
चम चम चमक-धमाके घन के, उत्सव निशिमद।

और अब इससे एकदम भिन्न वर्षा के संगीत और चित्र 'झापस' कविता में :

आठ पहर की टिप् टिप्
सड़क भीग गयी है
पेड़ों के पत्तों से बूँदें
गिरती हैं टप् टप्
हवा सरसराती है
चिड़ियाँ पंख समेटे यहाँ वहाँ बैठी हैं।

वर्षा के ये दोनों चित्र एक-दूसरे से भिन्न हैं। दोनों में गति और ध्वनि को मूर्त करने वाली शब्द-योजना और भाषिक-संरचना भी अलग-अलग हैं। इन चित्रों से

साबित होता है कि त्रिलोचन रूप के ही नहीं, गति और ध्वनि के भी चित्रकार हैं। यह उनकी यथार्थवादी कला का एक और नमूना है।

त्रिलोचन प्रकृति के रूप और प्रभाव दोनों का ध्यान रखते हैं, इसलिए उनकी प्रकृति की कविताएँ कहीं भी मानवीय सन्दर्भ से कटी हुई नहीं हैं। ऐसी कविताओं में जातीय जीवन के प्राकृतिक परिवेश का उनका बोध प्रकट होता है। ये कविताएँ उनकी रचनाशीलता के देश-काल का पता बताती हैं। उनकी प्रकृति की कविताओं में रूप, रस, गन्ध और ध्वनि का संसार कितना समृद्ध है—यह जानने के लिए वर्षा सम्बन्धी कविताओं के साथ 'मेहंदी और चाँदनी', 'उत्सव', 'धूप सुन्दर धूप में जग रूप सुन्दर', 'फूलों की चाँदनी नीम में जो आयी है', 'कटहल के फूलों की लहरों ने रोका था', 'गेहूँ-जौ के ऊपर सरसों की रंगीनी' जैसी कविताओं को पढ़ना जरूरी है। इन कविताओं में आत्मपरकता भी है, लेकिन उससे कहीं भी रूप, रस, गन्ध और ध्वनि का स्वरूप खण्डित और विकृत नहीं हुआ है। वह आत्मपरकता प्रकृति से मनुष्य के आत्मीय सम्बन्ध की अनुभूति जगाती है।

उनकी कविताओं में अन्धकार लगभग नहीं है। धूप, चाँदनी, उषा और किरणों का प्रकाश है। उन्होंने कहीं-कहीं अत्यन्त सहज ढंग से प्रतीक-पद्धति का हल्का सहारा लेकर प्रकृति के रूपों और क्रिया-व्यापारों के माध्यम से जीवन-स्थितियों की व्यंजना की है। एक प्रमाण इस कविता में देखिए :

पीपल के पत्ते ने ज्यों मुँह खोला खोला
त्यों चटाक से लगा तमाचा आकर लू का,
झेल गया वह भी आखिर बच्चा था भू का
लेकिन जिसने देखा उसका धीरज डोला,
बैठ कलेजा गया। तड़पकर कोकिल बोला
कूऊ कूऊ मिले भले ही आधा टूका
लेकिन ऐसा न हो। रात चले जो चूका
उसको दुःख ने अक्ल बदलकर फिर फिर तोला
सबको नहीं, नौनिहालों को अगर बचा दे
तो लू का डर नहीं जहाँ चाहे आ जाये।

ऐसी कविताएँ साबित करती हैं कि प्रकृति की कविता में भी प्रगतिशील सामाजिक दृष्टि हो सकती है, जीवन-संघर्ष की कविता भी मुक्ति-संघर्ष की प्रेरणा दे सकती है।

कुछ कवि प्रकृति का वर्णन करते हैं, कुछ उसकी व्यंजना करते हैं, लेकिन त्रिलोचन प्रायः प्रकृति का चित्रण करते हैं जो व्यक्ति वर्णन, व्यंजना और चित्रण में अन्तर नहीं जानता होगा, वह त्रिलोचन की कला को ठीक-ठीक नहीं पहचान पाएगा।

चित्रण के लिए प्रकृति से गहरे लगाव के साथ-साथ उसके स्थिर और गतिशील रूप-रंग की सूक्ष्मताओं का तल्लीनता से निरीक्षण भी आवश्यक है। चित्रकार माइकेल एंजिलो की तरह त्रिलोचन भी आसमान में मेघों के बनते-मिटते चित्रों को तल्लीनता से देखते हैं। कभी-कभी उन्हें मन में साधकर शब्दों में उतारते भी हैं :

सन्ध्या ने मेघों के कितने चित्र बनाये—
हाथी, घोड़े, पेड़, आदमी, जंगल, क्या-क्या
नहीं रच दिया और कभी रंगों से क्रीड़ा
की, आकृतियाँ नहीं बनायीं। कभी चलाये
झीने से बादल जिनमें चटकीली लाली
उभर उठी थी, जिनकी आभा हरियाली पर
थिरक उठी थी, जाते-जाते क्षितिज-परी पर
सूरज ने सोना बरसाया। छाया काली
बढ़ने लगी, रंग धीरे-धीरे फिर बदले,
पेंसिल के रेखाचित्रों से बादल छाये।

सचमुच त्रिलोचन के सॉनेट आगरा के किले के उस नग के समान हैं, जिसमें पूरा ताजमहल प्रतिबिम्बित होता है। किसी सॉनेट के एक अंश को उद्धृत करना उस नग को तोड़कर उसके एक टुकड़े को देखना है। उनके सॉनेट (और दूसरी अच्छी कविताओं) की संरचना इतनी सुघटित होती है, पूरे वाक्यों के साथ लय और छन्द का विन्यास इतना आवयविक होता है कि किसी एक अंश से अलग करना उसके साथ ज्यादती लगती है। त्रिलोचन चित्रण-कला प्रकृति से सीखते हैं, लेकिन यह कला सार्थक तब होती है, जब वे मानव-जीवन और मानव-चरित्रों का चित्रण करते हैं।

त्रिलोचन की कविता के भाव-लोक की चर्चा तब तक अधूरी रहेगी, जब तक उनकी प्रेम-कविताओं पर कुछ बात न होगी। उनके संग्रहों में असंख्य प्रेम-कविताएँ हैं। हर तरह की रूढ़ि और रीति से मुक्त प्रेम की कविताएँ प्रगतिशील कवियों में या तो शमशेर ने लिखी हैं या त्रिलोचन ने। प्रेम के बारे में उनका दृष्टिकोण एकदम स्पष्ट है, 'प्यार करो तो प्यार करो, क्या आगा-पीछा' या 'चाहे जो समझे यह दुनिया, मैंने तुमको प्यार किया है।' कोई दुविधा नहीं, किसी की परवाह नहीं। इस दृष्टिकोण में रोमाण्टिक कवियों जैसी मुक्ति-चेतना है; लेकिन प्रेम कल्पना में नहीं, यथार्थ के धरातल पर विकसित होता है। यह प्रेम जीवन-जगत से दूर एकान्त में नहीं ले जाता। वह जीवन की लय पैदा करता है, जगत-जीवन का प्रेमी बनाता है। यहाँ प्रेम शौक नहीं है, वह जीवन की अनिवार्यता है :

आज मैं अकेला हूँ
अकेले रहा नहीं जाता

जीवन मिला है यह
रतन मिला है यह
धूल में
कि
फूल में
मिला है
तो
मिला है यह
मोल तोल इसका
अकेले कहा नहीं जाता

जीवन की कठिनाइयों से यह अकेलापन जब और गहरा हो जाता है, तब लगता है कि 'बाँह गहे कोई, लहरों में साथ रहे कोई।' प्रेम की अनुभूति में ऐसी गम्भीरता और अभिव्यक्ति में निश्छलता घनानन्द में मिलती है। इन प्रेम-कविताओं में जीवन की लय में मानव-मन की मुक्ति का राग मुखरित होता है।

दुनिया-भर के बड़े कवियों ने प्रेम को सामाजिक रूढ़िवाद और शास्त्रीय रीतिवाद से मुक्त करने के लिए लम्बा संघर्ष किया है। यही नहीं, उन्होंने प्रेम को रूढ़िवाद और रीतिवाद से संघर्ष का माध्यम भी बनाया है। हिन्दी कविता में ऐसे संघर्ष की लम्बी गौरवशाली परम्परा है। आश्चर्य की बात है कि आजकल हिन्दी में प्रेम कविता के बारे में एक नया रूढ़िवाद पनप रहा है, वह भी मार्क्सवाद के नाम पर। प्रेम को स्वकीया-परकीया के खानों में बाँटकर प्रेम कविता पर रीतिवादी ढाँचा लादने की कोशिश हो रही है। कहा जा रहा है कविता में स्वकीया प्रेम ही प्रगतिशील है। फिर तो ऐसी प्रगतिशीलता का अगला कदम सती-प्रथा का समर्थन ही होगा। प्रेम की कविता में अनुभूति की सच्चाई और तन्मयता की जगह अगर स्वकीयापन को प्रगतिशीलता की कसौटी मान लिया जाय तो संस्कृत और हिन्दी के अनेक महाकवियों के साथ दुनिया-भर के रोमाण्टिक कवि प्रतिक्रियावादी साबित होंगे।

त्रिलोचन सॉनेट के कवि माने जाते हैं। सॉनेट से उन्हें ख्याति मिली है और आलोचना भी। कई लोग चकित हैं कि एक विजातीय छन्द में जातीय मन या भारतीय मन की कविता कैसे सम्भव हुई है। आश्चर्य तो यह है कि जो लोग सॉनेट की अभारतीयता पर उँगली उठाते हैं, वे उपन्यास और कहानी के बारे में ऐसे सवाल नहीं करते, जबकि ये विधाएँ भी आधुनिक रूप में पश्चिम की देन हैं। अगर आज कोई सिनेमा को विदेशी कहकर उसकी आलोचना करे तो लोग क्या कहेंगे? यह भी एक विडम्बना ही है कि जो रूपवाद के विरोधी हैं, वही त्रिलोचन के सॉनेट की अन्तर्वस्तु की उपेक्षा करके उसके रूप के पीछे पड़े रहते हैं। लेकिन इन सबके साथ ही त्रिलोचन के सॉनेट की शक्ति और सौन्दर्य को सराहनेवाले भी हैं। रेणु को सॉनेट के कवि

त्रिलोचन 'शब्द-योगी' लगते हैं और केदारनाथ अग्रवाल को 'शब्द-साधक।' शमशेर उनकी सहजता पर फिदा हैं।

त्रिलोचन ने सॉनेट के अलावा दूसरे काव्य-रूपों में भी लिखा है। 'गुलाब और बुलबुल' गजलों का संग्रह है। दुष्यन्त कुमार की गजलों के बाद हिन्दी में गजल की बाढ़ आ गयी है। इस बाढ़ में लोग उस निर्झर को भूल गये हैं जो 'गुलाब और बुलबुल' में है। उनके यहाँ मुक्त छन्द के साथ-साथ गद्य-कविता भी है। 'चैती' और 'अरघान' में ऋचाओं की शैली में कुछ अत्यन्त छोटी कविताएँ हैं। इन सबसे अलग 'नगई महरा' जैसी लम्बी कविता है जो हिन्दी की लम्बी कविताओं की परम्परा में अनेक कारणों से विशिष्ट है। उसमें लम्बी कविता को मिथक, फैण्टेसी, रूपक और अमूर्तन के घटाटोप से मुक्त करके जन-जीवन के यथार्थ और ठोस अनुभवों की भूमि पर उतार लाने का सफल कलात्मक प्रयास है। उस कविता में जन-जीवन के अनुभव उसी जीवन की भाषा में यथार्थवादी रचाव के साथ व्यक्त हुए हैं। यथार्थ से भाषा का ऐसा आत्मीय सम्बन्ध केवल 'हरिजन गाथा' (नागार्जुन) में दिखाई देता है। त्रिलोचन ने नगई महरा को लम्बी कविता का नायक बनाकर एक स्तर पर वही काम किया है जो 'गोदान' में होरी को लाकर प्रेमचन्द ने किया था।

त्रिलोचन घटनाओं के कवि नहीं हैं। वे मूल्यों के कवि हैं। उनकी कविता में सामाजिक-राजनीतिक घटनाओं का चित्रण-वर्णन बहुत कम है, मानव-जीवन की दशाओं और अनुभवों की अभिव्यक्ति अधिक है। वे मानवीय अनुभवों और जीवन-दशाओं की अभिव्यक्ति करते हुए संघर्ष, आस्था, जिजीविषा, प्रेम, न्याय और स्वतन्त्रता जैसे जीवन-मूल्यों की व्यंजना करते हैं। इन जीवन-मूल्यों के बारे में वे कविता में वक्तव्य भी देते हैं, लेकिन कविता वहीं होती है, जहाँ मूल्य या तो जीवन के अनुभवों के बीच व्यक्त होते हैं या वक्तव्य के पीछे मन्तव्य में रहते हैं। घटनाओं की कविता हमारे सामने की वास्तविकता का बोध कराती है, इसलिए वह जल्दी मन को छूती है। मूल्यों की कविता सतह के नीचे छिपी सच्चाइयों को पहचानने की अन्तर्दृष्टि देती है, इसलिए वह पाठकों से धैर्य की माँग करती है, धीरे-धीरे विवेक को प्रभावित करती है। यही कारण है कि त्रिलोचन की कविता कुछ देर से पाठकों के मन में जगह पा सकी।

त्रिलोचन की कविता हमारे सामने एक महत्त्वपूर्ण सवाल रखती है कि आज हम जिन स्थितियों का सामना कर रहे हैं, उसमें कौन-सी कविता सार्थक भूमिका निभा सकती है? आजकल जनता की चेतना पर लगातार संचार-माध्यमों का हमला बढ़ रहा है, उसकी अनुभूति, कल्पना और सोच को एक खास ढाँचे में ढालने की कोशिश हो रही है। यहाँ मनुष्य लोहा, कोयला आदि की तरह एक संसाधन मान लिया गया है,

जिसका शोषण व्यवस्था के अस्तित्व के लिए अनिवार्य हो रहा है। इस व्यवस्था में मनुष्य की मनुष्यता खतरे में है। यहाँ आदमी को रूढ़ियों और बर्बर आदिम प्रथाओं की आग में झोंका जा रहा है। सत्ता क्रमशः अधिक खूँखार और दमनकारी होती जा रही है और जनवादी शक्तियाँ फूट और बिखराव की स्थिति में पड़ी हैं।

ऐसी स्थिति में सबसे पहले उस कविता की जरूरत है जो पाठकों को प्रगतिशील जीवन-मूल्यों के प्रति सचेत बनाये और उनकी रक्षा के लिए संघर्ष में आस्था जागे। इसीलिए आज त्रिलोचन की कविता विशेष प्रासंगिक हो गयी है। वह कविता संचार-माध्यमों के हमलों से जन-चेतना को भ्रमित होने से बचा सकती है। मूल्यों की कविता ही उस चेतना के विकास की भूमिका तैयार करती है जो रेणु के शब्दों में, 'समाज को मानवीय और मनुष्य को सामाजिक' बनाने का संकल्प लेती है।' उस चेतना को शोषक व्यवस्था और दमनकारी सत्ता के विरुद्ध संघर्ष की प्रेरणा देने वाली कविताओं की भी आज जरूरत है। यह काम वही कविता कर पायेगी जो वर्तमान व्यवस्था के वास्तविक चरित्र को उघाड़कर जनता के सामने रखती है और आज के जन-संघर्षों से जुड़कर उनके विकास में सहायक बनती है। ऐसी कविता नागार्जुन लिखते हैं।

आज से चालीस वर्ष पहले के जन-संघर्षों और आन्दोलनों की कविताओं का ऐतिहासिक महत्त्व है, लेकिन आज के सन्दर्भ में उनकी प्रासंगिकता सन्दिग्ध ही है। तात्कालिकता घटनाओं की कविता का एक बड़ा गुण है, लेकिन वही उनकी आयु के लिए खतरा भी है। 1848 की क्रान्ति के बाद किसी ने एंगेल्स से पूछा कि "1848 की क्रान्ति की कविताएँ कहाँ गयीं?" एंगेल्स ने जवाब दिया, "वे सब अपने समय के राजनीतिक पूर्वग्रहों के साथ मर गयीं।" राजनीति के तात्कालिक आग्रहों और कार्य-नीतियों का अनगुमन करने वाली कविताओं का प्रायः यही हाल होता है।

अज्ञेय और देश के विभाजन की त्रासदी

मैंने 2004 में एक निबन्ध लिखा था 'उपन्यास और लोकतन्त्र'। वह उसी समय 'पहल' पत्रिका में छपा था। वह निबन्ध 2005 में प्रकाशित मेरी पुस्तक 'आलोचना की सामाजिकता' में भी मौजूद है। उस निबन्ध में मैंने लिखा था, "1947 में भारत का विभाजन हुआ और साम्प्रदायिक उन्माद के कारण अभूतपूर्व दंगे हुए। बड़े पैमाने पर जनता अपनी जमीन से उजड़कर दूसरी जगह जाने और बसने के लिए मजबूर हुई। यह भारतीय समाज के इतिहास की अपूर्व त्रासदी थी। उस समय छायावाद के तीन महत्त्वपूर्ण कवि जीवित थे—निराला, पन्त और महादेवी वर्मा। उसी समय अन्य कवियों के साथ-साथ प्रगतिशील आन्दोलन के पाँच कवि कविताएँ लिख रहे थे—नागार्जुन, केदारनाथ अग्रवाल, मुक्तिबोध, शमशेर बहादुर सिंह और त्रिलोचन। क्या यह आश्चर्य की बात नहीं है कि देश के विभाजन और उससे जुड़ी हुई सम्पूर्ण त्रासदी पर निराला, पन्त, नागार्जुन, केदारनाथ अग्रवाल, मुक्तिबोध, शमशेर बहादुर सिंह और त्रिलोचन में से किसी ने कोई महत्त्वपूर्ण कविता नहीं लिखी है। उस समय ही नहीं, बाद में भी नहीं। उस समय के कवियों में केवल अज्ञेय ने 12 अक्तूबर, 1947 से 12 नवम्बर, 1947 के बीच 'शरणार्थी' शीर्षक से 11 कविताएँ लिखी थीं और साथ ही अनेक कहानियाँ भी, जो 1948 में 'शरणार्थी' नाम से प्रकाशित पुस्तक में मौजूद हैं। विभाजन की त्रासदी की जटिल समग्रता की अभिव्यक्ति उपन्यासों और कहानियों में ही हुई है; क्योंकि कथा-साहित्य ही अपने समय के इतिहास से सार्थक मुठभेड़ में सक्षम रहा है और मनुष्य विरोधी प्रवृत्तियों की निर्मम आलोचना के लिए तत्पर भी।"

2011 में जब अज्ञेय की जन्मशती आयी तब कुछ लोगों ने विभाजन की त्रासदी पर लिखी अज्ञेय की कविताओं को अपनी खोज की तरह पेश किया। यह देखकर मुझे बहुत आश्चर्य हुआ कि किसी ने न तो 2004 में छपे उस लेख का उल्लेख किया न 2005 में प्रकाशित मेरी पुस्तक का जिसमें अज्ञेय की उन कविताओं की चर्चा है। 2011 में ही अशोक वाजपेयी ने अज्ञेय की जन्मशती के अवसर पर एक संगोष्ठी का आयोजन किया था जिसमें मैंने अज्ञेय की विभाजन से सम्बन्धित कविताओं और कहानियों पर भाषण दिया। मेरे भाषण पर कुछ ऐसे लोगों ने आपत्ति की जो स्वयं को

सदा सर्वदा सही समझते हैं और दूसरों को गलत। उनकी आपत्ति यह थी कि मैं उस संगोष्ठी में शामिल ही क्यों हुआ। उनकी आपत्ति के उत्तर में मैं यही कह सकता हूँ कि अज्ञेय हिन्दी के एक महत्त्वपूर्ण कवि, कथाकार, निबन्धकार और साहित्यिक चिन्तक हैं, यह सच्चाई किसी के मानने या न मानने पर निर्भर नहीं है। वह निर्भर है अज्ञेय के लेखन पर। दुनिया का या हिन्दी का ऐसा कोई कवि और लेखक नहीं है जिसके लेखन से सभी लोग सदा सहमत हों।

आइए, अब अज्ञेय की विभाजन की त्रासदी पर लिखी कविताओं और कहानियों पर कुछ विस्तार से बात करें। अज्ञेय ने विभाजन की त्रासदी पर 11 कविताएँ लिखी हैं, 12 अक्तूबर, 1947 से 12 नवम्बर, 1947 के बीच। ये कविताएँ अनेक शहरों में लिखी गयीं। पहली कविता इलाहाबाद स्टेशन पर 12 अक्तूबर को, दूसरी कविता मेरठ में 15 अक्तूबर को, तीसरी कविता इलाहाबाद में 23 अक्तूबर को, चौथी कविता इलाहाबाद में ही 24 अक्तूबर को, पाँचवीं कविता इलाहाबाद में 24 अक्तूबर को, छठी कविता इलाहाबाद में 29 अक्तूबर को, सातवीं कविता काशी में 4 नवम्बर को, आठवीं कविता काशी में 5 नवम्बर को, नवीं कविता काशी से इलाहाबाद की रेल यात्रा में 6 नवम्बर को, दसवीं कविता इलाहाबाद में 7 नवम्बर को और ग्यारहवीं कविता मुरादाबाद रेलवे स्टेशन पर आधी रात के समय 12 नवम्बर को। इन कविताओं को लिखी जाने की जगहों, तारीखों और समयों पर ध्यान दीजिए तो यह मालूम होगा कि उन दिनों देश में जो कुछ हो रहा था उससे अज्ञेय कितने परेशान, बेचैन और विचलित थे तथा साथ ही यह भी मालूम होगा कि वे उस समय लगातार यात्राएँ कर रहे थे, स्थितियों की जानकारी के लिए।

'शरणार्थी' शीर्षक से लिखी अज्ञेय की 11 कविताओं में उनकी गहरी मानवीय संवेदनशीलता, भारतीय स्वाधीनता आन्दोलन के इतिहास की विसंगतियों की समझ, शरणार्थी होने और बनने की पीड़ा की अनुभूति, इनसानियत की तड़प की पहचान, मनुष्यता के अपमान का बोध, दंगों में लुटी स्त्री की अस्मत और अस्मिता के प्रति अथाह करुणा, धर्म के पाखंड के आतंक के नंगे नाच की शिनाख्त, दलितों की सर्वग्रासी यातना की चिन्ता और स्वराज्य के खाली और खोखले अर्थ की विडम्बना की अभिव्यक्ति है।

देश के विभाजन के समय साम्प्रदायिक दंगों में बर्बरता का जो नंगा नाच हो रहा था उसका उत्तर अज्ञेय ने कई अन्य कवियों की तरह न मौन से दिया और न विलाप से। उनके मन में विक्षोभ, आक्रोश और वेदना का ज्वार उमड़ रहा था जिसकी अभिव्यक्ति उन्होंने कविताओं में की और कहानियों में भी।

पहली 'शरणार्थी' कविता घृणा के तांडव की भयावहता की समझ और पहचान की कविता है। वह घृणा उस समय हिंसा और प्रतिहिंसा के बीच खूँखार युद्ध के रूप

में प्रकट हो रही थी। अज्ञेय की यह कविता कहती है कि विभाजन की त्रासदी का संचालन और नियमन करने वाली भावना घृणा थी जिसने इनसानियत और हैवानियत का फर्क मिटा दिया था। अज्ञेय ने लिखा है :

कोटरों से गिलगिली घृणा झाँकती है।

मान लेते यह किसी शीत रक्त, जड़-दृष्टि
जल-तलवासी तेंदुए के विष नेत्र हैं
और तमजात सब जन्तुओं से
मानव का वैर है
क्योंकि वह सुत है प्रकाश का—
यदि इनमें न होता यह स्थिर तप्त स्पन्दन तो!
मानव से मानव की मिलती है आँख, पर
कोटरों से गिलगिली घृणा झाँक देती है!

दूसरी कविता में सांकेतिकता के माध्यम से दूरगामी अर्थ की अभिव्यक्ति है। इस कविता में यह संकेत है कि स्वाधीनता आन्दोलन के आखिरी दौर की राजनीति में साम्प्रदायिकता के जो बीज बोये गये थे उनकी फसल है विभाजन के समय की घृणा के आतंक का सर्वग्रासी फैलाव। इस कविता में स्वाधीनता आन्दोलन की उस राजनीति की निर्मम आलोचना है और उसके दूरगामी परिणामों की गहरी चिन्ता भी। कविता छोटी है और इतनी सुगठित कि उसके किसी एक अंश को उद्धृत करने के बदले पूरी कविता को पढ़ना अधिक आवश्यक है :

वैर की परनालियों से हँस-हँस के
हमने सींची जो राजनीति की रेती
उसमें आज बह रही खूँ की नदियाँ हैं।
कल ही जिसमें 'खाक-मिट्टी' कह के हमने थूका था
घृणा की आज उसमें पक गयी खेती
फ़स्ल काटने को अगली सदियाँ हैं।

तीसरी कविता में विभाजन के समय फैली हिंसा और बर्बरता के सर्वव्यापी विस्तार और दारुण प्रभाव का मूर्त तथा गतिमान चित्रण है :

शहरों में कहर पड़ा है और ठाँव नहीं गाँव में
अन्तर में खतरे के शंख बजे, दुराशा के पंख लगे पाँव में
त्राहि! त्राहि! शरण! शरण!
रुकते नहीं युगल चरण
थमती नहीं भीतर कहीं गूँज रही एकसुर रटना

कैसे बचें कैसे बचें कैसे बचें कैसे बचें
आन? मान? वह तो उफान है गुरूर का–
पहली ज़रूरत है जान से चिपटना!

चौथी कविता में अज्ञेय की काव्य कला की अधिकांश विशेषताएँ मौजूद हैं। इसमें बिम्बधर्मिता है और प्रतीकात्मकता भी। साथ ही आजादी की विडम्बनापूर्ण परिणति पर व्यंग्य भी।

किन्तु कहीं भी तो नहीं दीखती शिथिलता–
तनी नसें, कसी मुट्ठी, भिंचे दाँत, ऐंठी मांस-पेशियाँ–
वासना स्थगित होगी किन्तु झाग झर रहा मुँह से!

× × ×

आज जाने किस हिंस्र डर ने
देश को बेखबरी में डस लिया!
संस्कृति की चेतना मुरझा गयी!
मिरगी का दौरा पड़ा इच्छाशक्ति बुझ गयी!

× × ×

मुक्ति-लब्ध राष्ट्र की जो देह होती लोथ है–
ओठ खिंचे, भिंचे दाँतों में से पूय झाग लगे झरने!
सारा राष्ट्र मिरगी ने ग्रस लिया!

पाँचवीं कविता में दंगों और हत्याकांडों की भयावह स्थितियों को मूर्त रूप में अभिव्यक्त किया गया है :

ढूह सब ढहने दो–
बुद्धि जब जड़ हो तो
मांस-पेशियों की तड़पन को
जीवन की धड़कन मान लें–

(जब घोर जाड़े में
कम्बल का सम्बल न होता पास
तब हम जबड़े की किटकिट ही से बाँधते हैं आस
कुछ गरमाई की)

भागो, भागो, चाहे जिस ओर भागो
अपनी नहीं है कोई, गति ही सहारा यहाँ–
रुकेंगे तो मरेंगे!

आप चाहें तो इसे आत्यन्तिक कविता कह सकते हैं। आत्यन्तिक कविता वह होती है जो बुद्धि और कल्पना को इतने तनाव में डालती है कि सहज सोच का अन्त सम्भव लगता है।

छठी कविता विभाजन की त्रासदी पर एक महाकाव्यात्मक कविता है। महाकाव्यात्मक कविता वह होती है जिसमें अपने समय और समाज के मनुष्य की प्रकृति, नियति और कभी-कभी दुर्गति की भी व्यंजना होती है। यह कविता वैसी ही है। साँप अज्ञेय का एक प्रिय प्रतीक है जो इसमें रूपक के रूप में मौजूद है। उसके माध्यम से वे मानव जीवन और मानवीय संवेदना की विसंगतियों की अभिव्यक्ति करते हैं। विभाजन के समय बड़े पैमाने पर हिन्दुस्तान से पाकिस्तान और पाकिस्तान से हिन्दुस्तान लोगों के पलायन का जो प्रलय प्रवाह हुआ उस प्रक्रिया की पीड़ा और परिणति की अभिव्यक्ति इस कविता में है। साथ ही अपनी जन्मभूमि और जड़ों से उखड़ने-उजड़ने का दर्द, बेबसी, आशा-निराशा आदि के बीच तड़पती इनसानियत की व्यंजना है।

सातवीं कविता उस मनुष्यता की चीख की कविता है जो धर्मों और सम्प्रदायों की जड़ताओं और संकीर्णताओं से स्वतन्त्र होती है। आठवीं कविता में भी साम्प्रदायिकता से उपजी घृणा के जहर की तीव्रता और व्यर्थता की व्यंजना है।

शरणार्थी-शीर्षक से शृंखला की नौवीं कविता विशेष ध्यान देने लायक है। इसका पहला आकर्षण इसका शीर्षक है—'श्रीमद्धर्मधुरन्धर पंडा'। इस कविता में दूसरा आकर्षक तत्त्व है व्यंग्य, जो पैदा हुआ है धर्म के पाखडपूर्ण आचरण के बोध से। उस समय के भीषण दंगों से सबसे अधिक अपमानित, लांछित और बेइज्जत हुईं स्त्रियाँ। अज्ञेय ने कविता के आरम्भ में लिखा है :

उठा वहाँ चीत्कार
असंख्यों दीनों पददलितों का
अपमानिता घर्षिता नारी का सहस्रमुख
फटा हुआ सुर

फटे हृदय की आह
गूँज गयी—थर्राया सहम गया आकाश
फटी आँखों की भट्ठी
में जो खून उतर आया था
वह जल गया।

उस चीत्कार को सुनकर धर्मधुरन्धर पंडे ने जो कहा उसमें निहित व्यंग्य को ध्यान में रखकर जो कुछ कहा गया है अब उसे देखिए :

'सदा द्रौपदी की लज्जा को

ढका कृष्ण ने चीर बढ़ाकर
धर्म हमारा है करुणाकर
हम न करेंगे बहिष्कार
म्लेच्छ-घर्षिता का भी, चाहे
उस लांछन की छाप
अमिट है।
साथ न बैठे—हाथ हमारे
वह पायेगी
सदा दया का टुक्कड़—'

इस कविता के अन्त में व्यंग्य की धारा अधिक तीक्ष्ण है :

इतना ही बस था समर्थ। श्री पंडा जागे
यह भी उनकी अनुकम्पा थी। और नहीं क्या
अपने आसन से डिग जाते?
लुट जाती मरजाद सनातन
इसीलिए जूँ रुकी। सो गये
श्रीमद्धर्मधुरन्धर पंडा।
मानवता को लगीं घोंटने फिर गुँजलकें
मरी रूढ़ि की।

दसवीं कविता दलित-दर्द की कविता है और वह भी व्यंग्य तथा विडम्बना से भरपूर। इस सुगठित कविता को पूरे रूप में पढ़िए :

कहती है पत्रिका
चलेगा कैसे उनका देश?
मेहतर तो सब रहे हमारे
हुए हमारे फिर शरणागत....
देखें अब कैसे उनका मैला ढुलता है!

'मेहतर तो सब रहे हमारे
हुए हमारे फिर शरणागत।'

अगर वहीं के वे हो जाते
पंगु देश के सही, मगर होते आज़ाद नागरिक।

होते द्रोही!
यह क्या कम है यहाँ लौटकर
जनम-जनम तक जुगों-जुगों तक

मिले उन्हें अधिकार, एक स्वाधीन राष्ट्र का
मैला ढोवें?

ग्यारहवीं कविता में एक ओर 1947 में मिले विडम्बनापूर्ण स्वराज्य की आलोचना है तो दूसरी ओर शरणार्थी होने और शरणार्थी बनकर जीने की मजबूरी की चिन्ता है, जो निरन्तर उपेक्षा और अपमान की जिन्दगी जीने की मजबूरी होती है। अब इस पूरी कविता को पढ़िए :

हमने भी सोचा था कि अच्छी चीज़ है स्वराज
हमने भी सोचा था कि हमारा सिर
ऊँचा होगा ऐक्य में। जानते हैं पर आज
अपने ही बल के
अपने ही छल के
अपने ही कौशल के
अपनी समस्त सभ्यता के सारे
संचित प्रपंच के सहारे

जीना है हमें तो, बन सीने का साँप उस अपने समाज के
जो हमारा एक मात्र अक्षन्तव्य शत्रु है
क्योंकि हम आज हो के मोहताज
उसके भिखारी शरणार्थी हैं।

आइए, शरणार्थी शीर्षक कविताओं के बाद देश के विभाजन की त्रासदी से सम्बन्धित अज्ञेय की कहानियों पर एक नजर डालें। मेरे सामने उनकी पाँच कहानियाँ हैं—'लेटर-बक्स', 'शरणदाता', 'मुस्लिम-मुस्लिम भाई-भाई', 'रमन्ते तत्र देवताः' और 'बदला'। अज्ञेय की कविताओं में सांकेतिकता है, अर्थ की बहुलता है और व्यंजकता भी है पर कहानियों में स्थितियों, व्यक्तियों और घटनाओं का ब्योरा है, विस्तार है, चित्रण है और वर्णन भी।

'लेटर-बक्स' नाम की कहानी में बर्बर साम्प्रदायिक दंगों के दौरान एक बच्चे के भोलेपन का चित्रण है जो दंगों की भयावहता के एहसास को कई गुना बढ़ाता है। इस कहानी में अज्ञेय की दार्शनिक वृत्ति भी मौजूद है, "छोटी जगहों में कोई त्वरा का बोध ही नहीं होता, बड़ी जगह में ही यह धुन होती है कि सब कुछ जल्दी हो, तेज़ी के साथ हो, क्योंकि हर किसी को काम है, और हर काम ज़रूरी है, और हर ज़रूरत तात्कालिक।"

बच्चों में अपार उत्सुकता होती है और चकित होने की चेतना भी, जिसकी पहचान इस कहानी में है, "बच्चों के लिए लेटर-बक्स ताजमहल और पिरामिडों से

कम पात्रता नहीं रखता संसार के सात अचरजों में स्थान पाने की, यह मुझे अपने बचपन से याद था!"

दूसरी कहानी 'शरणदाता' है। यह कहानी अनेक कारणों से अत्यन्त महत्त्वपूर्ण है। इसमें भाषा और संवेदना का आत्मीय सम्बन्ध बहुत गहरा है। इस कहानी के एक पात्र रफ़ीकुद्दीन की बातों में जो चिन्ता, पीड़ा, थकान, उदासी और पराजय का बोध है वह इनसानियत की हार की गवाही देता है। इस कहानी में दंगों के कारणों की ओर भी संकेत है, "विषाक्त वातावरण, द्वेष और घृणा की चाबुक से तड़फड़ाते हुए हिंसा के घोड़े, विष फैलाने को सम्प्रदायों के अपने संगठन और उसे भड़काने को पुलिस और नौकरशाही!" इस कहानी से यह भी जाहिर होता है कि जब आदमी इनसानों से डरने लगता है तब वह जानवरों और पक्षियों से प्रेम करने लगता है। देश के बँटवारे ने आदमी से आदमी को ही नहीं आदमियत को भी अलग कर दिया था। ऐसी स्थिति में आजादी, भाईचारा, देश-राष्ट्र आदि खोखले शब्द लगने लगे। इस कहानी के अन्त में अज्ञेय ने कहानी की कहानी भी लिखी है जिसे आप उन्हीं की जबानी सुनिए, "घटनाएँ सब अधूरी होती हैं। पूरी तो कहानी होती है। कहानी की संगति मानवीय तर्क या विवेक या कला या सौन्दर्य-बोध की बनायी हुई संगति है, इसलिए मानव को दीख जाती है और वह पूर्णता का आनन्द पा लेता है। घटना की संगति मानव पर किसी शक्ति की—कह लीजिए काल या प्रकृति या संयोग या दैव या भगवान की—बनायी हुई संगति है। इसलिए मानव को सहसा नहीं भी दीखती।"

'मुस्लिम-मुस्लिम भाई-भाई' वर्गभेद और उससे उत्पन्न उपेक्षा, अपमान और तिरस्कार की कहानी है। प्रत्येक धर्म और समुदाय में दो वर्ग होते हैं, उच्च वर्ग और निम्न वर्ग या कि अमीर वर्ग और गरीब वर्ग। अमीर वर्ग के लोग अपने ही धर्म और समुदाय के गरीब पुरुषों और स्त्रियों की कैसी तौहीन करते हैं, यही इस कहानी का कथ्य है। वैसे तो यह कहानी मुस्लिम समुदाय के बारे में है, परन्तु ऐसी स्थितियाँ किसी भी धर्म और समुदाय में हो सकती हैं और होती भी हैं। कहानी का आरम्भ दिलचस्प है और पाठकों के सोच-विचार को जगाने वाला भी है, "छूत की बीमारियाँ यों कई हैं; पर डर जैसी कोई नहीं। इसलिए और भी अधिक, कि यह स्वयं कोई ऐसी बीमारी है भी नहीं—डर किसने नहीं जाना? और मारती है तो स्वयं नहीं, दूसरी बीमारियों के ज़रिये। कह लीजिए कि वह बला नहीं बलाओं की माँ है...... नहीं तो यह कैसे होता है कि जहाँ डर आता है, वहाँ तुरन्त घृणा और द्वेष और कमीनापन आ घुसते हैं, और उनके पीछे-पीछे न जाने मानवात्मा की कौन-कौन-सी दबी हुई व्याधियाँ।"

जैसे 'मुस्लिम-मुस्लिम भाई-भाई' मुस्लिम समुदाय की विसंगति की कहानी है वैसे ही 'रमन्ते तत्र देवताः' हिन्दू समुदाय की विसंगति की कहानी है। कहानी घटित होती

है अक्तूबर, 1946 के कलकत्ता में। इस कहानी में यह स्पष्ट किया गया है कि हिन्दुस्तान के अधिकांश मुसलमान हिन्दू समाज के उपेक्षित और प्रताड़ित दलित हैं। कहानी का एक पात्र कहता है, "आप सोचिए तो, मुसलमान है कौन? मज़लूम हिन्दू ही तो मुसलमान हैं। हमने जिससे हिकारत की, वह हमसे नफ़रत करे तो क्या बुरा करता है—हमारा कर्ज़ ही तो अदा करता है न!" यह कहानी हिन्दू समाज में स्त्री के साथ भेदभाव की सच्चाई बयान करती है। एक सरदार के कथन में कहानी के शीर्षक की व्याख्या है और उस पर व्यंग्य भी, "आप हिन्दू हैं न, इसलिए यही सोचते हैं। वह मर जायेगी; छुटकारा हो जायेगा। हिन्दू धर्म उदार है न; मारता नहीं, मरने का सब तरह से सुभीता कर देता है। इसमें दो फ़ायदे हैं—एक तो कभी चूक नहीं होती, दूसरे यह तरीका दया का भी है। लेकिन यह बताइए, अगर आदमी पशु है तो औरत क्यों देवता हो? देवता मैं जान-बूझकर कहता हूँ, क्योंकि इनसान का इनसाफ़ तो देवताओं से भी ऊँचा उठ सकता है।"

'बदला' कहानी हैवानियत पर इनसानियत की विजय की कहानी है। इस कहानी के एक सरदार पात्र के कथन से यह बात साबित होती है। सरदार कहते हैं, "औरत की बेइज़्ज़ती औरत की बेइज़्ज़ती है, वह हिन्दू या मुसलमान की नहीं, वह इनसान की माँ की बेइज़्ज़ती है। शेखूपुरे में हमारे साथ जो हुआ सो हुआ—मगर मैं जानता हूँ कि उसका मैं बदला कभी नहीं ले सकता—क्योंकि उसका बदला हो ही नहीं सकता। मैं बदला दे सकता हूँ—और वह यही, कि मेरे साथ जो हुआ है, वह और किसी के साथ न हो।"

रघुवीर सहाय : कविता खबर भी है

दूसरे महायुद्ध के दिनों की बात है। उन दिनों काशी में आज की तरह साहित्य पर अकाल की छाया न थी। वहाँ पुरानी और नयी पीढ़ी के अनेक रचनाकार मौजूद थे। लेखकों के बीच गहरी आत्मीयता थी, आज की तरह तीखी कटुता नहीं। युद्ध के दिन थे, इसलिए खबरों की चिन्ता बढ़ गयी थी। सभी अखबारों का बेचैनी से इन्तजार करते थे। एक दिन सवेरे-सवेरे नयी पीढ़ी के एक कवि से दूसरे कवि की भेंट हो गयी। रात में जर्मनी पर मित्र राष्ट्रों की बमबारी की खबर आयी थी। उस समय सबको दुनिया के भविष्य की चिन्ता थी। दुनिया का भविष्य युद्ध के भविष्य से जुड़ा था, इसलिए युद्ध की हर खबर लोगों के दिलों की धड़कन तक पहुँचती थी। ऐसी स्थिति में संवेदनशील कवि युद्ध की खबरों से बेखबर कैसे रह सकते थे। एक कवि ने दूसरे कवि को देखते ही पूछा, "तुमने आज का अखबार देखा है? आज एक बहुत अच्छी खबर है। मित्र राष्ट्रों ने जर्मनी पर बमबारी की है।" दूसरे कवि ने जवाब दिया, "मैं कवि हूँ, अखबार नहीं पढ़ता।" सवाल पूछने वाला चकित और चुप होकर कविता में समय देवता को पुकारने वाले अपने कवि मित्र का मुँह देखता रह गया। वह भी कवि था, लेकिन ऐसा नहीं जो कवि होने के कारण अखबार न पढ़ता हो या अखबार न पढ़कर कवि बने रहना चाहता हो।

कहा जाता है कि मीर तकी 'मीर' अपनी जबान ख़राब हो जाने के डर से साधारण लोगों से बात करना मुनासिब नहीं समझते थे। वैसे ही आज के कई कवि अखबार नहीं पढ़ते। ऐसे कवि अपने मन को आसपास की जिन्दगी की हवा से और अपनी जबान को उस हवा के साथ आनेवाले धूल-धक्कड़ से बचाये रखना चाहते हैं। असल में इस प्रवृत्ति के पीछे कविता के स्वभाव और जिन्दगी से उसके सम्बन्ध की एक ऐसी समझ है जो कविता को छुईमुई मानती है। जो लोग अखबार को कविता का दुश्मन समझते हैं, वे अपनी कविता को जिन्दगी की वास्तविक घटनाओं और स्थितियों से दूर रखना चाहते हैं। गनीमत है कि अब ऐसे कवि दुर्लभ होते जा रहे हैं जो कवि होने के कारण अखबार नहीं पढ़ते। हिन्दी कविता की दुनिया में अभी भी, रघुवीर सहाय की कविता के बावजूद, कुछ लोगों के मन में कविता से पत्रकारिता के सम्बन्ध को लेकर कई तरह की शंकाएँ हैं और कई भ्रम भी। जिनके काव्य-बोध पर

आज भी नयी कविता के संस्कार छाये हुए हैं, वे कविता में पत्रकारिता के किसी पहलू या कौशल को आते देखकर भड़क उठते हैं। यह ठीक है कि आजकल अधिकांश पत्रकारिता व्यवसाय और पेशा है, कोई बौद्धिक जरूरत नहीं। वह व्यापक जन-समुदाय से संवाद करने, उसे जानने और जगाने की इच्छा के बदले लाभ-लोभ की भावना से चल रही है। ऐसी पत्रकारिता अपनी साख बनाने और बाजार बढ़ाने के लिए साहित्य का मजेदार मसाले की तरह इस्तेमाल करती है। जाहिर है, ऐसी पत्रकारिता सच्चे लेखकों और कवियों को आकर्षित नहीं कर सकती। लेकिन पत्रकारिता इतने तक सीमित नहीं है। फिर वह जैसी भी है, आज के हमारे जीवन पर उसका प्रभाव इतना गहरा है कि उसकी उपेक्षा जगत-गति से उदासीन कोई मूढ़ ही करेगा। आज का कोई कवि ऐसा मूढ़ कैसे हो सकता है?

आज यह समझना जरूरी हो गया है कि अखबार और जन-संचार के दूसरे माध्यम समाज की वास्तविकताओं और सच्चाइयों को विशेष रूप-रंग में ढालकर पेश करते हैं और सामाजिक चेतना को मनचाही दिशा में मोड़ते हैं। इस तरह जन-संचार के माध्यम हमारे सामाजिक बोध को ही नहीं, बोध की प्रक्रिया को भी प्रभावित कर रहे हैं। सम्प्रेषण के माध्यमों की यह भूमिका सामाजिक चेतना के विकास और मानवीय संवेदना की रक्षा की चिन्ता करने वाले लेखकों, कवियों और कलाकारों के लिए अब एक चुनौती बन गयी है। आज भी जो कवि अपने नागरिक धर्म और कवि-कर्म के बीच रहस्य का परदा डालकर इस ओर नागरिक और उस ओर कवि बने रहते हैं, उन्हें भले ही इस चुनौती का एहसास न हो, लेकिन जो लेखक समाज की जिन्दगी के रोज-रोज के इतिहास में बनते-बिगड़ते मनुष्य और मानवीय रिश्तों की पहचान में सचमुच दिलचस्पी रखते हैं, वे इस चुनौती से मुँह नहीं मोड़ सकते। रघुवीर सहाय की कविता में इस चुनौती का एहसास और उसका सामना करने की कोशिश आज के किसी भी दूसरे कवि से अधिक है। सामाजिक चेतना पर जन-संचार के माध्यमों के आक्रमण के बारे में सजगता रघुवीर सहाय की कविता में पहले भी रही है, लेकिन 'कुछ पते कुछ चिट्ठियाँ' की कविताओं में वह पहले से अधिक तीव्रता के साथ प्रकट हुई है; क्योंकि इन्हीं दिनों रेडियो, टेलीविजन और अखबार के उग्र प्रभाव के अधिक प्रमाण सामने आये हैं। 'कुछ पते कुछ चिट्ठियाँ' के 'निवेदन' में उन्होंने लिखा है, "भाषा के अनेक प्रकारों पर व्यावसायिक और राजनीतिक कब्जे ने भाषा की रचनात्मकता को अनेक प्रकार से विकृत और कुंठित किया है, नयी प्रतिभा को सामाजिक चेतना के विषय में बलपूर्वक अशिक्षित करके मनुष्यों के बीच साझेदारी के सम्बन्ध तोड़े हैं और उनकी जगह बनावटी रागात्मकता के नये समझौते आरोपित किये हैं।" यह स्थिति हर तरह की रचनाशीलता के लिए अत्यन्त खतरनाक है; विशेष रूप से कविता के लिए तो सबसे अधिक।

सम्प्रेषण के विभिन्न माध्यमों के प्रति नकली उदासीनता या फिर सतही दिलचस्पी से इस खतरे का सामना नहीं हो सकता। जो कवि होने के नाते अखबार नहीं पढ़ते वे नकली उदासीनता के शिकार हैं। ऐसे कवि समकालीन जिन्दगी की वास्तविकताओं के गर्द-गुबार से कविता को बचाते हैं और मनगढ़न्त समस्याओं पर जड़ाऊ कविता लिखते हैं। दूसरी ओर वे कवि हैं जो यथार्थवाद के नाम पर अखबार का काम कविता के जिम्मे सौंप देते हैं और अखबारी कविता लिखते हैं। यह समकालीन सामाजिक वास्तविकता और पत्रकारिता दोनों में सतही दिलचस्पी के कारण होता है। इसके पीछे पत्रकारिता से कविता के सम्बन्ध की सतही समझ भी होती है। इन दोनों स्थितियों में कविता मारी जाती है। पहली स्थिति में वह अपने समय और समाज से दूर जाकर मरती है और दूसरी स्थिति में पत्रकारिता से कविता के सम्बन्ध की सतही समझ उसे मार डालती है।

हमारी सामाजिक चेतना और रचनाशीलता के सामने खड़े इस खतरे के बारे में रघुवीर सहाय केवल चिन्तित ही नहीं हैं। वे सम्प्रेषण के माध्यमों की शक्ति और भूमिका को पहचानते भी हैं। यही नहीं, वे इन माध्यमों के पीछे सक्रिय शक्तियों और उनके इरादों को भी समझते हैं। इसीलिए वे नकली उदासीनता या सतही दिलचस्पी के शिकार नहीं होते। वे रचना के स्तर पर सम्प्रेषण के माध्यमों की न तो उपेक्षा करते हैं और न उनके सामने आत्मसमर्पण। वे सामाजिक चेतना और रचनाशीलता के सामने खड़े इस खतरे को रचनात्मक चुनौती के रूप में स्वीकार करते हैं और अपनी कविता में उसका सामना करते हैं। इस प्रक्रिया में वे कविता को भी विकसित करते हैं और उसे अद्यतन बनाते हैं। सम्प्रेषण के माध्यम आज की कविता के सामने ऐसी चुनौती हैं, जिनकी उपेक्षा कविता के लिए आत्मघाती होगी, इसलिए उस पर बात करना जरूरी है। इस चुनौती के बारे में बात करने के लिए रघुवीर सहाय की कविता से बेहतर सन्दर्भ और कहाँ मिलेगा? उनके यहाँ पत्रकारिता से कविता का रचनात्मक सम्बन्ध जितना समृद्ध और सम्भावनाओं से भरपूर है, वैसा हिन्दी में अन्यत्र शायद ही मिले।

रघुवीर सहाय जन-संचार के विभिन्न माध्यमों के स्वभाव और काम के ढंग को अच्छी तरह जानते थे। वे हिन्दी पत्रकारिता से जीवन भर जुड़े रहे, इसलिए उसकी भीतरी दुनिया की नस-नस पहचानते थे। 'नवभारत टाइम्स' और 'दिनमान' में काम करते हुए उन्होंने एक पत्रकार की नजर से दुनिया को देखने और पाठकों के सामने पेश करने की कला का रहस्य जाना था। पत्रकारिता के अनुभव से उन्होंने यह भी समझा था कि अखबार अपने पाठकों को क्या देता है और बदले में क्या ले लेता है। एक स्वाधीन पत्रकार की आँखों से उन्होंने पत्रकारिता के तिलिस्म को भी देखा था। उनकी कविता में पत्रकार के अनुभवों की अनुगूँजें हर स्तर पर मौजूद हैं; कहीं पत्रकार की दृष्टि से कवि-दृष्टि की टकराहट है तो कहीं एकता भी है।

रघुवीर सहाय जानते हैं कि सम्प्रेषण के माध्यमों पर व्यावसायिकता का कब्जा है जिसे मनुष्य, मानवीय अनुभव और मानवीय रिश्तों की मान-मर्यादा की कोई चिन्ता नहीं है। टेलीविजन और अखबार 'प्रत्येक अनुभव को एक सनसनी और प्रत्येक मनुष्य को एक वस्तु' बनाते चले जाते हैं। सामाजिक चेतना को दुविधा और भ्रम में डालने का तरीका टेलीविजन जानता है, इसलिए :

कभी-कभी वह दिखला देता है भूखा-नंगा इनसान।
उसके ऊपर बजा दिया करता है सारंगी की तान॥

(हँसो हँसो जल्दी हँसो)

भूखा-नंगा इनसान दिखलाने के बाद सारंगी की तान। समाज की कटु सच्चाई को देखकर बेचैन चेतना पर करुणा का लेप। टेलीविजन की कला का कमाल। रघुवीर सहाय विभिन्न कलाओं के आपसी रिश्तों को, खास तौर से कविता से संगीत के रिश्तों की रचनात्मक सम्भावनाओं को बहुत अच्छी तरह पहचानते थे। वे कहते थे कि "शब्द भाषा के अतिरिक्त भाषा के जो रूप हैं, जो हमें दूसरी कलाओं के माध्यम से दीखते हैं, उनके प्रति हम जितनी अधिक समझ विकसित कर सकें, हमें करनी चाहिए।" ऐसा उन्होंने स्वयं किया था। संगीत की भाषा के अनेक रूपों और अभिप्रायों की विकसित समझ के प्रमाण उनकी कई कविताओं में मौजूद हैं, अगर वे संगीत की भाषा से अपरिचित होते तो टेलीविजन की इस कपटी कला का रहस्य खोल नहीं पाते।

इस कलाबाजी में अखबार कई बार टेलीविजन से भी आगे निकल जाता है। सच को विकृत करने और लोगों को भरमाने की अखबारी कला का एक रूप यह है :

देखो जिनको मारा है उनके चेहरों को
उन पर कोई रंग नहीं है
पर सौदागर जरा देर में उनमें कोई रंग डालकर
उनको कपड़े पहना देंगे चिकनाये आवरण पृष्ठ पर

(लोग भूल गये हैं)

आज की जिन्दगी में अखबार की जगह और भूमिका के बारे में कुछ कहना अनावश्यक है। किसी ने ठीक ही कहा है कि एक सचमुच आधुनिक मनुष्य की जिन्दगी में अखबार प्रातःकालीन प्रार्थना की तरह आता है। अखबार अपने साथ लाता है कुछ खबरें। खबरों में छिपी रहती है एक सनसनी। उससे नीरस जिन्दगी में थोड़ी-सी हलचल, कुछ सिहरन, कभी-कभी गुदगुदी और कभी-कभार हल्की-सी चुभन पैदा होती है। लेकिन खबरों के पीछे मौजूद मनुष्य और उसके अनुभवों की चिन्ता अखबार नहीं करता। साधारण आदमी खबर के लायक तभी होता है, जब वह दुर्घटना का शिकार

होता है। अखबार आदमी से अधिक दुर्घटना के सबूत में दिलचस्पी रखता है :

लाश वह चीज है जो संघर्ष के बाद बच रहती है
उसमें सहेजी हुई रहती है एक पिचकी थाली
एक चीकट कंघी और देह के अन्दर की टूट
सिर्फ एक चीख बाहर आती है जो दरअसल
एक अन्दरूनी मामला है और अभी शोध का विषय है
तब वह चीख नहीं—लाश भेज दी जाती है छपाई के लिए

(हँसो हँसो जल्दी हँसो)

अखबार की इस अमानवीय दिलचस्पी को वही कवि पहचान सकता है, जो अखबार की दुनिया को जानता है और उसमें खोई हुई चीख की खोज करना चाहता है। तभी वह ऐसी कविता लिख पाता है जो सूचनाओं और सबूतों में खोये आदमी की चीख की खोज-खबर देती है। यहाँ वह कविता निरर्थक होगी जो अपनी कला पर पाठक को मुग्ध कर ले या उसे करुणा से व्याकुल बना दे। इन दोनों स्थितियों में पाठक आदमी की चीख को भूल जाता है।

रघुवीर सहाय की कविता में मनुष्य और मानवीय अनुभव कई दूसरे कवियों की तरह कविता के लिए केवल बहाना नहीं होते। उनकी कविता मानवीय अनुभव और मानवीय रिश्तों को हर तरह के हमलों से बचाती है, हमला चाहे अखबार का हो या झूठी कविता का। जैसे अखबार में मानवीय सच्चाई खो जाती है, वैसे ही काल्पनिक दर्द की कविताओं में मानवीय संवेदना झुठलायी जाती है। रघुवीर सहाय ऐसी कवि-दृष्टि की भी आलोचना करते हैं। अपने आसपास की दुनिया से बेखबर कविता के बारे में वे पूछते हैं :

यह दृष्टि सुन्दरापे की कैसे बनी कि हर वह
चीज जो खबर देती थी हो गयी गैर?
क्यों कलाकार को नहीं दिखाई देती अब
गन्दगी, गरीबी और गुलामी से पैदा?

(कुछ पते कुछ चिट्ठियाँ)

रघुवीर सहाय की कविता खबर देती है। वह जिन्दगी की वास्तविकताओं और सच्चाइयों के अनुभवों की खबर देती है। जाहिर है, कविता की खबर अखबार जैसी नहीं होती। अखबार की खबर जहाँ से शुरू होती है, उसके पहले की और जहाँ खत्म होती है, उसके बाद की खबर देती है रघुवीर सहाय की कविता। आजकल अखबारों में खोज-खबर की बड़ी चर्चा है। उस खोज-खबर की सीमा और कविता की खबर की सम्भावना यहाँ आमने-सामने मौजूद है; और साथ में पत्रकार की दृष्टि से कवि-दृष्टि का द्वन्द्वात्मक रिश्ता भी :

मुझसे कहा कि मृत्यु की खबर लिखो
मुर्दे के घर नहीं जाओ, मरघट जाओ
लाश को भुगताने के नियम, खर्च और कुप्रबन्ध
खोज-खबर लिख लाओ
यह तुमने क्या लिखा, 'झुर्रियाँ,
उनके भीतर छिपे उनके प्रकट होने के आसार,
आँखों में उदासी-सी एक चीज दिखती है—'
यह तुमने मरने के पहले का वृत्तान्त क्यों लिखा?

(कुछ पते कुछ चिट्ठियाँ)

अखबार में किसी घटना या दुर्घटना के शिकार व्यक्ति के बारे में खबर पढ़कर हम जो कुछ भूल जाते हैं, उसकी याद दिलाती है यह कविता। दुर्घटना या पुलिस की गोली से मरे आदमी की चीख और उसकी आँखों में जमी उदासी रघुवीर सहाय की कविता में जैसी मिलती है, वैसी किसी अखबार में नहीं। जिन विशेषताओं के होने से आदमी इनसान होता है, उनकी खोज कविता करती है, अखबार नहीं। रघुवीर सहाय जिन स्थितियों और अनुभवों पर कविता लिखते हैं, उनकी सीमा और सम्भावना दोनों की तलाश करते हैं। यहीं वे उन कवियों से अलग होते हैं, जो हर स्थिति और अनुभव की या तो केवल सीमा बताते हैं या अपार सम्भावनाएँ देखते हैं। रघुवीर सहाय जिस द्वन्द्वात्मक प्रक्रिया से कविता पैदा करते हैं, वह ऐसा विवेक देती है जिससे मनुष्य को वस्तु बनाने वाली प्रक्रिया को पहचानकर पाठक उसके खिलाफ खड़ा होने की ताकत पाता है।

आज के अखबार केवल पूँजी के तन्त्र और इरादों से ही संचालित नहीं होते, वे सत्ता के संकेतों पर भी चलते हैं। सत्ता अखबारों का उपयोग कभी शास्त्र की तरह करती है और कभी शस्त्र की तरह। जनता को अखबार कभी सत्ता की ओर से आश्वस्त करते हैं और कभी आतंकित। रघुवीर सहाय अखबार की इन भूमिकाओं को पहचानते हैं :

मरते मनुष्यों के मध्य खड़ा मक्कार मन्त्री
कहता है सविश्वास
सरकार सिंचाई करे
सुनते हैं लड़के, अधेड़ पढ़ते हैं, याद करते हैं बूढ़े
यह विचार, अखबार सीने पर धर जाता है लोहे के
अक्षरों में एक धौंस, कोई छटपटाता नहीं।

(आत्महत्या के विरुद्ध)

सत्ता और अखबार का यह गठजोड़ जनता को निरीह और गुलाम बनाये रखने

की राजनीति का वह पक्ष है, जिसकी ओर दूसरे कवियों ने कम ही ध्यान दिया है। हिन्दी में राजनीतिक कविता की भरमार के बावजूद इस राजनीति का झूठा सच बहुत कम कविताओं में दिखाई देता है। इसकी पहचान कराने वाली सबसे अधिक और अच्छी कविताएँ रघुवीर सहाय के काव्य-संसार में हैं।

एक पतनशील सत्ता की सेवा करने वाली पत्रकारिता से साहस और स्वाधीनता की उम्मीद कैसे की जा सकती है, ऐसी स्थिति में अखबार अगर सत्ता के इशारों पर नाचे तो क्या आश्चर्य?–

बीस बड़े अखबारों के प्रतिनिधि पूछें पच्चीस बार
क्या हुआ समाजवाद
कहे महासंघपति पच्चीस बार हम करेंगे विचार
आँख मारकर पच्चीस बार हँसे वह, पच्चीस बार
हँसे बीस अखबार

(आत्महत्या के विरुद्ध)

इस सबके बावजूद अखबार और पत्रकार लोक-चेतना की रक्षा का दावा करते हैं। उनके दावों का खोखलापन खोलकर रख देती है रघुवीर सहाय की कविता। आजकल इस देश में अखबारों की दुनिया जैसी है, उसमें वही पत्रकार सफल और सुखी होगा जो सत्ता और सेठ को एक साथ साध सके। इसीलिए यहाँ 'घूर पर फुदकते हुए सम्पादक गद्-गद है', जबकि एक स्वाधीन पत्रकार, वह रघुवीर सहाय हों या कोई दूसरा, धक्का मारकर अखबार की दुनिया से बाहर निकाल दिया जाता है।

अब तक हमने पत्रकारिता से रघुवीर सहाय की कविता के सम्बन्ध का वह पक्ष देखा है, जिसमें कविता अखबार की दुनिया के भेद खोलती है, उसकी जनविरोधी और अमानवीय भूमिका के विरोध में खड़ी होती है। लेकिन पत्रकारिता से रघुवीर सहाय के कवि-कर्म के सम्बन्ध का एक और पक्ष है। वे पत्रकारिता के अपने अनुभवों की मदद से समकालीन हिन्दी कविता के परिचित रूप-रंग और प्रचलित प्रभाव-पद्धति को तोड़ते हुए ऐसी कविता लिखते हैं, जिसका स्वभाव और प्रभाव दूसरे समकालीन कवियों की कविता से अलग है।

पत्रकारिता केवल व्यवसाय और पेशा नहीं है। वह अपने समय की समस्याओं और समाज की वास्तविकताओं को देखने-समझने की एक दृष्टि के साथ-साथ उन सबको सबके सामने पेश करने की कला भी है। पत्रकारिता की यही दृष्टि और कभी-कभी कला भी, आज के कवि के लिए उपयोगी है। खास तौर से ऐसे कवि के लिए तो वह एकदम जरूरी है जो अपने समय की वास्तविक दुनिया के व्यक्तियों और वस्तुओं में गहरी दिलचस्पी रखता हो और उस दुनिया की गतिविधि को अपनी

कविता में ठीक-ठीक दर्ज करने के लिए बेचैन हो। ऐसा कवि यह भी चाहता है कि पाठक उसकी कविता में जब अपनी दुनिया को देखे, तब बिना किसी भ्रम या भटकाव के उसे पहचान सके, क्योंकि बहुत बनी-ठनी कविता अपने पाठकों को भटकाती है और भरमाती भी है। रघुवीर सहाय ऐसे ही कवि हैं, तभी तो वे चाहते हैं कि "कविता भी वैसी ही जानदार हो सके जैसी कि वे वास्तविकताएँ, जिनसे हम कविता की प्रेरणा लेते हैं।" यह अकारण नहीं है कि कई दूसरे कवियों की तरह रघुवीर सहाय अनुभूति की कोमलता और स्वच्छता की रक्षा के लिए जीवन के खुरदुरे तथ्यों की उपेक्षा नहीं करते। रघुवीर सहाय आज के कवि के लिए पत्रकारिता की विशिष्ट दृष्टि का महत्त्व जानते हैं। वे यह भी जानते हैं कि पत्रकारिता की कला एक कौशल के रूप में कविता के लिए उपयोगी और जरूरी है, लेकिन एक सीमा के बाद यह कविता के लिए खतरा भी है। जब कविता पत्रकारिता के आगे अपना सिर झुका देती है, तब वह अखबारी कविता बन जाती है। रघुवीर सहाय इस खतरे से सावधान रहते हैं, इसलिए उनकी कविता पत्रकारिता के सामने समर्पण नहीं करती। उनके काव्य-संसार में पत्रकार की दृष्टि कवि को कविता के कई पुराने पूर्वग्रहों से छुटकारा पाने में मदद करती है तो कवि-दृष्टि पत्रकारिता को अधिक संवेदनशील और मानवीय बनाने की कोशिश करती है। वे कविता की जमीन से सनसनीखेज और अमानवीय पत्रकारिता की आलोचना करते हैं तो पत्रकार की दृष्टि से अपने में सिमटी-सिकुड़ी लजीली कविता की खबर लेते हैं। वे कविता में समकालीन मनुष्य, उसके अनुभव और मानवीय रिश्तों की खोज जरूरी मानते हैं। इस काम में पत्रकारिता सहायक बनती है। उनकी कविता कवि-दृष्टि से पत्रकार की दृष्टि के द्वन्द्वात्मक रिश्ते से उपजी कविता है। जैसे कबीरदास की कविता एक बुनकर की कविता है, वैसे रघुवीर सहाय की कविता एक पत्रकार की कविता है।

पत्रकारिता रघुवीर सहाय की कविता का विषय ही नहीं है, वह उनकी कविता के रचाव में भी है। उनके काव्य-कौशल की कई विशेषताएँ पत्रकारिता से आयी हैं और उनकी काव्यानुभूति में ढलकर नया रूप पा गयी हैं। तात्कालिकता अखबार की खबर की विशेषता है, लेकिन रघुवीर सहाय की कविता में वह मानवीय अनुभव की विशेषता बन गयी है। वे जब कभी तात्कालिक अनुभवों पर कविता लिखते हैं, तब उनके स्थायी अभिप्रायों की खोज करते हैं, इसलिए कविता अखबारी तात्कालिकता से मुक्त होती है। लेकिन जब वे प्रेम और मृत्यु जैसे स्थायी विषयों पर कविता लिखते हैं, तब समकालीन समय और समाज में प्रेम और मृत्यु के अनुभवों की तात्कालिकता की अभिव्यक्ति करते हैं। रघुवीर सहाय अपनी कविता में नकली शाश्वतता की वेदी पर जीवन के अनुभवों की तात्कालिकता की बलि नहीं चढ़ाते। उनकी कविता में अनुभूतियों की तात्कालिकता होती है, अखबारी सूचनाओं की नहीं; इसलिए एक पाठ

के बाद उसकी ताजगी मरती नहीं, हर पाठ के दौरान वह नये रूप में जी उठती है।

रघुवीर सहाय की कविता एक और स्तर पर पत्रकारिता की चुनौती का मुकाबला करती है। प्रायः अखबार सूचनाएँ देते हैं, सवाल नहीं करते। सूचनाएँ पाठकों को सन्तुष्ट करती हैं, बेचैन नहीं करतीं। इस प्रक्रिया में पाठक की चेतना जड़ होती जाती है। रघुवीर सहाय कविता में सूचनाएँ भी देते हैं। नागार्जुन के बाद सम्भवतः उन्हीं की कविता में समकालीन भारतीय समाज की सबसे अधिक सूचनाएँ दर्ज हैं। लेकिन वे कविता में सूचनाएँ देकर सन्तुष्ट नहीं हो जाते। उनकी कविताएँ अपने समय और समाज की खबर देती हुई बार-बार सवाल पूछती हैं और पाठकों को नये सवाल करने के लिए उकसाती भी हैं। वे सवाल पाठक को सजग बनाते हैं, उसकी चेतना नयी सम्भावनाओं की तलाश में सक्रिय होती है। इस तरह कविता परिवर्तन की प्रक्रिया तेज करती है।

रघुवीर सहाय उन कवियों में हैं जो अपने समय और समाज का कवि होने में अपने कवि-कर्म की सार्थकता मानते हैं, इसलिए वे समकालीन जिन्दगी की भाषा में उसी जिन्दगी की वास्तविक स्थितियों और अनुभवों की कविता लिखते हैं। वे परम्परा की खुदाई से मिले शब्दों में दिमागी ऊहापोह की कविता नहीं लिखते। इस सजगता के मूल में उनकी पत्रकार-दृष्टि की सक्रियता भी एक कारण है। उनकी कविता में समकालीन समाज की खबरें हैं, लेकिन वे मानवीय अनुभवों की खबरें हैं। उन खबरों में टूटते-बिखरते मानवीय रिश्तों की पहचान है और नये मानवीय रिश्तों की खोज भी। वहाँ अनुभवों की तात्कालिकता है, लेकिन उसके साथ ही संघर्ष की चेतना की परम्परा का अभिज्ञान भी है। ऐसी ही कविताओं के बारे में एजरा पाउंड का यह कथन सार्थक लगता है कि कविता ऐसी खबर है जो हमेशा खबर बनी रहती है।

रघुवीर सहाय ने एक बड़ा काम यह किया है कि उन्होंने कविता के पुराने प्रभामंडल से कविता को मुक्त किया है, उससे कुछ अद्भुत-अपूर्व की उम्मीद करने के बदले उसे सहज-साधारण जिन्दगी की छोटी-से-छोटी घटनाओं और स्थितियों का आत्मीय साक्षी बनाया है। जिस समय हिन्दी में कविता से समाज के बुनियादी वर्गों के वर्तमान तथा भविष्य से जुड़े बुनियादी सवालों से जूझने की माँग हो रही थी और उसके परिणामस्वरूप महान विषयों पर तुच्छ कविताएँ लिखी जा रही थीं, उस समय रघुवीर सहाय ने अपनी कविता को अत्यन्त साधारण आदमी की जिन्दगी के रोज-ब-रोज के अनुभवों से जोड़ा। इसीलिए उनकी कविता विलक्षणता के विरुद्ध और सहज-साधारण के साथ खड़ी दिखाई देती है। उसमें चमत्कार की चिन्ता नहीं, बौद्धिकता का दम्भ नहीं,.विशिष्टता का पाखण्ड नहीं और नाटकीय अन्दाजेबयाँ नहीं है। दिल्ली में सामान्य जन की जिन्दगी के अनुभवों पर लिखी कविताओं, खासतौर से स्त्री और बच्चों पर लिखी कविताओं में रघुवीर सहाय की यह कवि-दृष्टि बार-बार

सामने आती है। 'चढ़ती स्त्री', 'सेव बेचना', 'दो छोटे बच्चे' जैसी कविताएँ पढ़ने वाला कोई भी सावधान पाठक स्वीकार करेगा कि जीवन के मामूली अनुभव पर भी अच्छी कविता लिखी जा सकती है, बशर्ते कि कवि के पास संवेदनशील दृष्टि और रचना की क्षमता हो।

हिन्दी में कई कवि व्यक्ति और समाज के जीवन की बड़ी-बड़ी बातों, नाटकीय घटनाओं, विलक्षण स्थितियों और बुनियादी समस्याओं पर ही कविता लिखते हैं और इस भ्रम में प्रसन्न रहते हैं कि विषय जितना महान होगा, कविता भी उतनी ही महत्त्वपूर्ण होगी। रघुवीर सहाय ऐसे कवि नहीं हैं। वे समाज और व्यक्ति के जीवन की छोटी-से-छोटी बातों, घटनाओं, स्थितियों और समस्याओं के बीच भूली-भटकी हुई जिन्दगी की सच्चाइयों की कविता लिखते हैं।

रघुवीर सहाय जानते हैं कि हमारी रोज-रोज की जिन्दगी में ब्योरों का बहुत महत्त्व होता है, बल्कि ब्योरों के बीच से ही जिन्दगी का रूप उभरता है। वे पत्रकारिता के अनुभव से यह भी जानते हैं कि ब्योरों से बचने वाली भाषा हवाई होती है। इसलिए उनकी कविता ब्योरों से बचने की कोशिश नहीं करती। उनकी कविता की भाषा ब्योरों के बीच से गुजरती हुई जिन्दगी के यथार्थ और अनुभवों को मूर्त रूप में सामने लाती है। वह ब्योरों में छिपी विडम्बनाओं, संरचनाओं में खोयी संवेदनाओं और तथ्यों के बीच मौजूद सच्चाइयों की खोज के लिए बेचैन भाषा है। लेकिन ब्योरों के बावजूद अपने विशेष रचाव के कारण वह अखबार की भाषा की तरह अर्थ की दृष्टि से इकहरी और सतह पर जीने वाली नहीं होती। रघुवीर सहाय की कविता में कई बार ब्यौरे, तथ्य और सूचनाएँ वही होती हैं जो प्रायः अखबारों में मिल जाती हैं, लेकिन उनको नये सन्दर्भ में रखकर उनके बीच नये सम्बन्ध और नये अर्थ पैदा करने वाली दृष्टि कवि की होती है। ऊपर से अखबार की भाषा जैसी सरल-सहज दिखने वाली रघुवीर सहाय की काव्यभाषा की सरलता में ऐसी दक्षता होती है जो एक ओर सतह पर सब कुछ पा जाने की आशा करने वाले पाठकों को धोखे में डाल देती है तो दूसरी ओर जटिलता में ही कविता खोजने वालों के लिए गूढ़ बन जाती है। रघुवीर सहाय काव्य-भाषा की काल्पनिक शुद्धता के पीछे नहीं भागते, बल्कि वे पत्रकारिता और राजनीति के प्रयत्नों से बिगाड़ी और भ्रष्ट की गयी भाषा का प्रायः ऐसा प्रयोग करते हैं कि आज की जिन्दगी के यथार्थ की सारी विरूपता लगभग पूर्णता के साथ उनकी कविता में उतर आती है।

पत्रकार की दृष्टि रघुवीर सहाय की कविता के रचाव में कई तरह से काम करती दिखाई देती है। कहीं वह विषय के चुनाव में सक्रिय होती है तो कहीं काव्य-वस्तु के बनाव में। उनकी अनेक कविताएँ घटनाओं, स्थितियों, व्यक्तियों और अनुभवों का वृत्तान्त मालूम पड़ती हैं। लेकिन वैसा वृत्तान्त नहीं जैसा रोज अखबारों में छपता है।

फणीश्वरनाथ 'रेणु' के सूखा और बाढ़ पर लिखे वृत्तान्तों की तरह सर्जनात्मक। अमानवीय स्थितियों के बीच मानवीयता की तलाश के वृत्तान्त। रघुवीर सहाय की 'अकाल' *(आत्महत्या के विरुद्ध)* और 'दुर्भिक्ष' *(लोग भूल गये हैं)* जैसी कविताओं के साथ अकाल पर लिखी हिन्दी की दूसरी कविताओं को रखकर आप पढ़ें तो वृत्तान्त वाली बात समझ में आ जाएगी। उनकी कई कविताएँ पहली नजर में रपट-सी लगती हैं; क्योंकि विषय के साथ-साथ उनकी बनावट और भाषा में आसपास की जिन्दगी की सहजता प्रकट होती है, किसी तरह की दार्शनिक मुद्रा या चमत्कार नहीं। वहाँ कविता में कुछ सिद्ध करने के आग्रह की जगह कुछ खोजने की कोशिश होती है। इस प्रक्रिया में कविता का रूप नया हो जाता है; उसमें बातचीत, कथा, सवाल, सूचनाएँ आदि के आने की छूट मिल जाती है। ऐसा खुलापन पत्रकारिता में होता है। 'एक अधेड़ भारतीय आत्मा', 'गुलाम स्वप्न', 'विचित्र सभी' और 'मरघट' जैसी कविताओं में यह खुलापन दिखाई देता है। यह खुलापन कविता के रूप में जनतन्त्र का एक लक्षण है।

रघुवीर सहाय की कविता के प्रति पाठकों के विशेष आकर्षण का एक कारण कविता की भाषा है। उसका रूप सहज लगता है और रचाव आत्मीय। प्रायः कहा जाता है कि उनकी कविता की भाषा बोलचाल की चलती हुई भाषा है या कि वह अखबार की भाषा जैसी लगती है। ऊपरी तौर पर ये बातें सही हैं, लेकिन इनसे उनकी काव्य-भाषा की बनावट की कोई बुनियादी विशेषता प्रकट नहीं होती। कई दूसरे कवि भी बोलचाल की भाषा में ऐसी कविता लिखते हैं। यह खूब सम्भव है कि बोलचाल की भाषा में ऐसी कविता लिखी जाए, जिसमें जिन्दगी की जटिल वास्तविकताओं का सरलीकरण हो, समाज की सच्चाइयों की समझ के बदले भ्रमों की भरमार हो या महज भावुकता का विस्तार हो। रघुवीर सहाय की कविता में वह सब नहीं है, क्योंकि वहाँ वास्तविकता से भाषा के आत्मीय रिश्ते की पहचान है। कविता जिस जिन्दगी की वास्तविकता के अनुभवों को अधिक से अधिक पूर्णता के साथ अपना बनाकर पाठकों तक पहुँचाना चाहती है, उसकी अपनी भाषा होती है। उसी भाषा में उस जिन्दगी की वास्तविकताओं का बोध होता है और उनका अनुभव घटित होता है। अगर किसान जीवन के अनुभवों को मध्यवर्गीय भाषा में या फिर आज की जिन्दगी के अनुभवों को छायावादी कविता की भाषा में व्यक्त करने की कोशिश होगी तो यथार्थ के अनुभव और भाषा के बीच फाँक रह जाएगी; जो कविता के लिए घातक होगी। जो कवि यथार्थ से भाषा के आत्मीय सम्बन्ध पर ध्यान नहीं देते, वे बोलचाल की भाषा में कविता लिखते हुए भी अवास्तविक अनुभव की कविता लिखते हैं।

रघुवीर सहाय वास्तविकता से भाषा के रिश्ते की गति, लय और अन्दाज को पहचानते हैं, इसलिए उनकी कविता में यथार्थ के अनुभव और उसको व्यक्त करने

वाली भाषा के बीच कोई दरार नहीं होती। तभी उनकी कविता का यथार्थ जानदार और अनुभव असरदार होता है। वे शहरी मध्यवर्ग की जिन्दगी के यथार्थ के अनेक रूपों के अनुभवों को उसी जिन्दगी की भाषा में मूर्त और संवेद्य बनाते हुए रचते हैं, इसलिए उनकी भाषा में राजनीति और पत्रकारिता की भाषा का रचनात्मक प्रयोग मिलता है। 'कुछ पते, कुछ चिट्ठियाँ' की कविताओं में संचार माध्यमों की भाषा जगह-जगह आयी है; क्योंकि इन दिनों हमारी जिन्दगी के अनुभवों में संचार माध्यमों का दखल बहुत बढ़ गया है। आजकल हिन्दी के कई कवि कविता में भाषा का जनवाद पैदा करने के लिए गाँव के बोलचाल के कुछ शब्दों को जान-बूझकर जबरदस्ती ले आते हैं। रघुवीर सहाय ऐसा नहीं करते। उनकी कविता में जहाँ गाँव और शहर मिलते हैं, दोनों के अनुभवों की मुठभेड़ होती है, वहीं गाँव के अनुभव के साथ उसकी भाषा भी आती है और शहरी जिन्दगी की भाषा से टकराती हुई कविता की भाषा में नयी टंकार पैदा करती है।

प्रसिद्ध उपन्यासकार ग्रेबियल गार्सिया मार्खेज ने एक साक्षात्कार में कहा था कि विचित्र और अविश्वसनीय लगने वाली बातों को सहज और विश्वसनीय बनाने की कला मैंने पत्रकारिता से सीखी है। उस कला का रहस्य यह है कि बात को बिना किसी दुविधा और लाग-लपेट के सीधे कहे। मार्खेज ने इस कला का अद्भुत उपयोग अपने उपन्यास 'पहले से मालूम मौत का वृत्तान्त' (क्रानिकल ऑफ ए डेथ फोरटोल्ड) में किया है। उपन्यास में एक ऐसी हत्या की कथा कही गयी है जिसका पहले से अनुमान था। अनुमान के बावजूद हत्या हुई, अकेले में नहीं, सड़क के बीचों-बीच, भीड़ के सामने। उस घटना के वर्षों बाद एक खोजी पत्रकार मारे गये व्यक्ति के परिवार के सदस्यों की स्मृतियों और घटना से जुड़ी परिस्थितियों की छानबीन करता है। उस छानबीन के ताने-बाने से ही उपन्यास की कथा बुनी गयी है। वाचक को खोजी पत्रकार बनाकर मार्खेज ने पत्रकारिता की मदद से विचित्र और असम्भव होने वाली कथा को सहज और विश्वसनीय बना दिया है।

मार्खेज के इस उपन्यास के वर्षों पहले रघुवीर सहाय ने 'रामदास' कविता में पत्रकारिता की इस कला का अत्यन्त कुशल प्रयोग किया था। उपन्यास के नायक की तरह रामदास को भी मालूम था कि उसकी हत्या होगी, बल्कि सभी जानते थे कि उस दिन उसकी हत्या होगी। उसकी हत्या हुई, बीच सड़क पर, भीड़ के सामने। रघुवीर सहाय की कविता और मार्खेज के उपन्यास में कई स्तरों पर इतनी समानता है कि दोनों को एक साथ पढ़ने वाला कोई भी पाठक जरूर चकित होगा। दोनों वृत्तान्तों में न कोई नाटकीयता है और न भावुकता। स्थितियों के वर्णन और घटनाओं के बयान में एक ऐसी तटस्थता है जो पाठकों के मन में सिहरन पैदा करती है। यही दोनों रचनाकारों का उद्देश्य भी है। दोनों रचनाओं का प्रभाव देर तक पाठक का पीछा

करता है। उपन्यास में पत्रकार उतना अनुपस्थित नहीं है, जितना रघुवीर सहाय की कविता में। विलक्षण को सहज सम्भव बनाने वाली पत्रकारिता की कला दोनों में है। कविता में पत्रकार की दृष्टि है, घटना का तटस्थ रहकर वर्णन करने की दृष्टि। कविता की अन्तिम पंक्तियों में वह विडम्बना है जो उसे एक व्यक्ति की हत्या से आगे बढ़कर एक समाज की मरती हुई चेतना की कविता बना देती है :

भीड़ ठेलकर चला गया वह
मरा पड़ा है रामदास यह
देखो देखो बार बार कह
लोग निडर उस जगह खड़े रह
लगे बुलाने उन्हें जिन्हें संशय था हत्या होगी

(हँसो हँसो जल्दी हँसो)

इन पंक्तियों में संकेत की जो शक्ति है, वह कविता की अपनी विशेषता है। इस तरह कविता अपने समय और समाज की खबर देती है। कविता की अन्तिम दो पंक्तियाँ पूरी कविता को नया अर्थ देती हैं। अकेला एक शब्द 'निडर' प्रत्येक पाठक को भयभीत करने के लिए काफी है। जिस समाज में ऐसे 'निडर' लोग होंगे, उसमें हर मामूली व्यक्ति कितना डरा हुआ होगा—यह अलग से कहने की जरूरत नहीं है। आजकल हिन्दुस्तान के हर शहर और गाँव में हर रोज कोई रामदास ऐसे ही निडर लोगों के सामने इसी तरह मारा जा रहा है। जब समाज में नैतिक साहस मरने लगता है, तब साधारण आदमी अधिक असहाय होने लगता है और हत्यारे अधिक आजाद। यह स्थिति भारत में है और दक्षिण अमेरिका के अनेक देशों में भी, जिसकी पहचान दोनों रचनाओं में है। रघुवीर सहाय की कविता और मार्खेज के उपन्यास के बीच चकित करने वाली समानता के पीछे यही पहचान है; जो दोनों की पत्रकार-दृष्टि की देन है।

धूमिल : भाषा की रात में मनुष्य

'भाषा की रात' मेरी कल्पना की उपज नहीं है। यह धूमिल की एक कविता है। सच बात तो यह है कि भाषा की रात धूमिल की भी रचना नहीं है, यह विचित्र रचना है उनकी जिन—

'चन्द चालाक लोगों ने—
(जिनकी नरभक्षी जीभ ने
पसीने का स्वाद चख लिया है)
बहस के लिए
भूख की जगह
भाषा को रख दिया है'

धूमिल तो इस भाषा की रात में छिपी सच्चाई और वास्तविकता को अँधेरे से निकालकर उजाले में ला देते हैं। क्या यही कविता है? जो भी हो। हम इस रात में जीते हैं, लेकिन इसे जानते नहीं। हममें से कुछ इसे जानते हैं, लेकिन ठीक से पहचानते नहीं। कुछ ऐसे भी हैं जो जानते भी हैं और पहचानते भी हैं, लेकिन कहना नहीं चाहते। कुछ ऐसे हैं, जो कह नहीं सकते। धूमिल इसे जानते हैं, पहचानते हैं और बेहिचक साफ-साफ कहते हैं:

यह भाषा की रात
नंगी
और
ठंडी
और
काली
'तीन मुँह वाली' यह भाषा की रात है

धूमिल की कविता के बारे में यह आम धारणा बन गयी है या बना दी गयी है कि उसकी सबसे बड़ी विशेषता मुहावरेबाजी है। वह चुस्त, दुरुस्त, चुभती हुई चमत्कारी नयी भाषा की कविता है। यह ठीक है कि धूमिल ने हिन्दी कविता की भाषा

को नयी कविता की स्मृतिजीवी, भावुक, दोमुँही साहित्यिकता और उन अकवितावादी अराजकता के दलदल से निकालकर जनजीवन की वास्तविकता की जमीन पर खड़ा किया और उसे अपने समय की सच्चाइयों का सामना करने के लायक बनाया। लेकिन धूमिल केवल भाषा के रूप की चिन्ता के कवि नहीं हैं। उनकी दृष्टि भाषा की रात के अँधेरे में दूसरों का शिकार करने वालों पर है और शिकार होने वालों पर भी। उनकी चिन्ता के केन्द्र में मनुष्य है–भाषा की रात के अँधेरे को अधिक से अधिक बढ़ाने वाला मनुष्य भी और भाषा की नंगी, ठंडी और काली रात में बेबस शिकार बना मनुष्य भी।

धूमिल ने भाषा की रात की भयानक वास्तविकता का साक्षात्कार भाषा में ही किया है। इससे जाहिर है कि भाषा की रात का अँधेरा ही एक मात्र वास्तविकता नहीं है। इस अँधेरे के खिलाफ लड़ने वाली भाषा का प्रकाश भी एक वास्तविकता है। क्या इससे यह साबित नहीं होता कि भाषा के कई रूप और रंग होते हैं? भाषा की रात रचने वाले एक तरह के प्रयोजन से भाषा का प्रयोग करते हैं और उस रात के खिलाफ खड़े होने वाले दूसरी तरह के प्रयोजन से। पहली स्थिति में भाषा मनुष्य के खिलाफ खड़ी की जाती है दूसरी स्थिति में वह मनुष्य की रक्षा में खड़ी होती है। एक स्थिति में अगर–

भाषा उस तिकड़मी दरिंदे का कौर है
जो सड़क पर और है
संसद में और है

तो दूसरी स्थिति में भाषा 'आदमी होने की तमीज' सीखने-सिखाने का माध्यम है। धूमिल भाषा के छद्‌म को पहचानते हैं, उस छद्‌म के मानव-विरोधी प्रयोजन को भी जानते हैं। लेकिन वे भाषा की मानवीय अर्थवत्ता से भी परिचित हैं, तभी वे भाषा के इन दोनों रूपों से मनुष्य के रिश्तों को व्यक्त करते हैं।

भाषा की रात के अँधेरे में वस्तुओं के रूप और शब्दों के अर्थ बदल जाते हैं। सच बात तो यह है कि वे खुद नहीं बदलते, बल्कि बदल दिये जाते हैं। आप आजकल अपने समाज में प्रचलित कुछ शब्दों पर ध्यान दीजिए और देखिए कि उनके अर्थ कैसे बदल गये हैं। आप 'लोकतन्त्र' को लीजिए। इस देश की जनता लम्बे काल से लोकतन्त्र के लिए संघर्ष कर रही है। संघर्ष पहले विदेशी शासकों से था। अब देशी शासकों से है। अब एक नयी स्थिति सामने आयी है। आसाम की जनता केन्द्रीय सरकार के लोकतन्त्र से त्रस्त है। क्या दिल्ली की सरकार और आसाम की जनता के लिए लोकतन्त्र का अर्थ एक ही है? भाषा की रात के अँधेरे में जनतन्त्र का अर्थ वनतन्त्र हो जाता है।

भारत के संविधान लोकतन्त्र और धर्मनिरपेक्षता के साथ-साथ अब 'समाजवाद'

भी आ गया है। इस तरह भारत अब एक समाजवादी देश है। क्या इस देश की जनता यह सुनकर चौंकी नहीं होगी कि वह एक समाजवादी देश की जनता हो गयी है? लेकिन जनता के चौंकने से क्या होता है। संसद में जनता के प्रतिनिधियों ने जनता की बिना जानकारी के इस देश को समाजवादी बना दिया, चाहे जनता जाने या न जाने, माने या न माने। वैसे दुनिया में आजकल अनेक तरह के समाज और समाजवादी देश हैं। सैनिक समाजवाद की तरह यह संवैधानिक समाजवाद भी एक नये तरह का समाजवाद है। आप देखिए कि समाजवाद का अर्थ क्या से क्या हो गया है। भारत के संविधान में जो 'समाजवाद' आया है उसका क्या अर्थ है? कोई अर्थ है भी या नहीं! क्या समाजवाद का जो अर्थ सरकार समझती है वही जनता भी समझती है? जब से यहाँ संविधान में समाजवाद आया है तब से जनता का शोषण और दमन और बढ़ गया है। ऐसा समाजवाद भाषा की रात में ही सम्भव है।

आजकल प्रायः अखबारों में पुलिस से 'मुठभेड़' में 'समाज-विरोधी' तत्त्वों के 'मारे जाने' की खबरें छपती हैं। सामान्य प्रयोग में 'मुठभेड़', 'समाज-विरोधी तत्त्व' और 'मारे जाने' का जो अर्थ होता है वही अर्थ सरकारी भाषा में नहीं होता। सरकारी भाषा में जो भी सरकार विरोधी है, शोषक वर्गों का विरोधी है वह समाज विरोधी है। मुठभेड़ के नाम पर कोई भी व्यक्ति अपने घर में, सड़क पर, जंगल में या जेल में कहीं भी पकड़कर मारा जा सकता है और मारे जाने का अर्थ है हत्या करना। शब्दों के अर्थ की यह दुर्गति देखकर सहज ही समझा जा सकता है कि यह भाषा का एक विशेष प्रयोजन से नया प्रयोग है। जब भाषा शोषण और दमन की राजनीति का साधन बनती है तो भाषिक संवेदनशीलता से मानवीय संवेदनशीलता गायब हो जाती है। भाषा की रात में वस्तुओं के गुणधर्म बदल जाते हैं, यहाँ तक कि तेजाब 'गंगाजल' हो जाता है। तभी तो भागलपुर में पुलिस कैदियों की आँखों में 'गंगाजल' डालती है और कैदी तड़प-तड़प कर आँखें और प्राण गँवाते हैं।

भाषा राजनीति से भी बनती-बिगड़ती है और राजनीति के काम भी आती है। ऐसी स्थिति में राजनीति के रूप और उद्देश्य के अनुरूप भाषा का स्वरूप बन जाता है। झूठ और क्रूरता की राजनीति के दबाव के कारण शब्द मानवीय अर्थ खो देते हैं और भाषा मानवीय संवाद के काबिल नहीं रह पाती। नाजी राजनीति के असर से उस समय जर्मन भाषा इतनी भ्रष्ट हुई कि वह मानवीय रचनाशीलता का माध्यम बनने के लायक न रही। नाजी काल की राजनीति और जर्मन भाषा के सम्बन्ध का अध्ययन करने वाले अनेक विद्वानों की यही राय है। उस समय अडोर्नो ने कहा था कि आस्चविज की घटना के बाद कविता असम्भव हो गयी है। कविता की सम्भावना का नाश नाजी व्यवस्था में दानवता के नंगे नाच के कारण ही नहीं हुआ, उस व्यवस्था के प्रभाव से जर्मन भाषा की मानवीय अर्थवत्ता के विनाश से भी हुआ। सम्भवतः यही

कारण है कि उस काल में जर्मन भाषा के महत्त्वपूर्ण रचनाकार वे ही थे जो या तो जर्मनी से बाहर थे या नाजी राजनीति के विरुद्ध। जब भाषा की रात का अँधेरा बढ़ने लगता है तब भाषा में निहित मानवीयता का नाश होने लगता है।

आजकल साहित्यिक बहसों में 'प्रतिबद्धता' की चर्चा घटी है। शायद अब बहस की जरूरत न रह गयी हो। लेकिन इधर कुछ दिनों से सरकारी भाषा में 'प्रतिबद्धता' की बहार आयी हुई है। कभी 'प्रतिबद्ध न्यायपालिका' की चर्चा गरम थी, फिर 'प्रतिबद्ध नौकरशाही' की बात चली। अब सरकारी जबान (आकाशवाणी) पर प्रतिबद्धता ऐसी चढ़ी हुई है कि रोज-रोज खबरों में किसी न किसी बात के बारे में सरकार की प्रतिबद्धता की कसमें और वादे सुनते-सुनते लोगों के कान पक गये हैं। पिछले दिनों सरकारी जबान से लगातार सुनाई पड़ रहा था कि सरकार आसाम में चुनाव कराने और लोकतन्त्र लाने के लिए प्रतिबद्ध है। आसाम में चुनाव हुआ। अब सरकारी प्रतिबद्धता का परिणाम सबके सामने है। शब्दों के अर्थ के ऐसे पतन से भाषा की रात का अँधेरा गहराता है।

आजकल सरकारी जबान आदेश के साथ-साथ उपदेश की भाषा भी बोल रही है। समाचार के ठीक पहले या बाद में सुनाई पड़ता है "जिसे जो काम मिला है उसे वह निष्ठापूर्वक करे, यही सच्ची देश-सेवा और राष्ट्र प्रेम है।" यह सर्वोदयी उपदेश ऊपर से जितना सहज, सात्विक और निरामिष लगता है, भीतर से वैसा है नहीं। वर्तमान समाज-व्यवस्था में शोषकों को शोषण करने और श्रमिकों को केवल श्रम करने को मिला है। पूँजीपति और सामन्त मजदूरों तथा किसानों का निष्ठापूर्वक शोषण करते हैं, फिर सच्चे देश सेवक और राष्ट्र प्रेमी बन जाते हैं। मजदूर और किसान देश सेवा और राष्ट्रप्रेम के नाम पर चलने वाले शोषण में हमेशा निष्ठा नहीं रख पाते, वे कभी-कभी हड़ताल और आन्दोलन भी करते हैं। तब पुलिस शोषण-व्यवस्था और सत्ता के प्रति पूरी निष्ठा दिखाती हुई मजदूरों-किसानों का क्रूरता से दमन करती है। किसानों और सामन्तों के देश-प्रेम में फर्क होता है। किसान इस फर्क को बताते हुए कभी-कभी सामन्तों से कह उठता है:

हम जिसे
अपने खून से सींचते हैं
और तुम
जिसे लूटते हो
वह
हम दोनों की माँ नहीं हो सकती।

शासकवर्ग भाषा का छद्म बढ़ाता है। वह अपने उद्देश्य को छिपाने के लिए भाषा के छल का सहारा लेता है। भाषा के ऐसे छल-छद्म को तोड़ना शासकवर्ग के प्रभुत्व के खिलाफ बड़ी लड़ाई का एक महत्त्वपूर्ण मोर्चा है।

आकाशवाणी से उपदेशों की जो वर्षा शुरू हुई है वह थमने का नाम नहीं लेती। वह लगातार जारी है, कभी रिमझिम और कभी मूसलाधार। जनता इस बारिश में भीग रही है। उपदेशामृत की एक बूँद यह है–"उत्पादकता समृद्धि की कुंजी है।" उत्पादकता समृद्धि की कुंजी तो है, लेकिन किसकी समृद्धि की? पिछले तीस वर्षों में राष्ट्रीय उत्पादन में जो वृद्धि हुई है उससे कौन समृद्ध हुआ है? क्या कभी आपने सोचा है कि इन तीस वर्षों में टाटा और बिड़ला जैसों की कुल पूँजी कितनी और किस ढंग से बढ़ी है? अगर आप यह जान लें तो यह भी जान लेंगे कि इस बीच की उत्पादकता से कौन समृद्ध हुआ है। फिर तो यह सूत्र समझ में आ जाएगा कि उत्पादकता किसकी समृद्धि की कुंजी है। उत्पादकता के आधार हैं मजदूर और किसान। पिछले तीस वर्षों में इनकी दशा दिनों-दिन खराब हुई है। किसानों-मजदूरों की गरीबी पर ही टिकी है टाटा और बिड़ला जैसों की समृद्धि। जो सरकार उपदेश देती है कि उत्पादकता समृद्धि की कुंजी है वही किसानों-मजदूरों को गरीबी में सन्तोष का नुस्खा भी बताती है। सरकार ने पहले गरीबी मिटाने का नारा दिया, लेकिन जब गरीबी नहीं मिटी तो वह गरीबों को मिटाने में लग गयी। सरकार और उसकी बोली बोलने वाले ज्ञानियों ने गरीबी की एक रेखा खींच रखी है। जिस तर्क और बुद्धि से यह रेखा खींची गयी है उसी के सहारे गरीबी मिटाने का नाटक भी चलता रहता है। इस नाटक में कभी कुछ गरीबों को रेखा के ऊपर खींच लिया जाता है और कभी पहली रेखा को मिटाकर उसके नीचे एक नयी रेखा खींच दी जाती है। ज्ञानी लोग इस बात पर बहस करते हुए पसीना-पसीना हो जाते हैं कि रेखा सही जगह खींची गयी है कि गलत जगह। इस तरह रेखागणित के सहारे गरीबी मिटाने का नाटक भाषा की रात में ही चल सकता है।

इस भाषा की रात में क्रान्ति, शान्ति और अहिंसा आदि के भी अर्थ बदल गये हैं। चमत्कारों के इस देश में एक के बाद एक क्रान्ति हो रही है। जनता चाहे और जिन चमत्कारों में विश्वास करती हो, वह क्रान्ति के चमत्कार में विश्वास नहीं कर पा रही है। चमत्कारों का चमत्कार यह है कि ये सभी क्रान्तियाँ सरकारी हैं। सरकार ने कुछ समय पहले बहुत धूमधाम से 'हरित क्रान्ति' सम्पन्न की थी और अब वह 'श्वेत क्रान्ति' लाने में लगी हुई है। अगर सरकार किसी क्रान्ति के नाम से भड़कती है तो वह है लाल क्रान्ति। लाल क्रान्ति के हिमायतियों की खैर नहीं। लाल क्रान्ति की केवल बात करने वालों को सरकार उतना खतरनाक नहीं समझती जितना उसे लाने के लिए काम करने वालों को। केवल बात करने वालों से बात बन सकती है इसलिए बनी हुई है लेकिन काम करने वालों से ठनी हुई है। आदमी खराब से खराब हालत में भी सन्तोष के नुस्खे तलाश लेता है। जो लोग सरकारी क्रान्तियों से असन्तुष्ट हैं, लेकिन समाज में लाल क्रान्ति लाने में असमर्थ हैं, वे अपने-अपने

घरों में क्रान्ति ला रहे हैं, यानि क्रान्ति नाम की अपनी बच्ची से आँगन में खेल रहे हैं।

भारत अनेक बातों में अनोखा देश है, लेकिन हर बात में नहीं। भाषा की रात का अँधेरा दुनिया के केवल उसी भाग में नहीं है, जिसे नायपाल 'अन्धकार-क्षेत्र' कहते हैं। ऐसा नहीं है कि भारत में अँधेरे का राज है और बाकी दुनिया की जनता चाँदनी में नहा रही है या दिन के उजाले में जगमगा रही है। भारत के अनोखेपन के गीत गाने वाले यह जानकर शायद दुःखी हों, लेकिन यहाँ फैली महँगाई, गरीबी और भ्रष्टाचार जैसी बीमारियों को अन्तरर्राष्ट्रीय बीमारियाँ कहकर अपनी जिम्मेवारियों से छुट्टी पा लेने वाले जरूर प्रसन्न होंगे। दूसरों को सत्य और अहिंसा का पाठ पढ़ाने वाले शायद अपने-अपने देशों में झूठ और हिंसा के सहारे शोषण और दमन का राज कायम किये हुए हैं। यह भाषा का छल नहीं तो और क्या है कि दूसरों पर हमला और कब्जा करने वाले शान्तिदूत कहलाते हैं और अपने देश में वर्ण तथा वर्ग भेद जबरदस्ती बनाये रखने वाले दूसरे देशों में मानवाधिकारों की स्थापना के अभियान के नेता बन जाते हैं। अपने देश की जनता के खिलाफ कहीं खुले और कहीं छिपे रूप में लगातार युद्ध जारी रखने वाले जब अन्तरर्राष्ट्रीय मंचों से शान्ति, अहिंसा और प्रेम पर प्रवचन करते हैं तो वे भाषा की रात के अँधेरे को बढ़ाते हैं।

भाषा की रात में अन्धकार का राज कायम करने वालों का उद्देश्य क्या है? आखिर वे कौन लोग हैं? बहुत पहले हाब्स ने लिखा था "अन्धकार का राज्य ऐसे धोखेबाजों के संगठन के सिवा और कुछ नहीं है जो आज की दुनिया में दूसरों पर शासन करने के लिए काले और भ्रामक विचारों के झोंकों से मनुष्य के भीतर के प्रकाश को बुझा देना चाहते हैं।" यह बात भाषा की रात में अँधेरे का राज कायम करने वालों के बारे में भी सौ पैसे सच है। जब तक मनुष्य के भीतर प्रकाश जीवित है तब तक उसे गुलाम बनाना मुश्किल है। भाषा की रात कायम करने वाले मनुष्य के भीतर के प्रकाश के दुश्मन हैं, वे मनुष्य के दुश्मन हैं; इसलिए भाषा की रात के खिलाफ लड़ना मनुष्य की रक्षा के लिए लड़ना है।

आजकल दुनिया में मानव-विनाश के एक से एक भयानक हथियार बनाने की होड़ लगी है। जिस देश के पास विनाश की जितनी अधिक शक्ति है वह उतना ही अधिक शक्तिशाली माना जा रहा है। विचित्र बात तो यह है कि जो मानव-विनाश की तैयारी कर रहा है वही मानवाधिकारों की रक्षा का अभियान भी चला रहा है। अगर मनुष्य ही न होगा तो उसके अधिकारों की रक्षा का क्या मतलब? क्या मानवाधिकार की रक्षा की चिन्ता प्रेतों के अधिकारों की चिन्ता है? अब तक मानव-विनाश के जो हथियार बने हैं उनमें सबसे भयानक है न्यूट्रॉन बम। इसका आविष्कार करने वाले अमरीकी वैज्ञानिक सेम्युल डी. कोहेन का कहना है कि "यह

आदमी का तो नाश करता है लेकिन आस-पास की सम्पदा को कोई हानि नहीं पहुँचाता।" जाहिर है कि युद्धोन्माद, सम्पत्ति के लालच और मनुष्य विरोधी सोच का फल है यह बम। कोहेन ऐसा बुद्धिजीवी प्राणी है, जो अपने परिवार के लोगों से अधिक अपने कुत्ते को पसन्द करता है। वह सम्पत्ति को बचाने के लिए मनुष्य की हत्या को ठीक समझता है। उसे गर्व है कि वह मानव-विनाश के सबसे भयानक अस्त्र का आविष्कारक है। उसे सन्तोष है कि उसने मनुष्य की मृत्यु पर विजय पाने की सम्भावना को पूरी तरह नष्ट कर दिया है। वह कहता है कि "यदि कोई वर्तमान प्रचलित अस्त्र और न्यूट्रॉन बम से होने वाली मौत की तुलना करे तो निश्चित तौर पर उसकी राय बनेगी कि न्यूट्रॉन बम ही अच्छा है।" विडम्बना देखिए कि कोहेन अपने को मानववादी कहता है। कोहेन ऐसा व्यक्ति है, जो आदमी से अधिक जानवर को प्यार करता है। वह आदमी को आदमी नहीं केवल शत्रु समझता है। वह मनुष्य को मारकर भी सम्पत्ति बचाना चाहता है, इसलिए मनुष्य की अटल और आसान मृत्यु के अस्त्र का आविष्कार करता है। अगर ऐसा धन-पशु मानववादी है तब तो संसार के सभी खूँखार पशु मानववादी होंगे। ऐसे मानववादियों के हाथों में मनुष्य—

सिर्फ उतनी ही देर तक सुरक्षित है
जितनी देर, कीमा होने से पहले
कसाई के ठीहे और तनी हुई गँड़ास के बीच
बोटी सुरक्षित है।
अन्धकार के राज्य में मनुष्य और उसकी भाषा
दोनों खतरे में हैं।

भाषा की रात का अँधेरा केवल सामाजिक-राजनीतिक क्षेत्र में ही नहीं है। यह दर्शन, साहित्य और कला आदि में भी फैला हुआ है। भाषा की रात के दार्शनिक हैं और कवि भी हैं। कवि हैं तो आलोचक भी हैं।

मनुष्य ने सामाजिक विकास के साथ-साथ भाषा का भी विकास किया है। इतिहास की लम्बी यात्रा में भाषा मानवीय सम्बन्ध और संवाद का माध्यम बनी है, वह मनुष्य की चेतना की गतिविधियों का भी माध्यम बनी है। मनुष्य की दुनिया में ही भाषा अर्थवान बनती है। कुछ ऐसे दार्शनिक हैं, जो भाषा और मनुष्य के सम्बन्ध को बदल देने पर उतारू हैं। यह सभी जानते हैं कि मनुष्य भाषा का प्रयोग करता है, लेकिन हेडगर कहते हैं कि मनुष्य भाषा द्वारा बोला जाता है। इस तरह भाषा पर मनुष्य का अधिकार नहीं रहता, भाषा का मनुष्य पर अधिकार हो जाता है। 'भाषा के कैदखाने' में मनुष्य बेबस कैदी बन जाता है। संरचनावादी स्त्रोस, हेडगर से भी एक कदम आगे बढ़कर कहते हैं कि संरचनावादी का उद्‌देश्य मनुष्य को बनाना नहीं बिगाड़ना है। संरचनावादी चिन्तन में भाषा मनुष्य को गुलाम बनाने

वाली शक्ति सिद्ध हो रही है। भाषा मनुष्य की स्वतन्त्रता का साधन है। ज्ञान और अभिव्यक्ति का माध्यम बनकर भाषा ने मनुष्य को प्रकृति से और समाज में स्वतन्त्रता पाने में मदद की है। आज वही भाषा मनुष्य की स्वतन्त्रता के विरुद्ध खड़ी की जा रही है।

भाषा की रात के कवि अँधेरे के गीत गा रहे हैं। वे मानवीय सरोकार की नहीं, भाषिक चमत्कार की कविता लिख रहे हैं। कविता की भाषा में कवि मनुष्य को खोजता है और पाता है, लेकिन भाषा की रात की कविता में कवि भाषा को खोजता है। ऐसी कविता भाषा की चिन्ता में डूबी हुई होती है; मनुष्य की हालत से बेखबर, उसके दुःख-दर्द से बेपरवाह। इस कविता के वकील कविता में भाषा के अद्वैतवाद की हिमायत करते हैं।

भाषा की रात किसी प्राकृतिक प्रकोप का परिणाम नहीं है। इसका अँधेरा मानव-विरोधी समाज व्यवस्था और उसके चौकीदारों की कोशिश से चारों ओर फैला है। इस अँधेरे को भगाने के लिए केवल भाषा की रात पर हल्ला बोलना काफी नहीं है। केवल भाषा के मैदान में लड़ने से ही काम नहीं बनेगा। इस अँधेरे को मिटाने के लिए एक ओर इसके मालिकों और चौकीदारों को ठीक करना होगा और दूसरी ओर इस रात के अँधेरे में सोकर समय काटने वालों को जगाना होगा।

मुझे जयशंकर प्रसाद के 'चन्द्रगुप्त' नाटक का एक प्रसंग याद आ रहा है। चाणक्य अत्याचारी नन्द के कारागार में कैद है। उससे मिलने राक्षस और वररुचि कारागार में पहुँचते हैं। दोनों चाणक्य से अपना-अपना काम साधना चाहते हैं। दोनों चाणक्य को तक्षशिला भेजना चाहते हैं, राक्षस नन्द साम्राज्य के पक्ष में जासूसी कराने के लिए और वररुचि पाणिनि के कुछ प्रयोगों का पता लगाने के लिए। जब चाणक्य नन्द साम्राज्य का जासूस बनकर तक्षशिला जाने से साफ इनकार कर देता है तब वररुचि कहता है—"विष्णुगुप्त! मेरा वार्तिक अधूरा रह आयेगा। मान जाओ। तुमको पाणिनि के प्रयोगों का पता लगाना होगा.....। फिर से एक बार तक्षशिला जाने पर ही उनका....."

वररुचि को बीच में रोककर चाणक्य कहता है—"मेरे पास पाणिनि में सिर खपाने का समय नहीं है। भाषा ठीक करने से पहले मैं मनुष्यों को ठीक करना चाहता हूँ, समझे।"

चाणक्य तानाशाह नन्द के अत्याचार से पीड़ित जनता की दशा जानता है, वह स्वयं भी उसका शिकार है। उसे अत्याचारी नन्द के शासन से जनता को उबारने की चिन्ता है, न कि वररुचि के वार्तिक पूरा करने में सहयोग करने की। जिस काल में जनता अत्याचार, दमन और यातना का शिकार हो रही हो; उस समय जनता की दशा से उदासीन होकर वार्तिक के अधूरा रह जाने या पूरा करने की चिन्ता को

चाणक्य गलत समझता है, इसलिए वह कहता है कि "भाषा ठीक करने से पहले मैं मनुष्यों को ठीक करना चाहता हूँ।" चाणक्य का यह कथन और प्रसाद जी का दृष्टिकोण आज भाषा की रात के गहराते अँधेरे समय में विशेष रूप से सार्थक हो उठा है। धूमिल का भी यही दृष्टिकोण है। सम्भव है, चाणक्य का यह कथन उनके सामने हो। यह भी सम्भव है कि धूमिल भाषा की रात के अनुभव से गुजरकर खुद इस निष्कर्ष पर पहुँचे हों। जो भी हो, प्रसाद जी की तरह धूमिल ने भी भाषा की रात के विरुद्ध लड़ने वालों को सलाह दी है:

संसद के अँधेरे से निकलकर
सड़क पर आ
भाषा को ठीक करने से पहले आदमी को ठीक
कर।

कुमार विकल : धूपधर्मी कविताओं का कवि

कुमार विकल की काव्य-यात्रा बहुत लम्बी नहीं है। वह लगभग बीस वर्षों की है। सत्तर के दशक के आस-पास से नब्बे के दशक के आरम्भिक कुछ वर्षों तक। उनकी कविताओं की संख्या भी बहुत अधिक नहीं है। उनके कुल तीन संग्रह हैं—'एक छोटी-सी लड़ाई' (1980), 'रंग खतरे में हैं' (1982) और 'निरुपमा दत्त मैं बहुत उदास हूँ' (1993)। ये तीनों संग्रह कुमार विकल के जीवन-काल में छपे थे। उनकी मृत्यु के बाद 'चीख' नामक उनका एक नाटक 'पल-प्रतिपल' (जून-सितम्बर) में छपा है।

कुमार विकल की काव्य-यात्रा छोटी जरूर है, लेकिन सरल और सुविधाजनक नहीं। वे एक ऐसे समय और समाज में कविता लिख रहे थे, जिसमें कविता या तो भाषिक छल के सहारे आत्मरति का साधन बनने को अभिशप्त रही है या फिर निरन्तर आत्म-बलिदान का माध्यम। कुमार विकल मानते थे कि 'कविता आदमी का निजी मामला नहीं है।' वे कविता की कला के प्रति अपनी जिम्मेदारी को अपने समय और समाज के शोषित और पीड़ित मनुष्य के प्रति नैतिक और मानवीय जिम्मेदारी से जोड़कर देखते थे, इसलिए वे अपनी काव्य-यात्रा में दोहरे संघर्ष का सामना कर रहे थे। वे एक ओर भारतीय समाज में जनतन्त्र के नाम पर उग रहे वनतन्त्र में बढ़ती दरिन्दगी के विरुद्ध संघर्ष कर रहे थे तो दूसरी ओर अपनी कविता को विश्वास-भरी भाषा में अपने समय का अप्रिय सच कहने के लायक बनाने के लिए रचनात्मक संघर्ष कर रहे थे। इस दोहरे संघर्ष से पैदा होने के कारण ही उनकी कविता प्रायः आत्मा की चीख लगती है। यह कोई आश्चर्य की बात नहीं है कि अपनी काव्य-यात्रा के कठिन संघर्ष की प्रक्रिया से गुजरते हुए कुमार विकल ने कविता की ज्योति को अपने जीवन की बाती सौंप दी।

कुमार विकल की कविताएँ शुरू से ही हिन्दी कविता के व्यापक पाठक समुदाय को आकर्षित करती रही हैं; सुधीजनों को ही नहीं, कविता-प्रेमी साधारण जनों को भी। उनकी काव्यानुभूति की विशिष्ट संस्कृति में ऐसा बहुत कुछ है जिससे उसकी विशेष पहचान बनती है। उसमें एक ओर भारतीय समाज में क्रमशः बढ़ती मनुष्य-विरोधी स्थितियों की दहशत भरी खबरें हैं, आम लोगों की जिन्दगी की यातनाओं की चिन्ता

है, खास लोगों के छल-छद्म की वास्तविकताएँ हैं, शोषित-पीड़ित मनुष्य के दुःख-दर्द से गहरी सहानुभूति है, वामपन्थी राजनीति और विचारधाराओं के संकटों की पहचान है और जन-जीवन की अदम्य जिजीविषा में अटूट आस्था है तो दूसरी ओर प्रकृति के रूप, रंग, रस, गन्ध आदि से सघन आसक्ति है और कोमल मानवीय भावों तथा सम्बन्धों की संवेदनशील पुनर्रचना भी।

कुमार विकल मूलतः धूपधर्मी कवि हैं। अपने जीवन के अन्तिम दिनों की एक कविता में उन्होंने ठीक ही लिखा है :

कुमार विकल
जिसकी जीवन-सन्ध्या में अब भी
धूप पूरे सम्मान से रहती है
क्योंकि वह अब भी धूप का पक्षधर है।

कुमार विकल की काव्य-यात्रा में धूप हमेशा कविता के साथ रही है। वह 'चम्बा की धूप' से 'धूपधर्म' तक फैली हुई है। इस बीच उसके रूप और रंग कई बार बदले हैं, लेकिन धर्म नहीं। उसका धर्म है हर तरह के अँधेरे के खिलाफ खड़ा होना और लड़ना। लेकिन अँधेरे के खिलाफ खड़े होने और लड़ने से पहले जरूरी है उसको पहचानना। वह पहचान कुमार विकल की कविताओं में है, इसलिए उनकी कविता, वास्तव में, अँधेरे से धूप के निरन्तर द्वन्द्व की कविता है। निराला और मुक्तिबोध के बाद अँधेरे के विभिन्न रूपों की जैसी पहचान और उनसे संघर्ष की जैसी चिन्ता कुमार विकल की कविता में है, वैसी हिन्दी के किसी दूसरे कवि की कविता में नहीं है।

कुमार विकल की अधिकांश कविताओं में किसी-न-किसी तरह के अँधेरे की ओर संकेत है और उससे संघर्ष की गहरी चिन्ता भी। उसमें अपने समय, समाज, व्यवस्था, राजनीति, विचारधारा, परिवार और व्यक्ति की चेतना में फैले अँधेरे के विभिन्न रूपों की खोज और पहचान है। उनकी कविता में कहीं अमानवीय व्यवस्था के आतंक के अँधेरे की शिनाख्त है तो कहीं खूँखार सत्ता द्वारा दमन और उत्पीड़न के अँधेरे की। अनेक कविताओं में पंजाब मे फैले आतंक और दहशत के घने अँधेरे के विभिन्न रूपों के बिम्बों और प्रतिबिम्बों की बहुलता है।

कुमार विकल के काव्य-संसार में अँधेरे के आतंक की अत्यन्त सघन और आवेगमयी अभिव्यक्ति उन कविताओं में है, जिन्हें स्वयं कवि ने 'अँधेरे की कविताएँ' कहा है। इन कविताओं में आपातकाल के अत्यन्त भयावह अँधेरे को मूर्त रूप में चित्रित किया गया है। 'खूनी नदी की यात्रा', 'विपाशा', 'ट्रैफिक के नये कानून', 'जंगल कैद', 'इश्तहार' आदि कविताओं को पढ़ते समय ब्रेश्ट की अँधेरे समय की कविताएँ याद आती हैं। आपातकाल का समय सचमुच आतंककारी अन्धकार का समय था। वह उस समय के कवियों, लेखकों, कलाकारों और बुद्धिजीवियों की

सामाजिक चेतना, मानवीय संवेदना और रचनात्मक साहस की परीक्षा का समय था। ऐसे समय के कवियों के सामने खड़ी चुनौती और उनसे भावी पीढ़ी की उम्मीद तथा निराशा के बारे में ब्रेश्ट ने लिखा है :

वे नहीं कहेंगे
कि वह समय अन्धकार का था,
वे पूछेंगे
कि उस समय के कवि चुप क्यों थे?

कुमार विकल की कविताएँ गवाह हैं कि वह अपने समय के किसी भी अँधेरे के बारे में चुप रहने वाले कवि नहीं हैं।

कुमार विकल की कविता अपने समाज की व्यवस्था और राजसत्ता के बढ़ते अँधेरे की खोज के साथ-साथ कवि की आस्था और विश्वास के केन्द्र—वामपन्थी राजनीति और विचारधारा—में पलते और बढ़ते संशय और दुविधा के अँधेरे की भी पहचान करती है; क्योंकि उसमें दूसरों की आलोचना का स्वर जितना प्रखर है, उतना ही अपनी और अपनों की आलोचना का भी। वैसे तो वामपन्थी राजनीति और विचारधारा की विसंगतियों और कमजोरियों की आलोचना अनेक कविताओं में है, लेकिन उसका अत्यन्त प्रखर स्वर 'मुक्ति के दस्तावेज' कविता में सुनाई देता है :

मुक्ति के लिए छटपटाता मेरा मन—
वामपन्थी राजनीति के तीन शिविरों में भटकता है
और हर शिविर से—
मुक्ति का एक दस्तावेज लेकर लौटता है

और अब—
शिविर-दर-शिविर भटकने के बाद
कुछ ऐसा हो गया है
कि मुझसे मेरा बहुत कुछ खो गया है
मसलन कई प्रिय शब्दों के अर्थ
चीजों के नाम
सम्बन्धों का बोध
और कुछ-कुछ अपनी पहचोन।

कुमार विकल ऐसी हर चीज की आलोचना करते हैं जो आदमी को कमजोर बनाती है, उसके मन में डर पैदा करती है; वह चाहे 'पार्टी में प्रतिबद्धता की वर्जनाएँ' हों या कुछ और। निर्मम और निर्भय आत्मालोचन का ऐसा स्वर हिन्दी के मुक्तिबोध और पंजाबी के कवि पाश की कविताओं में है।

कुमार विकल ऐसे कवि नहीं हैं जो सारी दुनिया के अँधेरे की चिन्ता करते हैं, लेकिन घर-परिवार के भीतर अनेक रूपों में मौजूद अँधेरे को भूल जाते हैं। घर आत्मीयता की जगह के बदले प्रायः यातना और घुटन का कँटीला बाड़ा बन जाता है। उसमें अगर पुरुष की तानाशाही का राज हुआ तो वहाँ स्त्री की गुलामी का अँधेरा अत्यन्त घना और त्रासद होता है। तब स्त्री की "जिन्दगी / अँधेरे से अँधेरे तक / रोशनी की एक छोटी-सी यात्रा /" बन जाती है। ऐसे अँधेरे की पहचान 'एक गली का अँधेरा' में है। लेकिन भारतीय समाज, परिवार और परम्परा में स्त्री की गुलामी, शोषण और दमन के विभिन्न रूपों की गहरी चिन्ता और इन सबसे स्त्री की मुक्ति की जोरदार आवाज 'चीख' नामक नाटक में व्यक्त हुई है।

कुमार विकल की कविता को अँधेरा किसी भी रूप में बर्दाश्त नहीं, यहाँ तक कि कविता की बनावट और भाषिक रचाव में आये बिम्बों का अँधेरा भी नहीं। यद्यपि ये कविताएँ जिस समय और समाज में पैदा हुई हैं, उसकी छाप और छाया के रूप में काली हवाओं, अन्धी गुफाओं और वेगवती काली नदियों के बिम्ब बार-बार कविता में आते हैं, लेकिन कवि ऐसे बिम्बों से मुक्ति चाहता है :

मुझे लड़ना है—
अपनी ही कविताओं के बिम्बों के खिलाफ
जिनके अँधेरे में मुझसे
जिन्दगी का उजाला छूट जाता है।

इस संकल्प से ऐसी कविता की कामना और समझ सामने आती है जो बिम्बों की बन्द दुनिया से निकलकर लोकगीतों की खुली दुनिया में लौटना चाहती है, वह मुट्ठी भर रसिकों के हाथों से मुक्त होकर जनजीवन में रमना चाहती है :

मैं चाहता हूँ कि मेरी कविताएँ
माँ के गीतों की पंक्तियों में खो जाएँ
बन्द कमरों से खुले चौपालों में लौट आएँ।

कुमार विकल राजनीतिक कवि हैं; क्योंकि उनकी कविता पढ़ते हुए पाठकों को स्वाधीनता के बाद की भारतीय राजनीति की कुछ अत्यन्त भयावह वास्तविकताओं और त्रासद स्थितियों की संवदेनशील पहचान मिलती है। उनकी कविताओं में आपातकाल के गहरे आतंक के दिल दहलाने वाले चित्र हैं, नक्सलबाड़ी आन्दोलन के खूँखार दमन की विभीषिका की अभिव्यक्ति है और पंजाब में आतंक के राज से उपजी दहशत की खबरें। लेकिन इन सबका सामना करती हुई कविता कभी भी उम्मीद और संघर्ष की भावना से मुँह नहीं मोड़ती।

कुमार विकल राजनीतिक घटनाओं पर नहीं, उनके सामाजिक अभिप्राय, जनजीवन पर पड़ने वाले प्रभाव और मनुष्य के लिए उनके अर्थ की कविता लिखते

हैं। वे प्रायः राजनीतिक व्यवस्था के अस्वीकारों और सत्ता के शिकारों के साथ गहरी सहानुभूति रखकर राजनीति के व्यवहारों की छानबीन करते हैं, फलतः कविता में राजनीति की विडम्बनाओं और उन विडम्बनाओं के कारण टूटते-बिखरते मनुष्य तथा मानवीय आकांक्षाओं की नियति और दुर्गति की अभिव्यक्ति होती है। वे किसी राजनीतिक घटना का ब्योरेवार वर्णन नहीं करते, बल्कि उस घटना की तह में छिपे ऐसे सच की तलाश करते हैं जो सतह पर दिखाई नहीं देता। ऐसी राजनीतिक कविता अपने पाठकों से वैचारिक सहमति से अधिक संवेदनशील समझदारी की माँग करती है और पाठकों को समकालीन राजनीति के बारे में प्रचलित और प्रचारित अनेक प्रकार के भ्रमों से सावधान भी करती है।

आजादी के बाद भारतीय मध्यवर्ग का बहुत बड़ा हिस्सा अवसरवाद का शिकार हुआ है। ऐसे लोगों में सबसे बड़ी संख्या उनकी है जो बुद्धिजीवी कहे जाते हैं। वे समाज, संस्कृति और साहित्य में सब जगह सक्रिय दिखाई देते हैं, वे सुविधा के लिए दुविधा की भाषा बोलते हैं और सिद्धान्त की सीढ़ियाँ चढ़कर सफलता के सिंहासन पर पहुँचते हैं। उनके लिए राजनीति, विचारधारा, प्रतिबद्धता और आस्था आदि दुनियादारी के साधन हैं। वे दुनियादारी को ही समझदारी समझते हैं। आधुनिक हिन्दी कविता में इस अवसरवाद की सबसे तीखी आलोचना मुक्तिबोध ने की है और कुमार विकल ने।

अवसरवाद छद्म और पाखंड के सहारे पलता है। कुमार विकल को हर तरह के छद्म और पाखंड से चिढ़ है; वह चाहे समाज में हो, साहित्य में हो या रचना की भाषा में। कुमार विकल ने अवसरवाद के बुनियादी कारण की ओर संकेत करते हुए ठीक ही लिखा है :

आदमी ने जाने हैं अब तक जितने जहर
उनमें से सबसे अधिक घातक है
सुरक्षा की एक छोटी-सी चाहत का जहर।

जो सुविधा की चिन्ता और सुरक्षा की चाहत के शिकार होते हैं, उन्हें कुमार विकल 'तरक्की राम' कहते हैं। वह तरक्की राम क्या-क्या कर सकता है और कितनी भाषाएँ बोल सकता है—इसका पूरा ब्योरा 'शताब्दी का सबसे बड़ा जादूगर' कविता में है।

एक कवि होने के नाते कुमार विकल सबसे अधिक चिन्तित हैं कविता को अवसरवाद से बचाने के लिए। वे एक साधारण आदमी के अवसरवाद को तो दुनियादारी मानकर सह सकते हैं, लेकिन एक कवि के अवसरवाद को नहीं; क्योंकि जब कवि शब्दों का अवसरवादी उपयोग करता है तो वह शब्दों की सार्थकता और

कविता की विश्वसनीयता के लिए खतरा साबित होता है। इसीलिए कुमार विकल कविता की दुनिया में फैलते अवसरवाद से लड़ने की बात करते हैं :

मुझे शब्दों की हिफाजत
अपने तरीके से करनी है
और पहली लड़ाई
उस आदमी के खिलाफ लड़नी है
जो शब्दों की अर्थवत्ता को तोड़ता है
और दूसरी उसके विरुद्ध
जो शब्दों की अर्थवत्ता को छोड़ता है।

कुमार विकल की काव्यानुभूति की संस्कृति की एक विशेष्रता स्मृति की रचनात्मक सम्भावना की खोज है। उसका एक रूप वहाँ दिखाई देता है, जहाँ उनकी कविता आधुनिक हिन्दी कविता की प्रगतिशील परम्परा से कई रूपों में जुड़ती है। उसमें उस परम्परा की स्मृतियाँ और अनुगूँजें मौजूद हैं। वे स्मृतियाँ और अनुगूँजें उन कवियों की कविता की हैं जो कुमार विकल के समानधर्मा हैं। यह जुड़ाव कहीं प्रत्यक्ष है तो कहीं परोक्ष। नागार्जुन, केदारनाथ अग्रवाल और सर्वेश्वर की कविताओं की स्मृतियाँ प्रत्यक्ष हैं, लेकिन मुक्तिबोध की कविता की प्रतिध्वनियाँ परोक्ष रूप में हैं। मुक्तिबोध कुमार विकल को अपने समय और समाज के जीवन में गहराते अँधेरे के विभिन्न रूपों को देखने, समझने और पहचानने की दृष्टि देते हैं।

कविता में परम्परा की स्मृति तभी सार्थक होती है, जब वह नयी रचनात्मक सम्भावना के विकास में मदद करती है। 'एक सामरिक चुप्पी' में नागार्जुन की कविता की स्मृति कुमार विकल की राजनीतिक सजगता को अधिक व्यापक और धारदार बनाती है तो केदारनाथ अग्रवाल की कविता उन्हें 'रंग खतरे में हैं' जैसी कविता लिखने की प्रेरणा देती है। सर्वेश्वर की कविता से कुमार विकल के विचारों को नयी ताकत मिलती है।

कुमार विकल की कविता में हिन्दी के जिन कवियों की रचनाओं की स्मृतियाँ और अनुगूँजें हैं, उनकी कविता की जड़ें अपने-अपने जनपदों की लोक-संस्कृतियों और लोक भाषाओं में गहरे स्तर पर दूर-दूर तक फैली हुई हैं। नागार्जुन, केदारनाथ अग्रवाल और मुक्तिबोध की कविता के रचाव में मिथिला, बुन्देलखंड और मालवा की लोक संस्कृतियों और लोक भाषाओं की शक्ति तथा सौन्दर्य का सर्जनात्मक उपयोग अनेक रूपों में हुआ है। ऐसे में यह स्वाभाविक ही है कि कुमार विकल की कविता अपनी जड़ें पंजाब के लोकजीवन, उसकी संस्कृति और भाषा में फैलाए।

कुमार विकल ने ठीक ही लिखा है कि "पंजाबी भाषी होते हुए भी मैं हिन्दी कविता की मुख्यधारा से जुड़ा हुआ हूँ।" जैसे मुक्तबोध मराठी भाषी होते हुए भी

हिन्दी कविता की मुख्यधारा के प्रमुख कवि हैं, वैसे ही कुमार विकल पंजाबी भाषी होते हुए भी हिन्दी के विशिष्ट कवि हैं। कुमार विकल की काव्यानुभूति की संस्कृति में पंजाबीपन अनेक रूपों में है। उसमें पंजाब की प्रकृति से जुड़ी संवेदनाएँ हैं, वहाँ के जन-जीवन की वास्तविकताएँ हैं, उसकी लोकसंस्कृति की प्रतिध्वनियाँ हैं और पंजाबी भाषा की गहन शैली की विशेषताएँ हैं। कुमार विकल का पंजाबीपन किसी भी तरह उनकी कविता के हिन्दीपन को सीमित नहीं करता; बल्कि उसे एक ठोस आधार देता है, जहाँ स्थानीयता की जमीन पर हिन्दी कविता खड़ी दिखाई देती है। उनकी कविता में पंजाबीपन और हिन्दीपन की सर्जनात्मक एकता वैसी ही आकर्षक है, जैसी कृष्णा सोबती की कहानियों और उपन्यासों में। कुमार विकल ने मुक्तिबोध की तरह अपनी मातृभाषा की मदद से हिन्दी काव्य-भाषा की सर्जनात्मक क्षमता और व्यंजना शक्ति को बढ़ाया और व्यापक बनाया है।

कुमार विकल ने कुछ ऐसी कविताएँ लिखी हैं जो हिन्दी कविता की परम्परा में बेजोड़ हैं। उदाहरण के लिए मृत्यु पर उनकी 'महाश्वेता', 'तय तो बहुत कुछ था', 'मृत्यु-गन्ध', 'मृत्यु-द्वार' और 'महाअन्धकार' जैसी कविताएँ। कहा जाता है कि मृत्यु भाषा के परे होती है, और जो भाषा के परे हो, उसे भाषा में बाँधना और व्यक्त करना कैसे सम्भव होगा। लेकिन जब मृत्यु कवि की आँखों में आँखें डालकर उसे लगातार घूर रही हो तो वह उसे कैसे भूल सकता है। कुमार विकल के समाज और निजी जीवन में मृत्यु निरन्तर मौजूद थी; कहीं साक्षात् यथार्थ के रूप में तो कहीं दुःस्वप्न की तरह, कहीं किसी की स्मृति बनकर तो कहीं सम्भावना के रूप में। कुमार विकल की काव्य-यात्रा मृत्यु के भयावह नातावरण में पूरी होने वाली बीहड़ यात्रा है। वह नक्सलबाड़ी आन्दोलन के साथ शुरू होकर उसके खूँखार दमन और आपातकाल के आतंक को पार करती हुई पंजाब में आतंकवाद के दौर में मृत्यु के तांडव के आमने-सामने चलती रही है। ऐसी स्थिति में मृत्यु से कुमार विकल की कविता की मुठभेड़ आकस्मिक नहीं, स्वाभाविक ही है।

मृत्यु का अँधेरा और उसकी छाया 'एक छोटी-सी लड़ाई' में भी है, लेकिन वह छाया 'रंग खतरे में हैं' तथा 'निरुपमा दत्त मैं बहुत उदास हूँ' में क्रमशः गहरी होती दिखाई देती है। मृत्यु से सम्बन्धित सबसे अधिक कविताएँ 'निरुपमा दत्त मैं बहुत उदास हूँ' में हैं; क्योंकि उन कविताओं के रचनाकाल में ही मृत्यु से कवि और कविता की मुठभेड़ सबसे अधिक भीषण थी। उस समय कवि अपने परिवेश और जीवन में भी मृत्यु की तेज आहटें लगातार सुन रहा था। उसी समय कवि ने 'मृत्युगन्ध', 'मृत्यु-द्वार' और 'महाअन्धकार' जैसी कविताएँ लिखी हैं। ये कविताएँ मृत्यु से एक प्रेमिका की तरह साक्षात्कार और साक्षात्कार की सम्भावनाओं की कविताएँ हैं। इनमें दूसरे कवियों की तरह मृत्यु के बारे में कोई दार्शनिक मुद्रा नहीं है। पहले की एक कविता

'महाश्वेता' में मृत्यु को चुनौती देने और उसे अपनी जिजीविषा से पराजित करने का विश्वास है, लेकिन बाद की कविताओं में मौत से मुलाकात के सम्मोहक अनुभव और प्रभाव की मूर्त ऐन्द्रिक बिम्बों में अभिव्यक्ति है। कवि कहीं भी मृत्यु से आतंकित और विचलित नहीं है, वह उसकी 'भयानक रमणीयता' पर चकित जरूर है :

मृत्यु-गन्ध कैसी होती है
यदि जानना चाहते हो
तो
मेरे पास जाओ
बैठो
थोड़ी देर में जान जाओगे
मृत्यु-गन्ध कैसी होती है
वह एक ऐसी खुशबू है
जो लम्बे बालों वाली
एक औरत के ताजा धुले बालों से आती है
तब आप औरत का नाम याद करने लगते हैं
लेकिन उसका कोई नाम नहीं!

कुमार विकल कविता पर मुग्ध ऐसे कवि नहीं हैं जो कविता की वेदी पर समाज और सामाजिकता की बलि चढ़ा देते हैं। वे कविता की ताकत जानते हैं, इसलिए नये अनुभव, नये अर्थ और नये भाषिक रचाव के लिए संघर्ष करने वाली कविताएँ लिखते हैं, लेकिन वे अपने समय और समाज में कविता के प्रभाव की सीमाएँ भी पहचानते हैं, इसलिए 'अपनी कविता से बाहर', 'कविता से कोई बड़ा हथियार' गढ़ने की बात करते हैं। बाद के दिनों में कुमार विकल महसूस करने लगे थे कि कविता के जीवन से अधिक व्यापक, जटिल और कठिन है जीवन की कविता। तभी उन्होंने लिखा था :

जीवन भर की व्यथा-कथा को
कविता में कहना चाहा था
एक सुलगते वन का मैंने
महाकाव्य लिखना चाहा था
लेकिन प्रभुजी, महाकाव्य से
जीवन जंगल बहुत बड़ा था
और हमारा जीवन-जल भी
धीरे-धीरे सूख चला था।

कविता को अपना पूरा जीवन सौंप देने वाले एक कवि की यह पारदर्शी ईमानदारी क्या वर्तमान समय में कविता की विडम्बनापूर्ण स्थिति का द्योतक नहीं

है? कविता के बारे में कवि की यह भावना 'रंग खतरे में हैं' के 'एक नास्तिक के प्रार्थना गीत' खंड की सभी कविताओं में कई रूपों में मौजूद है। ये कविताएँ अपनी बनावट और आकांक्षा में ऐसी हैं जिन्हें कवि के शब्दों में 'शरारती कविता' कहा जा सकता है। इनमें भाव कबीर जैसा है और बयान का अन्दाज गालिब का-सा। ये नितान्त निजी रूप में लिखी अत्यन्त सार्वजनिक कविताएँ हैं। हिन्दी में ऐसी कविताएँ लिखने का साहस केवल कुमार विकल ने किया है।

कुमार विकल की कविता एक बेचैन मन की कविता है, इसलिए वह प्रत्येक संवेदनशील पाठक को भी बेचैन करने वाली कविता है। कविता की बेचैनी समकालीन स्थितियों और समस्याओं के प्रति गहरी संवेदनशीलता से पैदा हुई है। उन्होंने 'डरा हुआ आदमी' कविता में लिखा है :

इस घातक व्यवस्था में हर पतली त्वचा वाला आदमी आरक्षित है
देखना तो यह है कि कौन बैसाखियों के सहारे जीता है
और कौन बिना बैसाखियों के
अपने नंगे शरीर से, किसी सुखद या दुःखद अन्त तक जूझा है।

कुछ रचनाकार समकालीन समस्याओं और तात्कालिक अनुभवों से अपनी रचनाशीलता को बचाते हैं; क्योंकि उनके अनुसार जब वे स्थितियाँ बदल जाएँगी और समस्याएँ सुलझ जाएँगी, तब उनसे जुड़ी रचनाएँ भी निरर्थक हो जाएँगी। इसीलिए वे अपनी रचनाओं की शाश्वतता के लिए कभी व्यक्ति-मन की अनजानी गहराइयों में उतरते हैं तो कभी शाश्वत समझे जाने वाले विषयों की ओर लपकते हैं। इस प्रवृत्ति के ठीक विपरीत कुमार विकल अपने समय और समाज के मनुष्य की जिन्दगी की पीड़ा, उसकी यातना, उसकी आस्था के विघटन और उसकी जिजीविषा से एकता अनुभव करते हुए जो बेचैनी महसूस करते हैं, उसे कविता में व्यक्त करते हैं। कुमार विकल की बेचैनी जितनी राजनीतिक है, उतनी ही नैतिक भी। वे एक ओर भारत में फैलते वनतन्त्र में साधारण आदमी को लगातार असुरक्षित देखकर बेचैन होते हैं तो दूसरी ओर सुरक्षा की चाहत के शिकार मनुष्य की मरती हुई मनुष्यता भी उन्हें बेचैन करती है।

कुमार विकल की कविताओं का पाठक यह अनुभव करता है कि हम एक ऐसी मनुष्य-विरोधी व्यवस्था में जी रहे हैं जो लगातार असामाजिक मनुष्य पैदा कर रही है और वे असामाजिक मनुष्य व्यवस्था और पूरे समाज को अधिकाधिक मनुष्य विरोधी बनाने में लगे हुए हैं। इस दुष्चक्र में व्यक्ति की सामाजिकता और उसकी मानवीयता हमेशा खतरे में है। इस स्थिति का बोध कराती हुई कुमार विकल की कविता पाठक को एक ओर बेचैन करती है तो दूसरी ओर उसे सामाजिक रूप से संवेदनशील बनाती है। आज के समय में किसी कवि और कविता की सामाजिक सार्थकता इससे अधिक और क्या होगी!

मजदूरों के कवि शैलेन्द्र

शैलेन्द्र जितने बड़े हिन्दी के गीतकार हैं उतने ही बड़े कवि भी हैं। गीतकार शैलेन्द्र की खूब चर्चा हुई है, लेकिन कवि के रूप में उन पर बहुत कम बात हुई है। असल में, जब से हिन्दी में कविता की आलोचना में जटिलता को कविता की श्रेष्ठता की एक कसौटी मान लिया गया तब से उन समकालीन कविताओं की उपेक्षा होने लगी जो लोकप्रिय थीं।

शैलेन्द्र ने तीन रूपों में कविता लिखी है—गीत, छन्दयुक्त और मुक्तछन्द। छन्दयुक्त और मुक्तछन्द की कविताओं का उनका एक मात्र संग्रह है 'न्यौता और चुनौती' (1955)। इसमें 1945 से 1953 तक की कविताएँ हैं। संगीत उनकी कविता में उसी तरह रचा-बसा है जैसे भक्तिकाल के कवियों की कविता या लोक कविता में वह होता है। संगीतात्मकता केवल उनके गीतों में ही नहीं है, वह छन्दयुक्त कविताओं में है और मुक्तछन्द की कविताओं में भी। वह संगीतात्मकता शब्दों, ध्वनियों और स्वरों में ही नहीं, अर्थ की संरचनाओं में भी है।

हिन्दी कविता की दुनिया में शैलेन्द्र ने एक रूमानी कवि के रूप में प्रवेश किया था। दूसरे युवा कवियों की तरह उन्होंने भी आरम्भ में प्रेम की कविताएँ लिखीं, जिन्हें वे प्रीत-गीत कहते हैं। ऐसी चार-पाँच प्रेम की कविताएँ 'न्यौता और चुनौती' में मौजूद हैं। बाद के दिनों में अपने समय, समाज और आस-पास की जिन्दगी की वास्तविकताओं से मुठभेड़ के बाद शैलेन्द्र के लिए रूमानी कविता लिखना सम्भव न था, इसलिए उन्होंने घोषणा की—रूमानी कविता लिखता था, सो अब लिखी न जाए।

शैलेन्द्र की कविता से मेरा परिचय तब हुआ जब मैं काशी हिन्दू विश्वविद्यालय में छात्र था। उन दिनों मैं छात्र आन्दोलनों में भाग लेता था, छात्रों के जुलूस और धरनों में शामिल भी होता था। हर जुलूस में छात्र एक गीत बार-बार गाते थे—हर जोर जुल्म की टक्कर में, संघर्ष हमारा नारा है। मैं नहीं जानता था कि गीत किसका लिखा हुआ है। मैंने जुलूस में शामिल कई छात्रों से पूछा भी। किसी को मालूम नहीं था, पर सब उसे आन्दोलन का गीत मानकर अत्यन्त उत्साह से गाते थे। बाद में मुझे मालूम हुआ कि वह गीत शैलेन्द्र का है और उस गीत का मूलरूप यह है—'हर जोर जुल्म

की टक्कर में हड़ताल हमारा नारा है।' जाहिर है यह गीत मजदूरों के आन्दोलन के लिए लिखा गया था, जो बाद में हर आन्दोलन का गीत बन गया। मजदूरों के अलावा दूसरे आन्दोलनकारियों ने उस गीत में हड़ताल की जगह संघर्ष रखकर उसके प्रभाव और प्रयोजन को और अधिक व्यापक बना दिया।

'न्यौता और चुनौती', की अधिकांश कविताएँ मजदूरों के जीवन की स्थितियों और मजदूर-आन्दोलनों से पैदा हुई कविताएँ हैं, इसीलिए वे दूसरे जन आन्दोलनों को ताकत देने वाली कविताएँ भी हैं। उनमें कहीं मजदूर आन्दोलनों की अनुगूँज है तो कहीं मजदूरों की यातना की अभिव्यक्ति, कहीं मजदूरों का जोश है तो कहीं उनकी चिन्ताएँ, कहीं संघर्ष का आह्वान है तो कहीं मजदूरों में आत्मविश्वास पैदा करने का प्रयत्न। 'न्यौता और चुनौती' के आरम्भ में शैलेन्द्र का एक अत्यन्त जानदार और लोकप्रिय गीत यह है:

तू जिन्दा है तो जिन्दगी की जीत में यकीन कर,
अगर कहीं है स्वर्ग तो उतार ला जमीन पर!
ये गम के और चार दिन, सितम के और चार दिन,
ये दिन भी जाएँगे गुजर, गुजर गये हजार दिन,
सुबह औ शाम के रंगे हुए गगन को चूमकर,
तू सुन जमीन गा रही है कब से झूम-झूमकर,
तू आ मेरा सिंगार कर, तू आ मुझे हसीन कर!

इस गीत का अन्तिम हिस्सा उम्मीद और आत्मविश्वास पैदा करने वाला हैं:

टिके न टिक सकेंगे भूख रोग के स्वराज ये,
जमीं के पेट में पली अगन, पले हैं जलजले,
बुरी है आग पेट की, बुरे हैं दिल के दाग ये,
न दब सकेंगे, एक दिन बनेंगे इंकलाब ये,
गिरेंगे जुल्म के महल, बनेंगे फिर नवीन घर!

उम्मीद और विश्वास के बल पर ही जन आन्दोलन खड़े होते हैं और आगे बढ़ते हैं।

हिन्दी में किसान जीवन के कवि अनेक हैं, लेकिन मजदूरों के जीवन के यथार्थ, जागरण, संघर्ष और मजदूरों की आकांक्षाओं की सम्भावनाओं के कवि केवल शैलेन्द्र हैं। उन्होंने मजदूरों की दृष्टि से पूँजीवादी व्यवस्था के शोषण और दमन की प्रक्रिया और मजदूरों की जिन्दगी में उसके प्रभाव को 'इतिहास' नाम की कविता में व्यक्त किया है। इस कविता में एक ओर मजदूरों की जिन्दगी का असली रूप यह है:

खेतों में, खलिहानों में, मिल और कारखानों में
चल-सागर की लहरों में, इस उपजाऊ धरती के

उत्तप्त गर्भ के अन्दर, कीड़ों से रेंगा करते—
वे खून पसीना करते!
वे अन्न अनाज उगाते, वे ऊँचे महल उठाते
कोयला लोहे सोने से धरती पर स्वर्ग बसाते
वे पेट सभी का भरते पर खुद भूखों मरते हैं!

इसके ठीक विपरीत पूँजीपतियों के स्वभाव और क्रियाकलाप का वास्तविक रूप यह है:

निज बहुत बड़ी पूँजी से, छोटी पूँजियाँ हड़प कर
धीरे-धीरे समाज के अगुवा ये ही बन जाते,
नेता ये ही बन जाते, शासक ये ही बन जाते!
शासन की भूख न मिटती,
शोषण की भूख न मिटती,
ये भिन्न-भिन्न देशों में छल के व्यापार सजाते,
पूँजी के जाल बिछाते, वे और और बढ़ जाते!

कविता में पूँजीवाद के निरन्तर विस्तार की प्रक्रिया, उसमें निहित साम्राज्यवाद की आकांक्षा, युद्ध और आर्थिक मन्दी की वास्तविकता और इन सबके परिणामों की प्रभावशाली तथा ब्यौरेवार व्यंजना है। कविता के अन्त में पूँजीवाद के अन्त की आकांक्षा और उसके परिणामों की अभिव्यक्ति हुई है:

निर्धन के लाल लहू से, लिखा कठोर घटना क्रम
यों ही आये-जायेगा जब तक पीड़ित धरती से
पूँजीवादी शासन का नत निर्बल के शोषण का
यह दाग न धुल जायेगा, तब तक ऐसा घटनाक्रम
यों ही आये-जायेगा, यों ही आये-जायेगा!

यह कविता 1947 की है, दूसरे विश्व युद्ध के बाद की लिखी होगी, लेकिन यह पूँजीवाद के वर्तमान दौर की वास्तविकताओं और सम्भावनाओं की कविता है।

'न्यौता और चुनौती' में ऐसी कविताएँ अनेक हैं जिनमें स्वाधीनता आन्दोलन के दौरान स्वराज्य सम्बन्धी कांग्रेस पार्टी के वादों और इरादों की ओर संकेत है और साथ ही आजादी के बाद देश का शासन सम्भालने के बाद कांग्रेसी राज में जनता के जीवन की त्रासद वास्तविकताओं का चित्रण भी है। 'पन्द्रह अगस्त के बाद' कविता में शैलेन्द्र कांग्रेसी राज के आरम्भिक दौर के असली रूप को इस तरह देखते हैं:

राम राज्य का ढोल बजाया,
नेता ने कंट्रोल उठाया,
काले-बाजारी बनियों को—

दिल में, दिल्ली में बैठाया;
खुल्लम खुल्ला लूट मच गयी
महँगाई ने रंग दिखाया!

आजादी की चाल दुरंगी,
घर-घर अन्न-वस्त्र की तंगी,
तरस दूध को बच्चे सोये–
निर्धन की औरत अधनंगी,
बढ़ती गयी गरीबी दिन दिन,
बेकारी ने मुँह फैलाया।

शैलेन्द्र की ऐसी कविताओं को पढ़ते हुए अगर पाठकों को नागार्जुन और रामधारी सिंह दिनकर की उस दौर की कविताएँ याद आयें तो मानना चाहिए कि शैलेन्द्र सचमुच नागार्जुन और दिनकर के समानधर्मा कवि हैं।

शैलेन्द्र ने मजदूरों के जीवन संघर्ष की ऐसी कविता भी लिखी है जिसमें मजदूरों की जिन्दगी की कठिन-कठोर स्थितियों और मजबूरी से पैदा हुई चिन्ताओं, परेशानियों और बेचैनियों की अभिव्यक्ति है। ऐसी ही एक कविता है–'नयी-नयी शादी है।' मुम्बई में काम करने वाले एक मजदूर की गाँव में शादी हुई है। पत्नी के साथ दो दिन रहने के बाद वह मुम्बई लौटा। सोचा कि कहीं एक कोठरी किराए पर लेकर दोनों साथ रहेंगे, लेकिन पगड़ी, नजराना और किराया के रुपयों के अभाव में मन मारकर वह जैसे-तैसे पहले की तरह अकेले रहने का निर्णय करता है और फिर अपने सन्तोष के लिए इस तरह सोचता है:

मुझ जैसे तो लाखों हैं मुम्बा नगरी में
निपठ निराश्रय, काट रहे हैं
जीवन धूल-भरी डगरी में!
घर छोड़ा है, दर छोड़ा है,
यहाँ मिलों में सस्ते दामों में अपना सर्वस बेचा है!
दूर छुटे बीवी औ बच्चों के जीवन से
बैरंग चिट्ठी, मनीआर्डर, दो पैसे के कागज से ही
अपने जीवन को जोड़ा है!

शैलेन्द्र प्रखर राजनीतिक चेतना के कवि हैं। शैलेन्द्र की राजनीतिक चेतना की प्रखरता और दूरदर्शिता को देखना हो तो पढ़िए उनकी कविता 'भगत सिंह से'। कविता का आरम्भ इस तरह होता है:

भगत सिंह! इस बार न लेना काया भारतवासी की,
देशभक्ति के लिए आज भी सजा मिलेगी फाँसी की!

इस कविता के अन्त के ठीक पहले शैलेन्द्र ने लिखा है:

बैठ गये हैं काले, पर गोरे जुल्मों की गादी है,
वही रीति है, वही नीति है, गोरे सत्यानाशी की!

कविता के इस अंश को पढ़ते हुए प्रेमचन्द का एक कथन याद आता है। प्रेमचन्द ने 1930 में 'आहुति' नाम की एक कहानी लिखी थी। उस कहानी की नायिका कहती है कि "कम से कम मेरे लिए तो स्वराज्य का यह अर्थ नहीं है कि जॉन की जगह गोविन्द बैठ जाए, मैं ऐसी व्यवस्था देखना चाहती हूँ जहाँ कम से कम विषमता को आश्रय मिल सके।" इसी के साथ आप 2 फरवरी 1931 को लिखा भगत सिंह का एक वाक्य पढ़िए जो इस प्रकार है, "एक किसान को इससे क्या फर्क पड़ेगा कि लार्ड इर्विन की जगह सर तेजबहादुर सप्रू आ जाएँ।" शैलेन्द्र की इस कविता में उनकी राजनीतिक चेतना प्रेमचन्द और भगतसिंह से जुड़ी हुई है। यह कविता 1948 में लिखी गयी थी। आज इसे पढ़िए तो वह पहले से अधिक सार्थक और प्रासंगिक लगेगी। जो साबित करता है कि वही रचना कालजयी होती है जो सचमुच कालजीवी होती है। इस कविता की बढ़ती हुई प्रासंगिकता के कारणों की खोज करने के लिए आपको भारत की वर्तमान राजसत्ता के स्वरूप उसके दमनकारी रूप और अमेरिका की सत्ता से उसके, गठजोड़ को पहचानना होगा।

ऐसी राजनीतिक चेतना का कवि अगर सामाजिक–राजनीतिक क्रान्ति की जरूरत पर जोर दे और उसका आह्वान करे तो क्या आश्चर्य! उन्होंने क्रान्तिकारी आन्दोलन के लिए एक प्रयाण गीत भी लिखा है:

क्रान्ति के लिए उठे कदम,
क्रान्ति के लिए जली मशाल!
भूख के विरुद्ध भात के लिए,
रात के विरुद्ध प्रात के लिए,
मेहनती गरीब जात के लिए,
हम लड़ेंगे, हमने ली कसम!

शैलेन्द्र गहरे व्यंग्य के प्रभावशाली कवि भी हैं। हिन्दी कविता की परम्परा में उन्हीं कवियों की कविताओं में व्यंग्य मिलता है जिनमें व्यापक लोक चेतना है, क्योंकि व्यंग्य का मूल स्रोत लोकजीवन ही है। भक्तिकाल के कवियों में लोकचेतना की गहराई के कारण व्यंग्य की क्षमता का विकास कबीर, सूर और तुलसी की कविता में है तो आधुनिक काल में निराला, नागार्जुन और रघुवीर सहाय की कविता में। शैलेन्द्र इसी परम्परा के कवि हैं। 'न्यौता और चुनौती' की दो कविताओं 'दिवाली के बाद' और 'नेताओं का न्यौता' में व्यंग्य की धार जितनी तेज है उतनी ही मारक

भी है। पहली कविता में व्यंग्य वेदना से पैदा हुआ है और दूसरी कविता में आक्रोश से। दोनों कविताओं में व्यंग्य सामाजिक, राजनीतिक आलोचना का हथियार है।

शैलेन्द्र मध्य वर्ग के बुद्धिजीवी की भाषा में मजदूर वर्ग की जिन्दगी की कविता नहीं लिखते। वे स्वयं मजदूर थे, इसलिए मजदूरों के जीवन-व्यवहार में प्रयुक्त होने वाली शब्दावली, भाषा और बोलचाल की शैली में उनके जीवन के अनुभवों और आकांक्षाओं की कविता लिखते हैं। यही कारण है कि शैलेन्द्र मजदूरों के अपने कवि हैं।

अदम गोंडवी की कविता

अदम गोंडवी की कविता आज की हिन्दी कविता की दुनिया में एक अचरज की तरह है। आज की हिन्दी कविता के रूप, रंग, दिशा, दृष्टि, बनावट, सजावट और पहुँच की इच्छा से एकदम अलग और बेपरवाह। वह उनकी कविता है जिनके लिए अब कोई कविता नहीं लिखता। वह गाँव के गरीबों, दलितों, असहायों, मजदूरों, किसानों और सतायी जाती औरतों की कविता है। ऐसी ही कविता को कार्ल मार्क्स ने मनुष्यता की मातृभाषा कहा था।

अदम गोंडवी की कविता की भाषा, उसकी बनावट और उसमें मौजूद अहसास से जो अपनापन महसूस करेंगे उनके लिए वह जागरण की कविता है, लेकिन अभिजनों और अभिजात कविता के प्रेमियों के लिए अजनबी है, चिढ़ाने और परेशान करने वाली। अदम का कहना है कि वे–

मानवता का दर्द लिखेंगे।
माटी की बू बास लिखेंगे ॥

ऐसी कविता को वे कैसे और क्यों पसन्द करेंगे जो माटी की बू-बास से अपरिचित हैं या उसके करीब जाने में अपनी तौहीन समझते हैं। जो कविता को अलौकिक वस्तु मानते हैं वे अदम गोंडवी की कविता की घनघोर लौकिकता से आत्मीयता कैसे अनुभव कर सकते हैं।

अदम गोंडवी को पढ़ते हुए मुझे उर्दू का केवल एक शायर याद आता है। वह है नज़ीर अकबराबादी। नज़ीर की शायरी की भाषा के रूप, उनकी संवेदना और सोच के स्वरूप, उनकी काव्य-दृष्टि, और आमजन की जिन्दगी की मुसीबतों की उनकी गहरी चिन्ता अदम गोंडवी की भी शायरी में मौजूद है, उसी शिद्दत और शिनाख्त के साथ। मेरी जानकारी में उर्दू और हिन्दी में अकेले कवि नज़ीर अकबराबादी ही हैं जिन्होंने मुफ़्लिसी, भूख, रोटी और चपाती पर कविताएँ लिखीं। उनके मुफ़्लिसी कविता की शुरुआत इस तरह होती है:

जब आदमी के हाल पे आती है मुफ़्लिसी।
किस तरह से उसको सताती है मुफ़्लिसी ॥

प्यासा तमाम रोज बिठाती है मुफ़्लिसी।
भूका तमाम रात सुलाती है मुफ़्लिसी ॥
यह दुःख वह जाने जिस पे कि आती है मुफ्लिसी॥

और अब उनकी रोटियाँ कविता का एक हिस्सा देखिएः

रोटी न पेट में हो तो फिर कुछ जतन न हो।
मेले की सैर ख़्वाहिशे बागो चमन न हो ॥
भूके ग़रीब दिल की ख़ुदा से लगन न हो।
सच है कहा किसी ने कि भूके भजन न हो ॥
अल्लाह की भी याद दिलाती हैं रोटियाँ॥

नज़ीर ने एक कविता पेट पर लिखी है तो दूसरी पेट की फिलासफी पर। ऐसी कविताएँ वही लिख सकता है जिसने गरीबी, भूख और मजबूरी का मंज़र देखा हो और उसका दर्द महसूस किया हो।

आइए, अब यह देखें कि अदम गोंडवी नजीर की परम्परा के शायर क्यों और कैसे हैं। अदम गोंडवी ने एक ग़ज़ल में लिखा हैः

भूख के अहसास को शेरो सुखन तक ले चलो।
या अदब को मुफ़लिसों की अन्जुमन तक ले चलो॥

मेरे सामने अदम गोंडवी की ग़ज़लों और नज़्मों की किताब 'समय से मुठभेड़' है। इसमें करीब बीस शेरों में भूख और भुखमरी मौजूद है। इसके साथ ही अनेक ग़ज़लों में मुफ़्लिसी और बेबसी के हवाल हैं। अदम यह जानते हैं कि भूख जब बेकाबू होती है तब बगावत पैदा होती है, इसीलिए वे लिखते हैं:

कहीं पर भुखमरी की धूप तीखी हो गयी शायद।
जो है संगीन के साये की चर्चा इश्तहारों में॥

अगर आप अदम की जबानी यह जानना चाहते हैं कि जनता को कब और क्यों बगावत करना चाहिए तो पढ़िए उनकी नज्म 'हथियार उठा ले'। अभी उसके एक हिस्से को देखिएः

गर खुद को कोई मुल्क की तकदीर समझ ले।
हर शै को अपने ख्वाब की ताबीर समझ ले॥
अपना बयान वेद की तहरीर समझ ले।
जनगण को खानदान की जागीर समझ ले॥
जनता को हक है हाथ में हथियार उठा ले।

अदम भारतीय समाज में फैली विषमता को मिटाकर समता के प्रसार का सपना देखते हैं, इसीलिए कहते हैं:

एक सपना है जिसे
साकार करना है तुम्हें,
झोंपड़ी से राजपथ का
रास्ता हमबार हो ॥

अदम की शायरी में गहरी आलोचनात्मक चेतना है। वे जानते हैं कि 'तर्क कर तन्कीद के जज्बे को मर जाती है कौम', इसीलिए वे आम लोगों में आलोचना का जज्बा पैदा करना चाहते हैं। उनकी आलोचनात्मक चेतना अमूर्त और हवाई नहीं है, अनुभव जन्य और इतिहास सम्मत है। भारतीय संस्कृति और धर्म के भ्रमों की असलियत सामने लाते हुए वे उत्पीड़ित जनता की आवाज बनकर कहते हैं:

वेद में जिनका हवाला हाशिए पर भी नहीं।
वे अभागे आस्था विश्वास लेकर क्या करें ॥
लोकरंजन हो जहाँ शम्बूक वध की आड़ में।
उस व्यवस्था का घृणित इतिहास लेकर क्या करें ॥

इसी आलोचनात्मक चेतना का एक और रूप साम्प्रदायिकता की राजनीति की चालाकियों को समझने-समझाने में प्रकट होता है। अदम कहते हैं:

ये अमीरों से हमारी
फैसलाकुन जंग थी,
फिर कहाँ से बीच में
मस्जिद व मन्दिर आ गये॥

अदम की यह आलोचनात्मक चेतना वर्तमान भारत की अर्थनीति और राजनीति के चरित्र और उसके परिणामों को पहचानती है। उनकी एक ग़ज़ल के दो शेर पढ़िए:

जो डलहौजी न कर पाया वो ये हुक्काम कर देंगे।
कमीशन दो तो हिन्दुस्तान को नीलाम कर देंगे॥

× × × ×

सदन को घूस देकर बच गयी कुर्सी तो देखोगे।
अगली योजना में घूसखोरी आम कर देंगे॥

जिस राजनीति ने देश की आजादी को बेमानी बना दिया है उसके बारे में अदम सवाल करते हैं और दूसरों से भी सवाल करने को कहते हैं:

सौ में सत्तर आदमी फिलहाल जब नाशाद है।
दिल पे रखके हाथ कहिए देश क्या आजाद है॥

अदम गोंडवी की कविता से यह साबित होता है कि उन्होंने खुद को डी-क्लास ही नहीं, डी-कास्ट भी किया है, इसीलिए उन्होंने एक ओर भारत के शोषित-पीड़ित जन से तादात्म्य स्थापित किया है तो दूसरी ओर दलित समुदाय का पक्षधर बनकर

उनकी भावना और सोच की कविता लिखी है। मुक्तिबोध ने जिस ज्ञानात्मक संवेदना और संवेदनात्मक ज्ञान की एकता की बात की है वह अदम गोंडवी की कविता में है। भारत के शोषित-पीड़ित जन की जिन्दगी से अदम की एकता के कुछ सबूतों की चर्चा हो चुकी है, इसलिए अब दलितजन के बारे में अदम की कविताओं की बात करना जरूरी है। इस देश के गरीब दलित अब भी भारतीय लोकतन्त्र के सच्चे और पूरे नागरिक नहीं हैं, न संस्कृति में और न समाज में। आज भी वे रोज-रोज जघन्य ज्यादतियों और अपराधों के शिकार हो रहे हैं। इस स्थिति को ध्यान में रखकर अदम गोंडवी उनकी ओर से सवाल करते हैं:

अन्त्यज कोरी पासी हैं हम।
क्यूँ कर भारतवासी हैं हम ॥
अपने को क्यूँ वेद में खोजें ।
क्या दर्पण विश्वासी हैं हम ॥
छाया भी छूना गर्हित है।
ऐसे सत्यानासी हैं हम ॥
धर्म के ठेकेदार बताएँ।
किस ग्रह के अधिवासी हैं हम॥

दलितों की बेबसी, यातना, उत्पीड़न और दमन का साक्षात्कार कराने वाली अदम गोंडवी की एक नज़्म है 'चमारों की गली'। दलितों के दमन की जो पूरी प्रक्रिया है उसमें जातिगत वर्चस्व के साथ सत्ता का सहयोग किस तरह आतंककारी होता है, यह देखना हो तो इस कविता को पढ़िए। इस कविता को पढ़ते हुए आप महसूस करेंगे कि कवि के मन में दलितों की यातना के प्रति जो विक्षोभ है और उच्च जातियों के अहंकार के विरुद्ध जो घृणा है उनकी एकता से कविता में अपार प्रभावोत्पादकता पैदा हुई है। कथा, चित्रमयता और रवानी के योग से कविता जानदार बनी है और असरदार भी।

अदम गोंडवी हिन्दी के कवियों में केवल धूमिल को याद करते हैं। उन्होंने लिखा है:

अदीबों की नयी पीढ़ी से मेरी यह गुजारिश है।
सँजोकर रक्खें धूमिल की विरासत को करीने से॥

अदम की काव्य-भाषा की वही विशेषताएँ हैं जो धूमिल की कविता की भाषा में हैं। वे हैं बयान के अन्दाज का बाँकपन, साफगोई, चुटीलापन और व्यंग्य की वेधकता।

अदम गोंडवी ने यद्यपि केवल ग़ज़लें और नज़्में लिखी हैं, लेकिन उन्होंने ग़ज़ल के रूप में वैसा ही प्रयोग किया है जैसा नज़ीर ने किया था। नज़ीर की ग़ज़लों की विशेषताओं का विवेचन करते हुए उर्दू के मशहूर आलोचक कलीमुद्दीन अहमद ने

लिखा है कि "ग़ज़ल की विशेषता यह समझी जाती है कि उसमें हर शेर एक-दूसरे से असम्पृक्त होता है। 'नज़ीर' ने बहुत-सी शृंखलाबद्ध ग़ज़लें लिखीं। ऐसा जान पड़ता कि 'नज़ीर' उखड़ी-उखड़ी बातें करने से घबराते हैं, उन्हें शृंखला एवं क्रमबद्ध रचना में विशेष आनन्द मिलता है।" (उर्दू कविता पर एक दृष्टि, पृ. 284) यह बात अदम गोंडवी की ग़ज़लों के बारे में भी कही जा सकती है। उनकी अनेक ग़ज़लों में विचारों की क्रमबद्धता है और विकास भी। उनकी ग़ज़लों में जान आती है जिन्दगी की वास्तविकताओं के प्रति सुसम्बद्ध विचारशीलता से।

कलीमुद्दीन अहमद ने नज़ीर के बारे में यह भी लिखा है कि "नज़ीर का अस्तित्व ही उर्दू कविता की अपूर्व आलोचना है।" कलीमुद्दीन अहमद के इस कथन की मदद से यह कहा जा सकता है कि कवि अदम गोंडवी का हिन्दी कविता की दुनिया में होना ही आज की हिन्दी कविता की प्रगतिशीलता और जनवाद की तीखी आलोचना है।

अदम गोंडवी की कविता अपने समाज और समय के गवाह की कविता है। अदम जानते थे कि गवाह को न कलाबाज होना चाहिए और न कलाकार ही। तभी गवाही सच्ची और सहज हो सकती है। इसीलिए उनकी कविता में न श्रोताओं और पाठकों को भरमाने वाली कलाबाजी है न अटकाने वाली कलाकारी।

ज्ञानात्मक संवेदना से उपजी कविताएँ

पूरन चन्द्र जोशी, (जिन्हें प्यार से उनके मित्र पी.सी. जोशी कहते हैं) का काव्य संग्रह 'इत्यादि जन' इसी वर्ष प्रकाशित हुआ। अब तक पी.सी. जोशी की ख्याति एक मूलगामी समाज, संस्कृति और साहित्य के चिन्तक के रूप में रही है। यह सुखद आश्चर्य की बात है कि जीवन के चौथेपन में अब तक की विवेक यात्रा से अर्जित ज्ञान से उपजी संवेदना कविता में बेचैन आत्मा की पुकार की तरह प्रकट हुई है। जोशी जी के इस संग्रह की कविताएँ गहन विचारशीलता और विक्षुब्ध संवेदना के संयोग की उपज है।

मानव जीवन में ज्ञान और संवेदना के बीच द्वन्द्वात्मक सम्बन्ध निरन्तर गतिमान होता रहता है। ज्ञान से संवेदना पैदा होती है और संवेदना ज्ञान का विस्तार करती है। सम्भवतः इसी प्रक्रिया को ध्यान में रखकर मुक्तिबोध ने ज्ञानात्मक संवेदना और संवेदनात्मक ज्ञान की बात कही है। पी.सी. जोशी ने अपनी ज्ञानात्मक संवेदना के निर्माण और विकास की प्रक्रिया को स्पष्ट करते हुए इस काव्य संग्रह की भूमिका में लिखा है, "मेरे युवाकाल से आरम्भ हुई मेरी जन-जीवन की सच्चाई की खोज जो व्यक्तिगत स्तर पर शुरू हुई थी वह बाद में करीब 6 वर्ष (1957-63) पहले देहली स्कूल ऑफ इकोनॉमिक्स के ग्राम अध्ययन प्रोजेक्ट दल के सदस्य के रूप में और फिर करीब एक-डेढ़ वर्ष (1982-83) दूरदर्शन प्रोग्राम प्लानिंग कमेटी के चेअरमैन की हैसियत से कमेटी के अन्य सदस्यों के साथ भारत के मुख्य शहरों में साधारण जन के बीच फील्ड वर्क और फील्ड निरीक्षण का सामूहिक प्रयास बन गयी। कुछ अरसे बाद विशाल ग्रामीण भारत के 'इत्यादि जन' को करीब 4 वर्ष तक (1989-91) गहराई और विस्तार में जानने का मुझे ऐसा मौका मिला जो मेरे समस्त सक्रिय जीवन की सबसे महत उपलब्धि साबित हुआ।"

इसी प्रक्रिया से जोशी जी को भारत के विभिन्न प्रदेशों के जन-जीवन के सम्पर्क में आने और समाज के हाशिये पर जीने-मरने के लिए मजबूत इत्यादि जनों की उपेक्षा, अपमान, पीड़ा और यातना को ठीक से जानने-समझने का मौका मिला। उस ज्ञान ने उनकी संवेदना को इतना विकल बनाया कि वह कविता में वैसी ही फूट पड़ी जैसे क्रौंच वध के साक्षी वाल्मीकि की विक्षुब्ध संवेदना कविता में व्यक्त हुई। ऐसी

स्थितियों में कविता के विस्फोट को ध्यान में रखकर ही कविता को मनुष्यता की मातृभाषा कहा गया है। स्वयं जोशी जी ने अपनी इन कविताओं की रचना प्रक्रिया के बारे में लिखा है, "अधिकांश कविताएँ ग्रामीण जगत के कठोर और भयावह यथार्थ से जूझते इत्यादि जनों से जमीनी स्तर पर आमने-सामने के ट्रौमा से उपजी रचनाएँ हैं। विकास (या अपविकास) का अमानुष चेहरा महज एक बुद्धिजीवी के दिमाग से उपजी अवधारणा नहीं है, यह 'इत्यादि जनों' की वास्तविक जीवन-स्थिति है, इसी सच्चाई पर ये रचनाएँ प्रकाश डालती हैं।"

इस संग्रह का नाम जितना आकर्षक है उतना ही आश्चर्यजनक भी। कवि को यह एहसास है कि पाठकों को शीर्षक समझने में शायद कठिनाई होगी इसीलिए उन्होंने यह स्पष्ट किया है कि इत्यादि जन कौन हैं। सबसे पहले कवि ने रवीन्द्रनाथ ठाकुर की पुस्तक 'रशियार चिट्ठी' का हवाला दिया है। रवीन्द्रनाथ ठाकुर की पुस्तक गद्य में है, उसका हिन्दी कविता में रूपान्तर काव्य संग्रह के आरम्भ में दिया गया है:

"पड़े हुए
अज्ञ, अचेतन और अनाम
बिताते जीवन
भार ढोने वाले
मार खाने वाले
पशुओं की भाँति

"सदियों से ढो रहे
ये सर पर
सभ्यता का वृहद दीप दान
जिस से पाते रहे
अन्य सभी सदा प्रकाश
किन्तु स्वयं श्रमिक जन
उनको कभी न मिला प्रकाश
होते थे उनके मुख ही
सदा कलुषित कुरूप
दीप दान से गिरती उन पर
तेल की धार"

मुक्तिबोध की 'तार सप्तक' में संकलित एक कविता का यह अंश दिया गया है:

"असंख्य इत्यादि जनों का मैं भाग
इसीलिए अनदिखे

सुलगाता धीरे से आग
जिसके प्रकाश में तँबियाये चेहरों पर आप
संवेदित ज्ञान की काँपती ही
उठती है भाप चुपचाप....
सच्चा है जहाँ असन्तोष
मेरा वहाँ परितोष"

मुक्तिबोध के काव्यांश से यह जाहिर होता है कि इत्यादि जन हिन्दी कविता की परम्परा में पहले से मौजूद है।

स्वयं कवि ने अपनी एक कविता में यह स्पष्ट किया है कि इत्यादि जन कौन हैं:

जो रह गयीं अनकही
और अनलिखी
विशेषकर हमारे विभाजित समाज में
उपेक्षित, वृहद जन समुदाय की
जिनको शिष्ट समाज
समझता आया है
समाज से बाहर यानी 'इत्यादि'

'इत्यादि' ही मेरी कविता के विषय हैं
'इत्यादि' ही मेरी कथा के महानायक हैं
क्योंकि 'इत्यादि' की कथा अभी अनकही है
महासागर की गहराइयाँ हैं उनकी कथा की
जिनकी थाह न पा सकेंगे
अनेक महाकवि भी।

इस संग्रह की कविताओं की एक विशेषता यह है कि ये कविताएँ केवल हिन्दी क्षेत्र के इत्यादि जनों की जिन्दगी की दारुण दशाओं के चित्रण तक सीमित नहीं हैं। इसमें बंगाल, बिहार के साथ दक्षिण भारत के इत्यादि जनों की व्यथा-कथा है। इस तरह यह अखिल भारतीय कविता है। कवि दृष्टि की यह व्यापकता नागार्जुन को छोड़कर अन्यत्र दुर्लभ है।

अब आप एक कविता में बंगाल के इत्यादि जनों को देखिए। इस कविता का शीर्षक ही है 'इत्यादि जन'। कविता के एक अंश को कवि के शब्दों में पढ़िए:

आये हैं हम
बंगाल के

इस घनी आबादी वाले
गाँव में
हाल जानने
गाँव का
गाँव के गरीबों का

इसके बाद कवि पूछता है गाँव के मुखिया से, "कितने लोग बसे हैं इस ग्राम में/फिर पूछते हैं/उधर नजर डालकर/जिधर गरीबों की बस्ती है/उधर तो अनेक लोग नजर आते हैं।" अब गरीबों के बारे में अभिजनों की राय देखिए, "आप उन इत्यादि जनों की बात कर रहे हैं/वो तो अनेक हैं/पशुओं, कीड़े मकोड़ों की तरह/उनकी कोई गिनती नहीं।"

कविता के अन्त में यह है कवि प्रतिक्रियाः

सुनकर
चकित हैं हम सब
गाँव का जिनके श्रम, उद्यम, सेवा से
चलता है सब काम
वे ही हो गये एटसेटराज
यानी इत्यादि जन
और जो परजीवी हैं
एकदम 'इत्यादि जनों' की
श्रम उद्यम सेवा पर आश्रित
वे हो गये
भद्रजन!

अब दक्षिण भारत के एक गाँव का वास्तविक चित्र और उसके सच को व्यक्त करती एक कविता को पढ़िए जिसका शीर्षक है 'अग्रहारम और चेरी':

आया हूँ
तंजोर के इस सुदूरवर्ती गाँव में
जानने असलियत
गाँव की
गाँव के गरीबों की
लेकिन
यहाँ पहुँचते ही
कैद हो गया हूँ मैं
अग्रहारम की

सीमाओं के ही अन्दर
बनकर सवर्ण अभिजात समाज का
विशिष्ट अतिथि

क्या है अग्रहारम। अग्रहारम उच्च वर्ग और उच्च वर्ण के लोगों का निवास स्थल है और चेरी में रहते हैं मेहनतकश लोग। अब यह देखिए कि दोनों के बीच सम्बन्ध क्या है:

चेरी में अग्रहारम वासियों का
निषिद्ध है प्रवेश
कहते हैं
अग्रहारम से कभी कोई
गया नहीं चेरी में
और गया तो
प्रताड़ित और दंडित हुआ
क्योंकि यही है नियम
ग्राम समाज का
यही है सदियों की परम्परा

इस कविता से स्पष्ट है कि भेदभाव ही अस्थायी भाव है भारतीय गाँव-समाज की संरचना, परम्परा और संस्कृति का। यह भेदभाव जितना पुराना है उतना ही स्थायी भी। यह गौतम बुद्ध के समय में था और आज भी है इक्कीसवीं सदी में।

इस संग्रह की एक और कविता पढ़िए जो बिहार पर है। उसका शीर्षक है 'यह बिहार है'। इसमें एक ओर बिहार का गौरवशाली अतीत है तो दूसरी ओर दुर्गति का शिकार वर्तमान। दोनों के परस्पर विरोधी रूप को कवि ने आमने-सामने रखा है, जिससे गुजरते हुए हृदय द्रावक विद्रूपता का बोध होता है। कवि के शब्दों में एक बिहार था, "बोध गया, बोधिवृक्ष, पाटलिपुत्र, नालन्दा का बिहार।" दूसरा है आज का बिहार जहाँ से:

निकलता है
अज्ञान
अन्ध-विश्वास
हिंसा का
जो तमस
उसकी काली
खौफनाक छाया
आतंकित करती है
सारे देश को

कवि ने वर्तमान बिहार की दुर्दशा के कारणों की पहचान करते हुए लिखा है:

1857 की
पराजय के बाद से ही
देशी विदेशी शासकों
सत्ताकांक्षी वर्गों के गठजोड़ ने
लूटा है बिहार को
और रक्त चूसा है
बिहार का

कवि ने यह भी पहचाना है कि बिहार में पराजय और पीड़ा का अन्धकार ही नहीं है, वहाँ जनमुक्ति के संघर्ष की आशा का प्रकाश भी है:

स्वाधीनता संग्राम
शुरू हुआ था
चम्पारन से
आज भी देश को
खोजना है
एक नया चम्पारन
बिहार ही
आज भी
जन के मुक्ति संग्राम की
नयी प्रयोगशाला है।

बिहार के बारे में ऐसी समग्रतावादी दृष्टि न भावुक कवियों की कविताओं में मिलती है और न कलावादी कवियों की कविताओं में।

पी.सी. जोशी एक प्रख्यात बुद्धिजीवी हैं। वे अनेक संस्थानों में विभिन्न पदों पर रहे हैं। इस तरह काम करते हुए वे उच्च संस्थानों के बुद्धिजीवियों की कथनी और करनी के अन्तर को जानते हैं। इसीलिए उन्होंने एक कविता में ऐसे बुद्धिजीवियों के आचरण की सभ्यता की विडबनाओं को पहचाना और व्यक्त किया है। कविता का शीर्षक है 'जरूरत बनाम हैसियत'। कवि ने लिखा है:

कैसी विडम्बना है
इन संस्थानों के
दुनिया में नाम कमाये हुए
अध्यक्ष महोदय
और शोध विशेषज्ञ
बनाते हैं बड़े-बड़े कार्यक्रम

सारे देश के लिए
देश भर में
'गरीबी हटाओ' के लक्ष्य को
हासिल करने के विकल्पों पर
होती है जोरदार बहस—
देश भर में आम आदमी की
बुनियादी जरूरतों को
पूरा करने के विकल्प

कवि को लगता है कि घोषित रूप से ऐसे संस्थानों के बुद्धिजीवी समाजवाद और लोकतन्त्र को समर्पित हैं लेकिन उसको दुःख है कि संस्थान के भीतर सिद्धान्त और व्यवहार की चौड़ी खाई हमेशा बनी रहती है। वह कहता है:

कभी किसी को सूझा नहीं
कि इस सब की शुरुआत
की जाए
अपने संस्थान के अन्दर से
सर्वप्रथम
मिटाया जाए यहीं पर
हैसियत और जरूरत के बीच की
शर्मनाक दूरी को!

इस संग्रह में एक कविता संस्कृति के इतिहास की उस विडम्बना पर है जिसको ध्यान में रखकर वाल्टर बेंजामिन ने लिखा था कि सभ्यता के दस्तावेज बर्बरता के भी दस्तावेज होते हैं। वह कविता है 'ये शिल्पी हैं'। कविता का आरम्भ इस तरह होता है:

ये शिल्पी हैं
इतिहास गवाह है
इन्होंने ही बनाया ताजमहल
इन्होंने ही बनाये दुर्भेद्य किले
और आलीशान महल
इन्होंने ही बनाया कोनारक
और असंख्य मन्दिर
गिरजाघर, मस्जिद और गुरुद्वारे
लेकिन इनको बनाने वाले शिल्पी
समा गये इतिहास के गर्भ में

बिना नाम के बिना सम्मान के
बिना किसी के उनकी स्मृति में
आँसू बहाये

संस्कृति के इन निर्माताओं को पुरस्कार में क्या मिला। कवि के शब्दों में:

किसी की आँखें फोड़ दी गयीं
किसी के हाथ काट दिये गये
ताकि वे ऐसी इमारतें
बना न सकें दुबारा
लेकिन जो जिन्दा भी रहे
सही साबूत
वे भी रहे गुमनाम

इस कविता के अन्त में कवि की इतिहास सम्बन्धी दूरगामी दृष्टि इन शब्दों में व्यक्त हुई है:

उसे ही कहते हैं इतिहास
जो लिखा जाता है समर्थों के हित में
समर्थों के हक में

इस संग्रह में शिल्पियों के साथ ही मजदूरों, किसानों और अन्य आमजनों की जिन्दगी की तबाहियों, दुश्वारियों और यातनाओं पर अनेक कविताएँ हैं।

इस संग्रह की कई कविताओं में वर्तमान भारत के शासन पर और उसकी राजनीति के छल-छद्‌म की खरी आलोचना है और उस सबके सामने आम आदमी की मजबूरी और बेबसी की मार्मिक व्यंजना भी है। इस संग्रह में एक कविता है 'मैं आम आदमी हूँ'। यह कविता भारत के आम आदमी की दृष्टि, समझ, उम्मीद और आकांक्षा को जाहिर करती है। कविता का आरम्भ यह है:

मैं आम आदमी हूँ
भारत का आम नागरिक
निपट अनपढ़ और गँवार

मैं सबकी सुनता हूँ
लेकिन मेरी बात
सुनता नहीं कोई
दूसरों की आवाजें मुझ तक
पहुँचाने वाले
नये नये यन्त्र हुए हैं

ईजाद
लेकिन मेरी बात ऊपर
पहुँचाने वाला
कोई यन्त्र हुआ नहीं अभी
ईजाद

अब भारत के अनेक अर्थशास्त्री और समाजशास्त्री यह मानने, लिखने और कहने लगे हैं कि आज के भारत में दो भारत हैं। एक अमीरों का भारत और दूसरा गरीबों का भारत। पहले भारत के निवासी भूमंडलीकरण के रथ पर सवार होकर विश्व नागरिक और उत्तर-आधुनिक बन रहे हैं जबकि दूसरे भारत के इत्यादि जन मध्ययुगीनता और आधुनिकता के बीच में फँसकर कराह रहे हैं। इस संग्रह की एक कविता है 'पहला भारत'। इसमें पहले भारत के लोगों के बारे में कहा गया है:

यह
पहला भारत
भोग-लोलुप
नव धनाढ्य का
भारत–

ये हैं
नव धनाढ्य
आजाद भारत के
जो यहाँ रह कर भी
मन से हैं
एन.आर.आई.

कवि यह जानता है और कहता है कि भूमंडलीकरण का एक अर्थ है अमेरिकीकरण, जिसका परिणाम है धनपतियों की लूट और शक्ति का विस्तार। इस बात को कवि ने 'पहला भारत' कविता में इस तरह व्यक्त किया है, "जब पूरब के/हर देश में/रचना होगी/एक छोटे मोटे/अमरीका की/जिसकी रक्षा करेंगे/दरिद्र बहुजन के/आक्रोश के/विस्फोट से/सुरक्षा के सशक्त/अर्धसैनिक/राजकीय दल बल/या/भूमिपतियों/और/नये धनपतियों के/प्राइवेट माफिया/और भूमि सेनाएँ।"

भारत का लोकतन्त्र, उसकी सरकार, सरकार की राजनीति और अर्थनीति का खेल आँकड़ों के खेल और चमत्कार के सहारे चल रहा है। अभी कुछ समय पहले इस बात पर बहस हुई थी कि क्या 26 रुपये की आमदनी वाला गाँव का आदमी गरीबी रेखा के ऊपर है और 32 रुपया कमाने वाला शहर का आदमी भी। यह गरीबी रेखा

भी अजीब जादुई रेखा है जो सरकारी अर्थशास्त्रियों के आँकड़ों के चमत्कार से ऊपर नीचे होती रहती है। पी.सी. जोशी इस आँकड़े के खेल और चमत्कार को समझते हैं, इसलिए उनके इस संग्रह में दो कविताएँ आँकड़ों के चमत्कार पर हैं। एक है 'आँकड़े और आदमी' तथा दूसरी है 'आँकड़ों का चमत्कार'। पहली कविता के अन्त में कवि ने लिखा है:

आँकड़े ही आँकड़े हैं
जीते जागते मजूरों के
दुःख दर्द संघर्ष नहीं
आँकड़ों में खो गयी
कठोर जिन्दगी से जूझते
आदमी/औरतों की त्रासदी।

दूसरी कविता अधिक तीखी और आक्रामक है तथा व्यंग्यात्मक भी। उसमें सरकारी आँकड़ों का पूरा चरित्र है और उनकी चाल-चलन का ब्योरा भी। कवि सरकारी आँकड़ों को मिथक कहता है और चमत्कारी भी। कवि ने लिखा है:

आँकड़ों के औसत में
विपन्न भी लगते कम विपन्न
आँकड़े के औसत में
सम्पन्न भी लगते कम सम्पन्न

आँकड़ों के औसत में
अमीर और गरीब की दरार
एकदम अदृश्य हुई
कैसा चमत्कार
आँकड़ों का चमत्कार।

इस लेख के आरम्भ में जिस गहन विचारशीलता की बात की गयी है उसका एक पहलू है अपने समय और समाज के प्रत्येक विपक्ष की निर्भय आलोचना और दूसरा पहलू है स्वपक्ष की निर्द्वन्द्व आलोचना। पहले पहलू पर इस लेख में बात हो चुकी है। दूसरे पहलू को व्यक्त करने वाली दो कविताएँ इस संग्रह में हैं। एक कविता है 'आदरणीय पन्त जी', जो सुमित्रानन्दन पन्त की काव्य संवेदना पर है। इस कविता के पूर्वार्द्ध में पन्त जी के प्रकृति प्रेम की प्रशंसा है, लेकिन उत्तरार्द्ध में उनकी कवि दृष्टि की सीमाओं का स्पष्ट उल्लेख है तथा उसकी बेबाक आलोचना भी। कवि कहता है, "उच्च ब्राह्मण कुल में/सम्पन्न शिक्षित अभिजात परिवार में/लेकर जन्म आप/और आपकी तरह/पुराने और नये ब्राह्मणों की/कई पीढ़ियाँ/क्यों न देख सकीं/प्रकृति

के/इस अपार वैभव के बीच/निरक्षर दरिद्र अभावग्रस्त/अर्द्ध क्षुधित अर्द्ध नग्न/पशुवत जीवन यापन करती/समाज की निम्न श्रेणी को/जिसे भद्र समाज/कहता आया शूद्र/कूर्मांचली भद्र समाज कहता आया/'डूम'/और उनके निवास स्थान को/'डुमौड़'।" जोशी जी को दुःख इस बात का है कि कवि पन्त जनजागरण के अग्रदूत क्यों नहीं बन सके।

आत्मालोचन की दूसरी कविता है 'अनाम की मुक्ति—एक लम्बी यात्रा'। एक कविता मुख्यतः कवि और चिन्तक रवीन्द्रनाथ ठाकुर पर है। लेकिन उसमें सोवियत संघ के विघटन और समाजवाद के अन्त के कारणों की पड़ताल भी है। कविता में सोवियत संघ के समाजवाद के पतन के दो कारण बताये गये हैं। पहेला है मनुष्य की स्वायतत्ता का नकार और दूसरा है असहमति का दमन। ये दोनों कारण वास्तविक हैं जिन्हें कवि ने पहचाना है।

इस संग्रह की कविताओं में भारतीय समाज में मौजूद आतंककारी सामन्ती अवशेषों की उपस्थिति और पूँजीवाद के नये दौर की लूट, झूठ और दमन की व्यवस्थाओं का जो चित्रण है वह निराशा पैदा करने वाला लगता है, लेकिन कवि भारतीय समाज के भविष्य के बारे में निराश नहीं है। वह यह भी देख रहा है कि:

इस व्याधि-ग्रस्त समाज में
अन्दर ही अन्दर प्रतिक्षण
एक महापरिवर्तन के कारकों का
हो रहा गठन
कल के भद्र समाज के अन्दर ही अन्दर
एक प्रबुद्ध वर्ग का सृजन
पुरानी शोषक व्यवस्था से त्रस्त
जन मन में उद्वेलन

छायावाद और जी. शंकर कुरुप की कविता

आज का समय साहित्य के अध्ययन के लिए अत्यन्त जटिल और कठिन समय है। आजकल साहित्य को समझने-समझाने की दृष्टियों की अनेकता का विस्तार हुआ है, बल्कि दृष्टियों की भरमार है, जिससे दृष्टिहीनता और दृष्टिदोष के खतरे भी बढ़ रहे हैं। अब साहित्य के अध्ययन को राष्ट्रीय और ऐतिहासिक प्रतिमानों से अलग कर उसके भूमंडलीकरण का प्रयास हो रहा है। लेकिन साहित्य-चिन्ता के मूल में उस भाषिक चेतना और सामाजिक संवेदनशीलता को अर्जित करने का संघर्ष भी होता है जो सामाजिक-राजनीतिक प्रभुत्व, दमन और प्रतिरोध की खोज करता है। इसलिए साहित्य-दृष्टि के भूमंडलीकरण की माँग के समानान्तर आलोचना में अस्मिताओं, अन्तरों और विशिष्टताओं की पहचान के आग्रह भी सामने आ रहे हैं। ऐसी स्थिति में जी. शंकर कुरुप की जन्म-शतवार्षिकी के अवसर पर दो भारतीय भाषाओं के साहित्यों के बीच सम्बन्धों पर विचार की प्रक्रिया से दोनों में एकता की खोज के साथ-साथ उनकी विशिष्टताओं की पहचान की कोशिश आवश्यक है।

आधुनिक काल की हिन्दी कविता में केरल कई रूपों में मौजूद है। बीसवीं सदी के आरम्भ में द्विवेदी युग के कवि नाथूराम शंकर शर्मा ने 'सरस्वती' पत्रिका में प्रकाशित रवि वर्मा के कुछ चित्रों पर कविताएँ लिखी थीं। उनमें से एक विशेष रूप से उल्लेखनीय है:'केरल की तारा।' कविता चित्र से प्रेरित होती हुई भी बहुत दूर तक स्वतन्त्र है। कविता में चित्र की केरल की तारा स्वप्न में कवि के पास आती है। कवि तारा के रूप का वर्णन करता है और सपने में ही तारा के साथ केरल की यात्रा पर निकल पड़ता है। फिर उस यात्रा के वर्णन के माध्यम से केरल की प्रकृति और संस्कृति का चित्रण करता है। यहाँ चित्र और कविता के सम्बन्ध या चित्र पर कविता लिखने की शंकर की कला के बारे में कुछ कहने का अवसर नहीं है। लेकिन यह कहना जरूरी है कि नाथूराम शंकर शर्मा ने केरल की तारा के माध्यम से हिन्दी भाषी समाज को केवल रवि वर्मा की चित्रकला से ही नहीं, केरल की प्रकृति और संस्कृति से भी परिचित कराया है। इस परम्परा को आगे बढ़ाया है नागार्जुन ने, मलयालम के महाकवि वल्लतोल पर कविता लिखकर। नागार्जुन की कविता का एक अंश इस प्रकार है:

वल्लतोल हमारे दिल में
विश्वशान्ति औ नवरचना के
शुभ-संकल्प जगाते हैं।
....
केरल की सरसब्ज़ भूमि पर
धान-नारियल-काजू वन की
हरियाली लहराती है
श्रमिकों-कृषकों की नव-संस्कृति
सुधी-जनों के अन्तर्मन में
दिन-से-दिन गहराती है।

मलयालम न जानने के कारण जी. शंकर कुरुप की कविता के भाषिक सौन्दर्य के बारे में कुछ कहना मेरे लिए मुश्किल है। मैं केवल उनके एक काव्य-संग्रह ओटक्कुषल (जिसका बाँसुरी नाम से हिन्दी में अनुवाद उपलब्ध है) के आधार पर कुछ बातें कहना चाहता हूँ।

जी. शंकर कुरुप (1910-1978) मूलतः रोमांटिक कवि हैं। वे कविता में यथार्थवाद को पसन्द नहीं करते। उनकी कविता में आकांक्षाओं की अभिव्यक्ति ही अधिक है, लेकिन वे आकांक्षाएँ अपने समय और समाज की वास्तविकताओं के बोध से उपजी हैं। जिस तरह हिन्दी का छायावादी काव्य, विशेष रूप से सूर्यकान्त त्रिपाठी 'निराला' का काव्य, छायावाद का अतिक्रमण करता हुआ प्रगतिवाद से जुड़ता है, उसी तरह जी. शंकर कुरुप की अनेक कविता आकांक्षाओं की दुनिया से निकलकर सामाजिक यथार्थ का चित्रण करती हुई प्रगतिवाद से जा मिलती है। फिर भी जी. शंकर कुरुप की काव्यानुभूति की संस्कृति मुख्यतः रोमांटिक ही है, इसलिए उसको छायावादी काव्य की समानान्तरता में देखना-समझना ही उचित होगा।

भारत की सभी प्रमुख भाषाओं के काव्य में रोमांटिक आन्दोलन स्वाधीनता आन्दोलन के साथ और समानान्तर विकसित हुआ था। कहीं पहले, कहीं बाद में। उसके नाम भी अलग-अलग हैं। लेकिन उन सबमें उपनिवेशवाद के शिकार भारत की राजनीतिक और सामाजिक स्वाधीनता की आकांक्षाएँ सांस्कृतिक भाषा में व्यक्त हुई हैं। वह भारतीय मनुष्य की चेतना के जागरण और मुक्ति का काव्य है। यह छायावाद की कविता की विशेषता है और जी. शंकर कुरुप की कविता की भी।

छायावाद की तरह ही जी. शंकर कुरुप की काव्यानुभूति की संस्कृति का केन्द्रीय तत्त्व है:स्वाधीनता का बोध, जो कभी उन्हें व्यक्ति के जीवन की पराधीनता पर क्षोभ की कविता लिखने के लिए प्रेरित करता है तो कभी समाज की पराधीनता पर आक्रोश की कविता लिखने के लिए। उनके काव्य में स्वतन्त्रता का राजनीतिक

अभिप्राय बार-बार प्रकट हुआ है, जिसमें ब्रिटिश उपनिवेशवाद से भारत की स्वतन्त्रता की चिन्ता है। उन्होंने 1942 की अगस्त क्रांति पर 'सहपाठिनी' कविता लिखी है, जिसे पढ़ते हुए स्वाधीनता आन्दोलन के लिए आत्मबलिदान की प्रेरणा देने वाली प्रेमचन्द और जयशंकर प्रसाद की कहानियाँ याद आती हैं। यही नहीं, जी. शंकर कुरुप ने चीन के क्रांतिकारी आन्दोलन पर 'भारत-सन्देश' नाम की अत्यन्त महत्त्वपूर्ण कविता लिखी है, जिसमें भारतीय की पराधीनता पर गहरा दुःख व्यक्त हुआ है:

"हमारी अन्तश्चेतना को पराभूत करने वाली
परतन्त्रता ही भयानक अर्बुद-व्याधि है!
इसके कारण
चिन्तन की शक्ति हत होती है
संस्कृति सड़ जाती है
आत्मा का चैतन्य नष्ट हो जाता है,
इससे तो मृत्यु कहीं स्पृहणीय है।"

इसके साथ ही इस कविता में भारत की स्वाधीनता आन्दोलन में गाँधी की महत्त्वपूर्ण भूमिका की पहचान भी है:

मेरी स्वतन्त्रता के सूत को
अपने जीवन के चरखे पर
निरलस होकर कातने वाले
मेरे बेटे की जय हो!
हे बहन,
मैं पराधीन हूँ, खिन्न हूँ,
लेकिन
मेरा मोहन जब साँस लेता है तो
मैं भी स्वतन्त्रता और आनन्द की साँसें लेती हूँ।

'निराला' की कविता में स्वाधीनता के बोध का विस्तार भारतीय किसान की उपनिवेशवादी और सामन्ती शोषण से मुक्ति की चिन्ता में होता दिखाई देता है। जी. शंकर कुरुप के काव्य-संसार में भी किसान के जीवन-संघर्ष, उसकी श्रम की संस्कृति और शोषण से मुक्ति की आकांक्षा का विशेष स्थान है। उन्होंने लिखा है कि "मेरी कविता ग्राम्य-हृदय का एक अंग है।" उनके लिए ग्राम्य-हृदय का अर्थ किसान हृदय, जिसके बारे में वे 'प्रश्नचिह्न' कविता में लिखते हैं:

दिखाई दिया खेत
ग्रामीण हृदय की तरह
शान्त, विशाल, किन्तु उजड़ और उदास

ऐसे ही हृदय से वे किसान की तरह यह पूछते हैं, "कौन है मेरे सुखों को चुराने वाला।" इस प्रश्न का उत्तर कवि 'आगामी कल' कविता में देता है। उसमें एक ओर सामन्त वर्ग की तीखी आलोचना है और उसके अनिवार्य अन्त की ओर संकेत तो दूसरी ओर किसान के अथक श्रम की वन्दना है और उसके उज्ज्वल भविष्य की सम्भावना की ओर संकेत भीः

यदि न होती तुम्हारे रक्त में गर्मी
तो यह देश ठिठुरकर सुन्न हो जाता,
यदि तुम्हारे ललाट पर
नहीं चमकते स्वेदकण
तो यहाँ सब बन जाता बियाबान,
....
....
आ पहुँचा है 'कल'
न्याय के तप्त आँसू पोंछने के लिए

इस कविता में कवि के हृदय का विवेक बोलता है, बुद्धि की चतुराई नहीं; इसलिए यह केवल बौद्धिक सहानुभूति की कविता नहीं है।

यह सुखद आश्चर्य की बात है कि निराला और जी. शंकर कुरुप की कुछ कविताओं के शीर्षक एक से हैं। ऐसी कविताओं में एक है 'कुकुरमुत्ता'। दोनों कविताओं का रचनाकाल 40 का दशक है। लेकिन दोनों की काव्यानुभूति की संस्कृति में बहुत अन्तर है। 'निराला' के 'कुकुरमुत्ता' में व्यंग्य और विद्रूप के सहारे अपने समय की सामाजिक और वैचारिक विसंगतियों की व्यंजना है, जबकि शंकर कुरुप के कुकुरमुत्ता में सामन्ती समाज और उसकी संस्कृति की जड़ता के विरुद्ध किसान समुदाय और उसकी श्रम की संस्कृति के जागरण और विजय की कामना है। 'निराला' का 'कुकुरमुत्ता' साधारणजन का प्रतिनिधि है, लेकिन जी. शंकर कुरुप का कुमुरमुत्ता सामन्ती दम्भ और अहंकार का प्रतीक। शंकर कुरुप की कविता में किसान के श्रम और कृषि से मानव संस्कृति के अन्तरंग सम्बन्ध की पहचान है, इसलिए कवि किसान के हल को 'मानव संस्कृति में परिवर्तन की/प्रथम गीत रेखाओं को अंकित' करने वाला कहता है। साथ ही वह किसानों की शोषण और दैन्य से मुक्ति के लिए हल के सन्देश के रूप में किसान 'जीवन के जागरण का यह बुवाई गीत' भी गाता हैः

मैं हूँ सनातन साम्यवादी
मैं अपनी पैनी जीभ से समूची धरा को हिला दूँगा
और लाऊँगा समता

उसे बनाऊँगा हरी-भरी हर्ष-पुलकित!
ढहते महलों की नींवें
गिरते हुए दुर्ग-प्राचीर
पटती हुई खन्दकें
उजड़ते हुए अस्थिकीर्ण उग्र मृगीय समरांगण
सब मेरे दर्द-भरे गीतों की धारा में विलीन हो जाएँगे
और नवचेतना के अंकुर फूटकर लहलहा उठेंगे।

यह स्वाभाविक ही है कि जो कवि किसानों के दुःख-दर्द और उससे मुक्ति की कविता लिखता हो वह मजदूरों की गरीबी और यातना की भी चिन्ता करे। ऐसी चिन्ता 'नाय्क्कन' नाम की कविता में है। नाय्क्कन फावड़ा लेकर चलने वाले मजदूरों का एक वर्ग है जो मिट्टी खोदकर, तालाब, कुआँ आदि साफ करके अपना निर्वाह करते हैं। पहले आप उस मजदूर का शब्द-चित्र देखिएः

उसके चेहरे पर केवल दाँत हैं, जो पिचके नहीं,
लम्बी-लम्बी भुजाएँ हड्डी-चमड़ी मात्र बन गयी हैं
एक फटा पुराना भीगा चिथड़ा है तन पर
भीषण हवा का, और
मूसलाधार वर्षा का सामना करने के लिए।

यह उस समाज का मनुष्य है, जिसके बारे में निराला ने लिखा था—'मानव जहाँ बैल, घोड़ा है।' ऐसे मनुष्य को देखने और इस शब्द चित्र को पढ़ने के बाद किसी भी सहृदय व्यक्ति के मन में वही प्रश्न पैदा होगा जो कवि के मन में पैदा हुआ हैः

अचरज है
इस तरह के खुरदुरे जीवन के निरन्तर रगड़ खाने पर
भी
तप्प पीड़ा से भरी यह धुँधुआती तीली
जल क्यों नहीं उठती?

जी. शंकर कुरुप की काव्य-संवेदना में एक गहरी बेचैनी है, जो समाज में व्याप्त विषमता और किसानों, मजदूरों तथा दलितों की दुर्दशा के बोध से पैदा हुई है। वही बेचैनी उन्हें विषमता को मिटाकर समता की स्थापना के बारे में सोचने की प्रेरणा देती है, इसीलिए वे कुकुरमुत्ता और नाय्क्कन आदि कविताओं में सामाजिक क्रान्ति की सम्भावना की बात करते हैं।

हिन्दी के छायावादी कवियों की तरह जी. शंकर कुरुप की स्वच्छन्द कल्पना प्रकृति से मनुष्य के रागात्मक सम्बन्ध की खोज करती दिखाई देती है। वह 'वनजुही' और 'सूरजमुखी' जैसी कविताओं में प्रेम की मूलगामी स्वतन्त्रता की अभिव्यक्ति का

अवसर पा लेती है तो सान्ध्य नक्षत्र, अन्तर्दाह और विश्व-दर्शन आदि में प्रकृति की लीला के रहस्यों की पहचान करती है। जी. शंकर कुरुप की प्रकृति सम्बन्धी कविताओं में प्रकृति से संस्कृति के अन्तरंग सम्बन्ध की अभिव्यक्ति है। उनमें अपने देश काल से बद्ध कवि की ऐसी 'ऐतिहासिक सहृदयता' व्यक्त हुई है जो कविता और कवि की जन्मभूमि का पता बताती है। उस ऐतिहासिक सहृदयता का उदात्त रूप 'सागर गीत' और 'नदी-समुद्र संगम पर' जैसी कविताओं में दिखाई देता है।

यह देखकर बहुत आश्चर्य होता है कि आजादी के समय देश के विभाजन और भीषण नरसंहार की भयावह ट्रेजडी पर हिन्दी में कोई महत्त्वपूर्ण कविता नहीं मिलती। उस ट्रेजडी के समय छायावाद के निराला और पन्त रचना कर रहे थे और प्रगतिवाद के नागार्जुन, केदारनाथ अग्रवाल, मुक्तिबोध, शमशेर और त्रिलोचन भी। लेकिन इनमें से किसी ने उस ट्रेजडी पर कोई उल्लेखनीय कविता नहीं लिखी है। हिन्दी के कवियों में केवल अज्ञेय ने 'शरणार्थी' शीर्षक से ग्यारह कविताएँ लिखी हैं, 12 अक्टूबर, 1947 से 12 नवम्बर, 1947 के बीच। जी. शंकर कुरुप ने उस ट्रेजडी पर 'इतिहास के सपने' नाम की एक ऐसी कविता लिखी है, जो कविता के लिए दुर्गम इतिहास के उस बीहड़ प्रसंग से मुठभेड़ करने में सक्षम है। यहाँ कविता इतिहास से टकराती है मनुष्य और उसकी संस्कृति की रक्षा के लिए। कवि यह देखकर चिन्तित है कि:

हिन्दू और मुसलमानों ने मिलकर
बनाया था सम्पन्न जिन
मन्दिर, मस्जिद और ग्राम-नगर को
वे जल रहे हैं
धर्मान्धिता की प्रचण्ड आग में
बना दी गयी है संस्कृति की चिता!

छायावाद का काल भारतीय समाज और साहित्य में अपूर्व प्रयोगों का काल है। उस समय के सबसे बड़े प्रयोगकर्त्ता (प्रयोगवादी नहीं) गाँधी हैं, जो अपने जीवन में सत्य का प्रयोग कर रहे थे और स्वाधीनता आन्दोलन में सत्याग्रह का। हिन्दी कविता में सबसे बड़े प्रयोगकर्त्ता थे—निराला। गाँधी के सामाजिक-राजनीतिक प्रयोगों का लक्ष्य था—भारतीय मनुष्य की मुक्ति (राजनीतिक, सामाजिक और सांस्कृतिक) और निराला के प्रयोगों का लक्ष्य था—कविता की मुक्ति। इन दोनों लक्ष्यों में गहरी एकता थी। जी. शंकर कुरुप ने अपनी रचनाशीलता के माध्यम से क्या और कैसा प्रयोग किया यह मलयालम कविता की परम्परा का कोई सुधी पाठक ही बता सकता है।

भाषा की राजनीति

भारत में लम्बे समय से धर्म के साथ-साथ भाषा की राजनीतिक भूमिका बहुत महत्त्वपूर्ण रही है। भारत-पाकिस्तान के विभाजन की राजनीति धर्म और भाषा के सहारे अपनी मंजिल तक पहुँची। पाकिस्तान से बंग्लादेश की स्वतन्त्रता का आन्दोलन बांग्ला भाषा की स्वतन्त्रता के आन्दोलन के रूप में आरम्भ हुआ। सन् 1947 के बाद भारत में राजनीति के लिए धर्म और भाषा का लगातार उपयोग हुआ है। आज भी भाषा, धर्म, सम्प्रदाय और जाति के माध्यम से अपनी राजनीतिक पहचान बनाने और लाभ उठाने की प्रवृत्ति बहुत प्रबल है। यह प्रवृत्ति घटने के बदले बढ़ती जा रही है क्योंकि चुनाव की राजनीति इस प्रवृत्ति को पालती है और इसका दुरुपयोग करती है। देश के हर भाग में चुनाव की राजनीति में भाषा, धर्म और जाति का खुला खेल दिखाई देता है।

किसी जन समुदाय की अस्मिता की पहचान उसकी संस्कृति से होती है। भाषा संस्कृति का सर्वाधिक जीवन्त और मूर्त रूप है, इसलिए भाषा को किसी जन समुदाय की अस्मिता की पहचान का आधार बनाना गलत नहीं है। गलती तब होती है जब भाषा को धर्म से जोड़कर अस्मिता की पहचान और रक्षा की राजनीति को धर्मयुद्ध बना दिया जाता है, तब राजनीति में विवेक पर भावावेश हावी हो जाता है।

किसी जन समुदाय की अस्मिता की पहचान में भाषायी आधार का महत्त्व समझना हो तो पाकिस्तान में भारत से गये मुसलमानों की स्थिति और समस्या पर एक नजर डाल लेना जरूरी होगा। भारत से पाकिस्तान गये मुसलमानों को पाकिस्तान में मुहाजिर और बंगलादेश में बिहारी कहा जाता है। मुहाजिर भारत के हिन्दी-उर्दू क्षेत्र, खासतौर से उत्तर प्रदेश और बिहार से पाकिस्तान गये मुसलमान हैं। पाकिस्तान में मुहाजिरों के सामने एक समस्या है अपनी ऐतिहासिक स्मृति और सांस्कृतिक विरासत को सुरक्षित रखते हुए, अपनी स्वतन्त्र पहचान कायम रखते हुए पाकिस्तान में अपने लिए जगह बनाना। यही कारण है कि मुहाजिर पाकिस्तान में उर्दू प्रदेश की माँग कर रहे हैं। ध्यान दीजिए माँग 'उर्दू प्रदेश' की है, 'उर्दू सूबा' की नहीं। उर्दू सूबा की जगह उर्दू प्रदेश की माँग का मतलब है पाकिस्तान में यू.पी. (उर्दू प्रदेश)

बनाने की माँग। मुहाजिरों के लिए एक अलग प्रदेश की बात समझ आती है, उसकी भाषा उर्दू हो यह भी सही है, लेकिन उसका नाम उर्दू प्रदेश क्यों? मुहाजिर कहते हैं कि यू.पी. (उर्दू प्रदेश) की माँग के पीछे अतीत की स्मृतियों को सुरक्षित रखने की इच्छा है। उनके लिए स्मृति और आशा का मिला-जुला नाम है यू.पी., जिससे उत्तर प्रदेश ही नहीं, 'यूनाइटेड प्रॉविंस' तक की स्मृतियाँ जुड़ी हैं। जब एक नाम के साथ इस तरह इतिहास जुड़ा हो और उस पर भविष्य की आशा टिकी हो तब कौन कह सकता है कि 'नाम में क्या रखा है'।

सब जानते हैं कि भारत अनेक भाषाओं का देश है। 1971 की जनगणना के अनुसार भारत में चार भाषा परिवारों से जुड़ी 1652 भाषाएँ हैं, जिनमें से 210 भाषाएँ बोलने वालों की संख्या बहुत कम है, लेकिन बीस से अधिक ऐसी भाषाएँ हैं, जिनके बोलने वालों की संख्या लाखों-करोड़ों में है और उनकी सदियों पुरानी परम्पराएँ हैं। देशी भाषाओं की इस विविधता और समृद्धि के बावजूद आज भी एक विदेशी भाषा देश की वास्तविक सम्पर्क भाषा बनी हुई है। सन् 1956 में भाषा के आधार पर राज्यों के पुनर्गठन के बाद भी भाषा और सीमा सम्बन्धी झगड़े कम नहीं हुए हैं। अधिकांश सीमा-विवाद मूलतः भाषा-विवाद है। जब कोई भाषा-विवाद दंगे का रूप ले लेता है तब समस्या की गम्भीरता समझ में आती है। कुछ दिन पहले महाराष्ट्र और कर्नाटक के बीच भाषा और सीमा का झगड़ा उठा था। उसे सुलझाने की कोशिश चल ही रही थी कि गोवा में मराठी और कोंकणी के बीच झगड़ा बढ़ा, जिसमें आठ व्यक्ति मारे गये। असम समस्या के केन्द्र में भाषा थी तो पंजाब समस्या भी भाषा की राजनीति से जुड़ी हुई है। गोरखालैंड के आन्दोलन की एक माँग नेपाली भाषा की स्वीकृति भी है। ये समस्याएँ गम्भीर हैं और जटिल भी। भाषा के साथ जनता के भावात्मक लगाव के कारण इन समस्याओं को समझने और हल करने में सावधानी और धैर्य जरूरी है। इन समस्याओं की गम्भीरता और जटिलता देखकर कुछ नेताओं के हाथ-पाँव फूल जाते हैं। वे कहते हैं कि भाषा के आधार पर राज्यों का पुनर्गठन ही गलत कदम था। जादू की छड़ी घुमाकर हर समस्या हल करने के आदी अधीर लोग इसी तरह भूसा से अन्न अलगाने की झंझट से बचने के लिए दोनों को घूरे पर फेंक देते हैं।

भाषा की राजनीति का सबसे खतरनाक पहलू उसकी साम्प्रदायिकता से साँठ-गाँठ है। यह प्रवृत्ति स्वाधीनता आन्दोलन के काल में भी थी, लेकिन स्वाधीनता के बाद भाषा की राजनीति का साम्प्रदायिक रंग अधिक गाढ़ा हुआ है। पंजाब में यह राजनीति भाषा के साथ सम्प्रदाय, धर्म और राज्य की सीमा को मिलाकर विकराल बन गयी थी। गोवा का मराठी-कोंकणी विवाद भी साम्प्रदायिकता की लपेट में है। हिन्दी क्षेत्र में साम्प्रदायिक राजनीति बार-बार हिन्दी-उर्दू विवाद में साम्प्रदायिकता का जहर घोलकर अपना उल्लू सीधा करती रही है। आश्चर्य की बात तो यह है कि

जो लोग राजनीति और साहित्य में साम्प्रदायिकता का विरोध करते हैं, वे भी भाषा पर सोचते, बोलते और लिखते समय साम्प्रदायिक वातावरण के प्रभाव से मुक्त नहीं हो पाते। पिछले चालीस वर्षों में साम्प्रदायिक राजनीति ने भाषा का जो दुरुपयोग किया है उसका असर चिन्तन और लेखन में भी दिखाई पड़ता है।

भाषा की यह राजनीति साहित्य को भी प्रभावित कर रही है। समकालीन हिन्दी-उर्दू साहित्य की दुनिया में झाँकिए तो यहाँ भी भाषा की साम्प्रदायिक राजनीति की हवा बहती मिलेगी। आजादी के बाद के वर्षों में हिन्दी-उर्दू के बीच भाषा और साहित्य, दोनों स्तरों पर एकता घटी है, दूरी बढ़ी है। आज हिन्दी और उर्दू के लेखक जितना यूरोप के लेखकों से परिचित हैं उतना एक-दूसरे से नहीं। हिन्दी-उर्दू के लेखन और लेखकों के बीच संवाद बढ़ने के बदले भाषा-विवाद बढ़ा है, इसलिए रचनात्मक आदान-प्रदान कम हुआ है। बोलचाल की हिन्दी और उर्दू में उतना अजनबीपन नहीं है, जितना लेखन की भाषाओं के बीच। भारतेन्दु युग और प्रगतिशील आन्दोलन के समय की हिन्दी-उर्दू की आत्मीयता अब इतिहास की वस्तु बन गयी है।

पिछले कुछ सालों से भाषा की राजनीति से क्षेत्रीयता भी आ जुड़ी है। केन्द्रीय सरकार की गलत नीति और राज्यों के साथ उसके बेतुके व्यवहार के कारण क्षेत्रीय आकांक्षाओं का दमन हुआ है, जिसकी प्रतिक्रिया में क्षेत्रीयता की भावना बढ़ी है। फलतः केन्द्र का विरोध भी बढ़ा है। अब कहीं-कहीं केन्द्र का विरोध हिन्दी-विरोध के रूप में प्रकट हो रहा है। कारण यह है कि आजकल हिन्दी क्षेत्र ही केन्द्र की सत्ता का आधार बना हुआ है, इसलिए कभी-कभी अहिन्दी भाषी हिन्दी और केन्द्रीय सत्ता को एक मान लेते हैं। ऐसी स्थिति में केन्द्र के विरोध की राजनीति हिन्दी विरोधी राजनीति बन जाती है।

भाषा की राजनीति का एक मुद्दा हिन्दी की स्थिति भी है। स्वाधीनता आन्दोलन के दौरान हिन्दी ने आन्दोलन की सम्पर्क भाषा का काम किया था। स्वाधीनता के बाद हिन्दी को राष्ट्र की सम्पर्क भाषा मानना स्वाधीनता आन्दोलन के दौर की उसकी भूमिका की स्वाभाविक स्वीकृति थी। लेकिन बाद के दिनों में भाषा की राजनीति ने नया मोड़ लिया। हिन्दी को सम्पर्क भाषा बनाने का विरोध शुरू हुआ। हिन्दी को सम्पर्क भाषा बनाने के लिए भले ही कोई आन्दोलन न हुआ हो, लेकिन उसको सम्पर्क भाषा बनने से रोकने के लिए लगातार आन्दोलन होते आ रहे हैं। विशेष रूप से तमिलनाडु में डी.एम. के. की राजनीति हिन्दी विरोध पर टिकी हुई है। डी. एम. के. का 1965 से अब तक का इतिहास हिन्दी-विरोध की राजनीति का इतिहास रहा है और उसका भविष्य भी इसी पर निर्भर है। भाषा की राजनीति का यह उग्र रूप है।

असल में भाषा की राजनीति जहाँ कहीं भी हो; चाहे तमिलनाडु में या हिन्दी

क्षेत्र में, हिन्दी-विरोध के रूप में हो या हिन्दी-उर्दू विवाद के रूप में, उसका उद्देश्य लगभग समान है। भाषा की राजनीति का उद्देश्य है शोषण और दमन के विरुद्ध जनता के संघर्ष की राजनीति को भटकाना। भाषा के नाम पर जन-भावना को भड़का कर शोषक सत्ता के विरुद्ध पनपे जनता के गुस्से को दूसरी ओर मोड़ना। भाषा की राजनीति में शासक वर्ग की दिलचस्पी है क्योंकि उसमें उसका हित है। आम जनता भाषा की राजनीति का शिकार बनती है। करुणानिधि जब तमिलनाडु के मुख्यमन्त्री थे तब जन-आन्दोलनों को कठोरता से कुचलते समय उनका तमिल-प्रेम कहाँ चला गया था? आन्ध्र प्रदेश में एन.टी. रामाराव तेलुगु भाषा और संस्कृति से प्रेम की दुहाई देकर ही सत्ता में आये। आन्ध्र में जन-आन्दोलनों का दमन करने के लिए निरंकुश पुलिसराज कायम किये हुए थे। हिन्दी-भाषी जनता के आन्दोलनों को कुचलने के लिए तमिल-भाषी पुलिस बुलायी जाती है और तेलुगु भाषियों के आन्दोलनों को दबाने के लिए हिन्दी-भाषी पुलिस। वास्तव में शासक वर्ग का भाषा-प्रेम तो राजनीति का एक बहाना है।

भाषा की इस राजनीति के झूठ और सच की पहचान धूमिल की एक कविता में है। उस कविता में इस राजनीति के वास्तविक उद्देश्य और असली रूप की समझ है और इस राजनीति के पीछे छिपे चेहरों का चित्रण भी। कविता है 'भाषा की रात'। सन् 1965 में तमिलनाडु में हिन्दी-विरोधी भयंकर दंगे हुए थे। उसकी प्रतिक्रिया उत्तर में भी हुई। 'भाषा की रात' उसी सन्दर्भ से उपजी कविता है। कविता आज भी उस सन्दर्भ का साक्षात्कार कराती है। अर्थ और अभिप्राय के स्तर पर कविता आज भी पहले की तरह ही सार्थक है, बल्कि आज पहले से अधिक सार्थक लगती है; क्योंकि भाषा की राजनीति आज पहले से अधिक भयावह हुई है। कविता में ऐसी क्षमता है कि वह पहले से अधिक जटिल और घातक आज की भाषा की राजनीति के अभिप्राय से पाठकों को सावधान कर सके। यह भाषा की राजनीति की जटिलता का अर्थ बताकर, भाषा की राजनीति के बाहरी और भीतरी रूप का भेद खोलकर उसके आतंक से पाठकों को मुक्त करने वाली कविता है। यह कविता एक ओर भाषा की भ्रामक राजनीति का प्रतिकार है तो दूसरी ओर अपनी रचनाशीलता में भाषा की मानवीय अर्थवत्ता का प्रमाण भी है।

भाषा दिलों को जोड़ती है। इसी प्रक्रिया में वह पलती और बढ़ती है, लेकिन भाषा की राजनीति उसे नफरत और दहशत का साधन बना देती है। धूमिल की कविता में भाषा की राजनीति से पैदा नफरत और दहशत की स्थितियों के अनेक चित्र हैं। एक चित्र यह हैः

नारों के पीछे/चीजों का नाटक बनाती हुई/भीड़ में/किसी बेशऊर आदमी का/बेरंग पुतला/चिट्‌ख-चिट्‌ख जल रहा है/उसकी राख/फुटपाथ पर पड़े भिखारी के/

खाली कटोरे में/गिर रही है/धुएँ से ढके हुए/आसमान के नीचे/लगता है कि हर चीज/ झूठ है:/आदमी/देश/आजादी/और प्यार/सिर्फ नफरत सही है।

भाषा की राजनीति आतंक, भय, सन्देह और नफरत का ऐसा वातावरण बनाती है कि "कल तक मुँह में जीभ डालकर बोलने वाला/प्यारा पड़ोसी/आज/देशी दाँतों की दोस्ती से/डर रहा है।"

भाषा की राजनीति भाषा की रात रचती है, नंगी/और/ठंडी/और/काली/तीन मुँहवाली यह भाषा की रात। इस रात के अँधेरे में शिकारी अपना खेल खेलते हैं।

भाषा की राजनीति के खिलाड़ी जनता की भावनाओं से खेलते हैं। उसकी ऊब, बेचैनी और गुस्से का गलत इस्तेमाल करते हैं। धूमिल ने ठीक ही लिखा है:

"तुम्हारी ऊब का/चेहरा पहनकर/हत्यारों ने/फिर उसी जुबान में/बोलना शुरू किया है/जिसमें तुम्हारे बचपन की/लोरियों की गन्ध है/और/जो तुम्हें बेहद पसन्द है।"

इस भाषा की राजनीति के पीछे सक्रिय शक्तियों और भाषा की रात में चमकते चेहरों को कवि पहचानता है। इनसे वह जनता को सावधान करता है।

"और वो देखो–/वह निहाल तोंदियल/कैसा मगन है/हुचुर-हुचुर हँस रहा है/भाड़े की भीड़ के अन्धे जुनून पर/उसे कतई एतराज नहीं है।

ओ भाषावार हमलों से हलकान मेरे भाई?/क्या तुम्हें अब भी/उसी का भरोसा है?/जिसके अधिकार में/हमारी लिट्टी है/चावल है/इडली है दोसा है।"

कवि जानता है कि भाषा की राजनीति देश की एकता खंडित करती है। वह उत्तर-दक्षिण का भेद पैदा करती है। वह कभी प्रान्तीयता का चेहरा लगाती है, कभी भाषा-प्रेम के नाम पर लोगों को भड़काती है। वह मनुष्यों और भाषाओं के बीच दरार पैदा करती है। कवि को यह भी मालूम है कि भाषा की राजनीति शासक वर्ग के विरुद्ध जनता की आपसी एकता, किसानों-मजदूरों के बीच की एकता को खंडित करती है। यही शासक वर्ग चाहता है। भूखी जनता के गुस्से से अपने को बचाने के लिए ही उसने "बहस के लिए/भूख की जगह/भाषा को रख दिया है।" शासक वर्ग जनता की एकता से डरता है, उस एकता की शक्ति और सम्भावना से डरता है; इसलिए भाषा की भ्रामक राजनीति का जाल फैलाता है। कवि शासक वर्ग की इस चाल को पहचानते हुए जनता के बीच एकता की जरूरत की ओर संकेत करता है:

हाय! जो असली कसाई है
उसकी निगाह में
तुम्हारा यह तमिल दुःख
मेरी इस भोजपुरी पीड़ा का
भाई है।

धूमिल अपनी कविताओं में तल्ख भाषा और चुस्त मुहावरों में कटु सत्य कहने

के लिए प्रसिद्ध हैं। उनका आक्रामक व्यंग्य उनके निष्कपट बयानों को और अधिक मारक बना देता है। सार्थक राजनीतिक कविता के लिए यह सब जरूरी है। कुछ लोग धूमिल की चौकस काव्य-भाषा पर केवल चौंकते हैं, जबकि उनकी कविता चौंकने की नहीं, सोचने की माँग करती है। धूमिल की इस कविता में कहीं भी दुविधा और दुराव नहीं है—न दृष्टि में, न अभिव्यक्ति में; न फरेबी राजनीति की चालों की पहचान में, न जनता की एकता के आह्वान में। जहाँ कविता आह्वान की ओर मुड़ती है वहाँ दृष्टि की दृढ़ता, भावना का आवेग और भाषा की धार देखने लायक है:

"ओ देश के पोर-पोर में दुःखते हुए गूँगे जुनून/क्रोध की अकेली मुद्रा में उफनते हुए सात्विक खून/आ, बाहर आ/मैं एक अदना कवि तेरी भाषा का मुँहताज!/मुझे अपनी बोली में शरीक कर/चीख, अपने होने की पीड़ा से चीख/लीक तोड़/अब और तरह/मत दे/साफ-साफ कह दे/भूख जो कल तक रोशनी थी/आज नींद से पहले का जागरण है/सुविधापरस्त लोगों के ऊसर दिमाग में/थुहर की तरह उगी हुई राजनीति/शब्दों से बाहर का व्याकरण है।"

शासक वर्ग भाषा का राजनीतिक उपयोग ही नहीं करता, वह अपनी राजनीति को आगे बढ़ाने के लिए ऐसी भाषा-व्यवस्था का भी निर्माण करता है जो उसके हितों, उद्देश्यों और आकांक्षाओं को पालने-पोसने वाली हो। भाषा के इस विशिष्ट व्यवहार में शासक वर्ग की अस्मिता और विचारधारा व्यक्त होती है। शासक वर्ग के राजनीतिक हित और उसकी भाषा-व्यवस्था के बीच सम्बन्ध हमेशा एक-सा नहीं होता। वह कहीं स्पष्ट होता है, कहीं गूढ़, कहीं सहज होता है, कहीं जटिल। आज के जमाने में रेडियो, टेलीविजन, अखबार, भाषण और लेखन आदि भाषा के विचारधारात्मक उपयोग के मुख्य माध्यम हैं।

शासक वर्ग जिस भाषा-व्यवस्था का निर्माण करता है उसमें शब्द के अर्थ को भ्रष्ट करने और बदलने की प्रक्रिया चलती है। हमारे यहाँ समाजवाद, धर्मनिरपेक्षता, आजादी, जनतन्त्र आदि इस प्रक्रिया के शिकार हुए हैं। जनता को भटकाने के लिए शासक वर्ग को इन शब्दों की जरूरत है। वह इन शब्दों का प्रयोग करता है, लेकिन इनके इतिहास-सम्मत अर्थ को बदलकर, उस अर्थ के पीछे की धारणा को छोड़कर और उस धारणा के आधारभूत यथार्थ को झुठलाकर। इस तरह शासक वर्ग शब्द के इतिहास अर्जित अर्थ को बिगाड़कर शब्द-छल के सहारे जनता को धोखा देता है। हिन्दी के जिन कवियों ने शासक वर्ग की भाषा के छद्म को पहचाना है उनमें धूमिल का विशेष महत्त्व है। धूमिल ने शासक वर्ग की सेवा करने वाली संस्थाओं का वास्तविक चरित्र खोलकर पाठकों के सामने रख दिया है। उन्होंने शासकीय भाषा का भेद खोलकर जनता को आगाह भी किया है। धूमिल ने शासक वर्ग की भाषा-व्यवस्था के उद्देश्य और रहस्य की ओर संकेत करते हुए लिखा है:

"उन्हें तुम्हारी भूख पर भरोसा था/सबसे पहले उन्होंने एक भाषा तैयार की/जो

तुम्हें न्यायालय से लेकर नींद से पहले की प्रार्थना तक गलत रास्तों पर डालती थी/'वह सच्चा पृथ्वी पुत्र है'/वह संसार का अन्नदाता है/मगर तुम्हारे लिए कहा गया हर वाक्य/एक धोखा है जो तुम्हें दलदल की ओर ले जाता है।"

राजनीति की भाषा में फैले धुएँ और कुहासे को तेज ऐतिहासिक दृष्टि से भेद कर उसमें छिपी सच्चाई को सामने लाने की कला में धूमिल बेजोड़ हैं। उनकी कविता में शासक वर्ग की भाषा की आलोचना उसकी विचारधारा और राजनीति की भी आलोचना है। ऐसी आलोचना का एक उदाहरण पेश है। पिछले चालीस वर्षों से इस देश के शासक वर्ग की राजनीतिक भाषा का सबसे उपयोगी और चालू शब्द 'समाजवाद' है। इस सरकारी समाजवाद की हकीकत बताते हुए धूमिल ने लिखा है:

"समाजवाद/उनकी जुबान पर अपनी सुरक्षा का/एक आधुनिक मुहावरा है/मगर मैं जानता हूँ कि मेरे देश का समाजवाद/माल गोदाम में लटकती हुई/उन बाल्टियों की तरह है जिन पर 'आग' लिखा है/और उनमें बालू और पानी भरा है।"

विडम्बना की यह पहचान धूमिल की कविता की जान है।

राजनीति की भाषा

दिल्ली में एक गोष्ठी हुई थी। विषय था 'शब्द अविश्वसनीय हो गये हैं।' गोष्ठी में नयी कहानी के तीन सितारे (निर्मल वर्मा, कमलेश्वर और राजेन्द्र यादव) शब्द की विश्वसनीयता-अविश्वसनीयता पर बोलने वाले थे। संयोजक खुश थे कि उनकी गोष्ठी में सितारे आ रहे हैं। शहर के कोने-कोने से श्रोता आये थे। कुछ की दिलचस्पी शब्द से अधिक सितारों में थी। लोगों को उम्मीद थी कि गोष्ठी में सितारों की लड़ाई (स्टार वार) देखने का मौका मिलेगा, लेकिन इतनी आसानी से सितारे कहाँ मिलते हैं। उनका आपस में टकराना तो और दूर की बात है। वादा करके भी सितारे नहीं आये। जिनकी दिलचस्पी केवल तारक-युद्ध में थी वे जरूर निराश हुए। 'सितारे', शब्द की अविश्वसनीयता पर बिना बोले अपने आचरण से बहुत कुछ कह गये।

बहुत पहले सरदार पूर्णसिंह ने 'आचरण की सभ्यता' नामक निबन्ध में लिखा था, "मौन जितना बोलता है, व्याख्यान उतना नहीं।" शब्द की विश्वसनीयता का गहरा सम्बन्ध मनुष्य के आचरण से होता है। गोष्ठी के अध्यक्ष थे बाबा नागार्जुन; अपने कर्म से शब्द को विश्वसनीय बनाने वाले जनकवि। बुढ़ापा और बीमारी के बावजूद वे आये; क्योंकि शब्द की विश्वसनीयता का सवाल सामने था। अगर शब्द अविश्वसनीय हो जाएँगे तो कविकर्म का क्या होगा! नागार्जुन की अध्यक्षता में शब्द की अविश्वसनीयता पर बहस में सितारों का न आना लोगों की समझ में आया। ज्वालामुखी के मुँह पर बैठकर पिकनिक मनाने कौन जाता है।

जैसे-तैसे गोष्ठी हो गयी। वह लोगों के मन में शब्द की विश्वसनीयता की चिन्ता छोड़ गयी। क्या शब्द की विश्वसनीयता की यह चिन्ता अकारण है? शब्द की विश्वसनीयता की चिन्ता, असल में, अर्थ की विश्वसनीयता की चिन्ता है। यही नहीं, अर्थ की विश्वसनीयता कर्म की विश्वसनीयता से जुड़ी है। मनुष्य के जीवन-व्यवहार, अनुभव, चिन्तन और सृजन का कर्म ही शब्द की शक्ति का मूलस्रोत है। जहाँ कर्म अविश्वसनीय होता है वहीं उससे जुड़े शब्द भी अविश्वसनीय होने लगते हैं।

शब्द की विश्वसनीयता की चिन्ता क्या किसी व्यापक सांस्कृतिक संकट का सूचक है? शब्द की विश्वसनीयता की चिन्ता से जाहिर है कि शब्द को अविश्वसनीय

बनाने वाली प्रक्रिया चल रही है। इसे कुछ लोगों का वहम मानकर इसकी उपेक्षा करना घातक हो सकता है। जरूरत इस बात की है कि धैर्य से इसकी वास्तविक स्थिति की जाँच-परख की जाए और शब्दों को अविश्वसनीय बनाने वाली प्रक्रिया को पहचाना जाए। प्रक्रिया की पहचान का अर्थ है उन वास्तविक परिस्थितियों और सम्बन्धों की खोज करना, जिनमें प्रक्रिया प्रकट होती है।

शब्दों के स्वभाव के पारखी कवि केदारनाथ सिंह ने शब्दों के जीने-मरने की सच्चाई की काव्यात्मक व्यंजना इस तरह की है:

वे मर जाते हैं साहस की कमी से
कई बार मौसम की नमी से
मर जाते हैं शब्द
ठण्ड से नहीं मरते हैं शब्द

समाज के कर्ममय जीवन में शब्दों की सार्थकता ही उनका जीवन है और निरर्थकता मौत। शब्दों की सार्थकता सामाजिक प्रक्रिया में घटती-बढ़ती है। कई बार कुछ शब्द निरर्थकता के दौर से गुजरकर फिर सार्थकता पा लेते हैं। बशर्ते कि उनके अर्थ को मूर्त और सजीव बनाने वाले कर्म का विकास हो। सामाजिक परिवर्तन की प्रेरणा देने वाले आन्दोलनों के काल में यह स्थिति आती है। लेकिन कई बार कुछ शब्द प्रयोग करने वालों में साहस की कमी से निरर्थक हो जाते हैं। प्रायः वाग्विलासी शब्द-वीरों के हाथों में पड़कर तेजस्वी शब्दों की यही गति होती है। संघर्ष, क्रान्ति, समाजवाद आदि शब्दों की दुर्गति आजकल दिखाई दे रही है। कई बार विशिष्ट सामाजिक-राजनीतिक माहौल भी कुछ शब्दों को मार देता है। केदारनाथ सिंह जब कहते हैं कि मौसम की नमी से मर जाते हैं शब्द, तब मौसम का आशय विशेष सामाजिक-राजनीतिक माहौल ही है।

केदारनाथ सिंह की कई दूसरी कविताओं में भी 'मौसम' सामाजिक-राजनीतिक परिवेश की ओर संकेत करता है। आप 'उमस' कविता में मौसम का प्रयोग देखिए:

पर मौसम चाहे जितना खराब हो
उम्मीद नहीं छोड़तीं कविताएँ

या फिर 'बाघ' कविता में आये मौसम पर गौर कीजिए:

सच्चाई यह है कि हम शक नहीं कर सकते
बाघ के आने पर
मौसम जैसा है
और हवा जैसी बह रही है
उसमें कभी भी और कहीं भी आ सकता है बाघ।

अगर आप 'बाघ' कविता के मौसम को केवल मौसम, हवा को हवा और बाघ

को सिर्फ बाघ समझते हैं तब आपको यह कविता समाज से नहीं, जंगल से जुड़ी प्रतीत होगी जो कि वह नहीं है। लेकिन अगर आप बदलते सामाजिक मौसम और नयी राजनीतिक हवा को पहचानते हैं तब इस 'ढलती शताब्दी के पंचतन्त्र' के मौसम, हवा और 'बाघ' का अर्थ समझते देर न लगेगी। तब आप इस सच्चाई पर शक नहीं करेंगे कि "मौसम जैसा है और हवा जैसी बह रही है, उसमें कभी भी और कहीं भी आ सकता है बाघ।" अगर पूरे देश में या अपने आस-पास घटती घटनाओं को ध्यान से देखें तो पाएँगे कि यह कवि की कल्पना नहीं है, हमारे जीवन की सच्चाई है।

भाषा में शब्द बहुत कुछ समाज में व्यक्ति की तरह होते हैं। जैसे समाज में कुछ व्यक्ति सेनुरिहा आम की तरह देखने में मोहक लेकिन काम पड़ने पर धोखा देने वाले होते हैं, वैसे ही भाषा के संग्रहालय में कुछ शब्द भी होते हैं। अभिजात व्यक्तियों जैसा ही अभिजात शब्दों का भी व्यवहार होता है। इसके विपरीत स्वभाव से सरल, जीवन की मार से बदरंग और समाज की उपेक्षा के शिकार जन की तरह जन-जीवन में रमने वाले शब्द कठिन समय में बड़े काम के साबित होते हैं। केदारनाथ सिंह की कविता 'शब्द' में यह संकेत है :

मैं जान गया हूँ
कि सबसे सरल शब्द वे होते हैं
जो होते हैं सबसे काले और कत्थई
सबसे जोखिम भरे वे जो हल्के पीले
और गुलाबी होते हैं
जिन्हें हम बचाकर रखते हैं।
अपने सबसे भारी और दुःखद क्षणों के लिए
अक्सर वही ठीक मौके पर
लगने लगते हैं अश्लील

केदारनाथ सिंह कविता में सीधे बयान देने के बदले अर्थपूर्ण संकेतों में अपनी बात कहते हैं। इसी पद्धति से इस कविता में शब्दों के स्वभाव और अर्थ का विवेक समाज में मनुष्यों की स्थिति और सार्थकता का विवेक बन गया है। भूसा के भाव भाषा को तौलने वाले शब्द-व्यवसायी कवियों की बात अलग है, लेकिन सजग कवियों की भाषिक संवेदनशीलता उनकी सामाजिक संवेदनशीलता की गवाही देती है। केदारनाथ सिंह की भाषा-चेतना में उनकी सामाजिक चेतना प्रकट है।

समाज भाषा की जन्मभूमि है और कर्मभूमि भी। यहीं से नये शब्द पैदा होते हैं, पुराने शब्दों में नया अर्थ भरता है और उन्हें नया जीवन मिलता है। समाज ही भाषा

की शक्ति का मुख्य स्रोत है और समाज के कर्ममय जीवन में भाषा की क्रियाशीलता सार्थकता पाती है। समाज के जीवन-कर्म से भाषा की शक्ति, गति और क्रिया के गतिशील संश्लिष्ट सम्बन्ध की अभिव्यक्ति त्रिलोचन की इन पंक्तियों में है:

भाषा की लहरों में जीवन की हलचल है
ध्वनि में क्रिया भरी है और क्रिया में बल है।

समाज भाषा के परिवर्तन और विकास का प्रेरक है, लेकिन सब समाज एक समान नहीं होते। एक समाज के भीतर भी कई समाज होते हैं, जिन्हें आप समाज विभिन्न स्तर और वर्ग कहते हैं। सब समाज और समाज के सभी वर्ग भाषा के विकास में समान भूमिका नहीं निभाते। कैसे समाज और समाज के किन वर्गों के जीवन से भाषा का विकास और नये शब्दों का निर्माण होता है, यह कवि त्रिलोचन से सुनिए:

लडता हुआ समाज, नयी आशा भिलाषा
नये चित्र के साथ नयी देता हूँ भाषा।

संघर्षशील समाज और वर्ग ही नयी भाषा और नये शब्दों का विकास करते हैं। जहाँ जीवन में नयी आशा होती है, नयी-नयी अभिलाषाएँ होती हैं, जीवन का नया नक्शा होता है और इन सबको पाने के लिए संघर्ष होता है वहीं नयी भाषा और नये शब्दो के विकास की संभावना होती है। ऐसे समाज और वर्ग के जीवन की हलचलों से जुड़ा हुआ कवि, उस जीवन की आशा, अभिलाषा और संघर्ष को चित्रित करने वाला कवि, नये चित्रों से भरी नयी भाषा की रचना दे सकता है। मरणोन्मुख समाज और वर्ग की बुझती आशाओं, गिरती अभिलाषाओं और सिमटते जीवन का कवि पुराने चित्रों की रूढ़िबद्ध भाषा में कविता लिखने के लिए अभिशप्त होगा।

समाज में भाषा का एक कर्मक्षेत्र राजनीति है। आजकल राजनीति का प्रभाव इतना व्यापक हो गया है कि सामाजिक जीवन का कोई कोना उससे अछूता नहीं है। ऐसी स्थिति में राजनीति से भाषा कैसे अप्रभावित रह सकती है। राजनीति के अनेक रूप और प्रकार हैं, इसलिए भाषा से राजनीति के सम्बन्ध भी कई तरह के हैं। एक राजनीति भाषा को नये शब्द देती है, शब्द को कर्म से जोड़ती है, उसके अर्थ -गौरव को बढ़ाती है; दूसरी राजनीति जानबूझकर भाषा को भ्रष्ट करती है। पहली राजनीति जन, जनतन्त्र, स्वतन्त्रता, धर्मनिरपेक्षता, समाजवाद जैसे शब्दों के अर्थ की प्रतिष्ठा के लिए संघर्ष करती है। दूसरी राजनीति इन शब्दों को अपनी सुरक्षा का साधन बनाकर इन्हें खाली और खोखले शब्द बनाती रहती है। पहली राजनीति जनता की है, दूसरी शासकवर्ग की।

राजनीति का शासक वर्ग जो अर्थ समझता समझाता है, जनता उससे भिन्न अर्थ खोजती है। राजनीति से दोनों का अभिप्राय एक नहीं है इसलिए दोनों का

राजनीतिक कर्म एक जैसा नहीं होता। जनता की राजनीति को शासक वर्ग सन्देह की नजर से देखता है तो जनता शासकों की राजनीति को छलावा मानती है। जनता और शासक वर्ग के बीच का संघर्ष एक स्तर पर राजनीति के अपने-अपने अर्थ की प्रभुता स्थापित करने का भी होता है।

आज जनता के सामने शासक वर्ग की राजनीति का अर्थ है झूठ, फरेब और छल! राजनीति का यह अर्थ शासक वर्ग के राजनीति कर्म से पैदा हुआ है। राजनीति का यह अर्थ उतना नया नहीं है जितना कुछ लोग समझते हैं। यह काफी पुराना है! महाकवि सूरदास के समय में राजनीति का यह अर्थ जन-जीवन में जरूर प्रचलित रहा होगा तभी जन-मन की पहचान वाले उस कवि की कविता में 'राजनीति' का इस अर्थ में प्रयोग हुआ है। सूरदास रूपकों की भाषा में सोचने वाले कवि है। इसी भाषा में वे अनुभवों और विचारों को वस्तुपरक रूप में व्यक्त करते हैं। एक पद में राजनीति की रीति समझाते हुए सूरदास ने स्पष्ट घोषणा की हैः

राजनीति की रीति सुनौ हो, चरत वारि चर खेत।

इससे बड़ी विडम्बना क्या हो सकती है कि बादल खेत चर जाएँ, जीवन देने वाले जीवन ले लें, पोषक शोषक बन जाएँ। लेकिन शासक वर्ग की राजनीति की यही रीति है, सूरदास के जमाने में थी और आज भी है। राजनीति की यह रीति बताते हुए सूरदास ने अपने युग की जन-भावना को ही वाणी दी है। यह वाणी सीधे जन-मन में उतर जाने वाली है।

झूठ, फरेब और छल के अर्थ में 'राजनीति' का प्रयोग सूरदास के एक और पद में है। वह पूरा पद देखिएः

हरि हैं राजनीति पढ़ि आए।
समुझी बात कहत मधुकर जो? समाचार कछु पाए?
इक अति चतुर हुते पहिले ही, अरु करि नेह दिखाए।
जानी बुद्धि बड़ी जुवतिन को जोग सन्देश पठाए।
भले लोग आगे के सखि री, परहित डोलत धाए।
वे अपने मन फेरि पाइए, जे हैं चलत चुराए।
ते क्यों नीति करत आपनु जे औरनि रीति छुड़ाए।
राजधर्म सब भए सूर जहँ प्रजा न जाय सताए।

यहाँ झूठ और फरेब के अर्थ में राजनीति का प्रयोग ऐसा सटीक है कि मुहावरा बन गया है। सम्भव है यह सूरदास के समय का लोक प्रचलित मुहावरा हो। आज यह मुहावरा पहले से अधिक प्रासंगिक हो गया है। हिन्दी के एक आलोचक का ख्याल है कि बोलचाल की मुहावरेदार भाषा का प्रयोग केवल उर्दू कविता में होता है, हिन्दी कविता में यह बात नहीं है। इसी आधार पर वे हिन्दी कविता को उर्दू

कविता से अलग करते हैं। मेरा निवेदन है कि अगर वे चाहें तो सूरदास की कविता पढ़कर अपना भ्रम दूर कर सकते हैं। इसी आलोचक की राय है कि कविता में राजनीति और व्यंग्य के आने से कविता का स्वास्थ्य बिगड़ जाता है, दोनों एक साथ आ जाएँ तब तो बुरा हाल हो जाता है। लेकिन वास्तविकता यह है कि कविता में राजनीति और व्यंग्य प्रायः एक साथ ही आते हैं। जब समाज में एक साथ होते हैं तब कविता में एक साथ क्यों न आयें। सूरदास के इस पद की पहली पंक्ति में राजनीति और व्यंग्य वैसे ही एक साथ हैं जैसे शब्द और अर्थ एक साथ होते हैं। यहाँ सूर की वाग्विदग्धता का निखार देखने लायक है।

यह पद प्रमाण है कि सूरदास अपने रंग में मस्त रहने वाले जीव न थे। अपने युग की राजनीति की रीति और अर्थ की पहचान करने वाले कवि को अपने रंग में मस्त जीव कैसे कहा जा सकता है। सम्भव है राजनीति का यह अर्थ जनमानस में सूरदास के पहले से हो, लेकिन हिन्दी कविता में राजनीति का इस अर्थ में प्रयोग करने वाले पहले कवि सूरदास हैं। आज राजनीति का वह अर्थ पहले से अधिक विकट रूप में प्रकट है, इसलिए सूरदास का प्रयोग आज अधिक सार्थक लगता है। इससे यह भी साबित होता है कि जो कवि अपने युग के मन को पहचानता है उसी की रचना आने वाले युग के मन को छूती है। समाज में कर्म से शब्द का जो अर्थ बनता-बिगड़ता है, वह साहित्य में आकर सुरक्षित जगह पा लेता है। शब्द के अर्थ में समय और समाज की उसकी यात्रा की स्मृति मौजूद रहती है। उस स्मृति की मदद से उसके प्रेरक यथार्थ की पहचान हो सकती है। सूरदास के पद में राजनीति का अर्थ उस युग की राजनीति के स्वरूप की ओर संकेत करता है।

सूरदास राजनीति के केवल एक ही रूप और अर्थ से परिचित न थे। उन्हें दूसरी राजनीति की अधिक चिन्ता थी। वे जनता की इच्छा की राजनीति और राजनीति के जनाकांक्षित अर्थ की स्थापना चाहते थे, इसलिए लिखा है कि *"राजधर्म सब भये सूर जहँ प्रजा न जाये सताये"*। यह राजतन्त्र के काल में प्रजातन्त्र की आकांक्षा है।

भाषा को राजनीति कई तरह से प्रभावित करती है। राजनीति की भाषा में कभी-कभी सुविधा के लिए कुछ शब्दों को ले लिया जाता है, लेकिन असुविधाजनक अर्थ, अर्थ के पीछे की धारणा और धारणा के आधारभूत यथार्थ को छोड़ दिया जाता है। हमारे यहाँ शासकवर्ग की राजनीति की भाषा में यही स्थिति 'समाजवाद' की है। इस देश की राजनीति की भाषा में 'समाजवाद' के जितने अर्थ बने और बिगड़े हैं उतने और कहीं शायद ही मिलें। दूसरी प्रक्रिया यह भी है कि किसी शब्द को असुविधाजनक समझकर उसके प्रयोग से बचा जाए, लेकिन राजनीतिक व्यवहार में उसके अर्थ, अर्थ के पीछे की धारणा और उस धारणा के आधारभूत यथार्थ को लगातार मजबूत किया जाए, यही स्थिति 'पूँजीवाद' की है। इस देश के राजनीतिक दलों का सबसे

लतमरुआ शब्द 'पूँजीवाद' ही है, फिर भी देश की अर्थव्यवस्था लगातार उसी के चरण-चिह्नों पर चल रही है। जबसे दक्षिण अफ्रीका के 'जातिभेद' पर दुनियाभर के लोग थूकने लगे हैं, तबसे वहाँ के शासक 'जातिभेद' की वास्तविकता को छिपाने के लिए नये-नये नामों की खोज में लगे हैं। वे 'जातिभेद' को कभी जातियों का स्वतन्त्र विकास, कभी बहुराष्ट्रीयतावाद, कभी लोकतान्त्रिक संघवाद, कभी अनेकतावादी लोकतन्त्र और कभी राष्ट्रीयताओं का भेद कहते हैं, लेकिन जातिभेद की धारणा और वास्तविकता को बनाये रखना चाहते हैं। राजनीति में शब्दों का अर्थ बदलते देर नहीं लगती। कई बार अर्थ बदलता ही नहीं उलट जाता है। यह राजनीति की भाषा का ही कमाल है कि सिद्धान्त पर चलने वालों को रूढ़िवादी कहा जाता है और अवसरवादियों को आधुनिक।

राजनीति की भाषा को अविश्वसनीय बनाने में शासक दल के साथ-साथ विरोधी दलों का भी योगदान कम नहीं है। सुविधा की राजनीति दुविधा की भाषा के सहारे चलती है। देश के सामने खड़ी विभिन्न समस्याओं के प्रसंग में सुविधा की राजनीति से दुविधा की भाषा का सम्बन्ध जगह-जगह दिखाई देता है। पिछले कुछ दिनों से राष्ट्र, राज्य और सरकार को अभिन्न समझने की प्रवृत्ति जोर पकड़ रही है। इस प्रवृत्ति के अनुसार सरकार का विरोध राज्य का विरोध मान लिया जाता है और राज्य का विरोध राष्ट्र का विरोध घोषित कर दिया जाता है। कभी-कभी तो राज्य और सरकार पर एकाधिकार रखने वाले दल और उसके नेता के विरोध को राष्ट्र-विरोधी गतिविधियों में गिन लिया जाता है।

आजकल राष्ट्रीयता की खूब चर्चा है। इस चर्चा में राष्ट्रीयता के वास्तविक स्वरूप और आधार के बारे में यथार्थवादी ढंग से सोचने के बदले भावुक भाषणों की भरमार अधिक है। राष्ट्रीय एकता जनता पर निर्भर है, लेकिन सरकार राष्ट्रीय एकता की रक्षा के लिए जनता से अधिक 'पुलिस' पर भरोसा कर रही है। जनता के हर आन्दोलन को सरकार राष्ट्रीय हित और राष्ट्रीय एकता के विरुद्ध समझती है, वह जन-आन्दोलनों को 'कानून और व्यवस्था' का मामला बताकर पुलिस और अर्द्धसैनिक बलों को सौंप देती है। पुलिस अपने ढंग से कानून-व्यवस्था और राष्ट्रीय एकता कायम करती है। यह अलग बात है कि न कानून-व्यवस्था कायम हो रही है और न राष्ट्रीय एकता।

जो दशा राष्ट्रीय एकता की है वह राष्ट्रीय हित की है। पंजाब, कश्मीर, असम, मिजोरम के प्रसंग में केन्द्र की सरकार और शासक पार्टी की समझ और हित के अनुसार राष्ट्रीय हित के बदलते अर्थ को समझना पहेली बूझने जैसा है। राष्ट्रीय हित के नाम पर जब जनता की उचित आकांक्षाओं को दबाया जाता है तब सन्देह होता है कि आखिर राष्ट्रीय हित के नाम पर किसके हितों की रक्षा की जा रही है। क्या

भूपतियों-पूँजीपतियों का हित राष्ट्रीय हित है और किसानों-मजदूरों का हित राष्ट्रीय हित नहीं है? रघुवीर सहाय ने एक कविता में यही सवाल उठाया है:

राष्ट्रगीत में भला कौन वह
भारत भाग्य विधाता है
फटा सुथन्ना पहने जिसका
गुन हरचरना गाता है।

जो राजनीति राष्ट्र, राष्ट्रीय हित और राष्ट्रीय एकता का अर्थ बिगाड़ती है उसकी भाषा अविश्वसनीय हो जाए तो क्या आश्चर्य।

आज का समय और कविता का संकट

आजकल हिन्दी कविता की स्थिति अत्यन्त विचित्र है। कवियों को एक से बढ़कर एक पुरस्कार मिल रहे हैं, लेकिन कविता को पाठक नहीं मिल रहे हैं। जैसे-तैसे कविता की किताबें छप रही हैं, लेकिन अत्यन्त सीमित संख्या में। किसी भी कविता-संग्रह की एक हजार से ज्यादा प्रतियाँ नहीं छपतीं। वे भी अगर सरकारी खरीद न हों तो दुकानों में पड़ी रहती हैं। किताबों के बाजार में उनकी कोई माँग नहीं है। कविता को पाठकों तक पहुँचाने का एक माध्यम छोटी पत्रिकाएँ हैं, जिनमें से अधिकांश की दशा अत्यन्त दयनीय है। हिन्दी की कोई भी लघु पत्रिका एक-दो हजार से अधिक नहीं छपती और वह भी अनियमित। जो केवल कविता की पत्रिकाएँ हैं, उनकी हालत और भी खराब है। हिन्दी के कुछ दैनिक अखबार अपने पाठकों को स्वाद बदलने के लिए रविवार के संस्करण में थोड़ी जगह कविता को देते रहे हैं। उनमें से कुछ ने अब वह भी बन्द कर दिया है और पाठकों का स्वाद बदलने या बढ़ाने के लिए कविता से अधिक जायकेदार मसालों की खोज कर ली है।

हिन्दी समाज में भी कविता की पहुँच बहुत सीमित है। आखिर हिन्दी में कविता की किताबें और पत्र-पत्रिकाएँ कितनी छपती हैं और जो छपती हैं, उनमें से कितनी पाठकों तक पहुँच पाती हैं? सोचने की बात यह भी है कि जो पाठकों तक पहुँचती हैं, उनमें से कितनी पाठकों के दिल-दिमाग तक पहुँच सकती हैं?

हिन्दी में कविता लिखने, पढ़ने और उसकी चर्चा करने का काम मुट्ठीभर साहित्यिक समुदाय के लोग करते हैं। कविता के प्रमुख पाठक कवि ही हैं। वे एक-दूसरे की कविताएँ पढ़ते हैं, उन पर बातें करते हैं और कभी-कभी लिखते भी हैं। कवियों के बाद कविता के पाठक वे हैं, जो साहित्य के पुरोहित माने जाते हैं। उन्हें आलोचक भी कहा जाता है। वे कोई किताब तभी पढ़ते हैं, जब उसे पढ़ना जरूरी होता है। इन सबके साथ ही कविता के पाठक वे भी हैं, जो साहित्यिक समुदाय में शामिल होने की तैयारी में कविता उसी तरह पढ़ते हैं, जैसे उपन्यास और कहानियाँ। कविता का एक बड़ा पाठक वर्ग शिक्षा संस्थाओं में पाया जाता है, जो जरूरत के मुताबिक मजबूरी में कविता पढ़ता और पढ़ाता है। इन सबसे अलग कविता का एक और पाठक समुदाय है, जिसे साधारण पाठक कहा जाता है। वह

साहित्यिक समुदाय का हिस्सा नहीं है, उसके हाशिए पर रहता है और साहित्यिक समुदाय के कर्म-कुकर्म को सहता, भोगता और स्वीकार करता है। वह मनुष्य और उसकी संस्कृति में दिलचस्पी के कारण कविता पढ़ता है। इसी साधारण पाठक के पास पहुँचकर कविता सचमुच सार्थक होती है; क्योंकि वह उसकी चेतना का हिस्सा बनती है। चिन्ता की बात यह है कि वही साधारण पाठक समुदाय कविता से क्रमशः दूर होता जा रहा है। उसमें कविता पढ़ने की इच्छा, जरूरत और आदत घट रही है। साहित्यिक समुदाय के बाहर के व्यापक समाज में कविता के लिए जगह धीरे-धीरे कम होती जा रही है। कविता ही नहीं, बाकी साहित्य का भी आज के सामाजिक जीवन में कोई विशेष स्थान नहीं है। साहित्यिक समुदाय के लिए भले ही साहित्य जीवन के एक शौक, पेशा या सीढ़ी के रूप में महत्त्वपूर्ण हो, लेकिन वह व्यापक जनजीवन में कोई जरूरी, सक्रिय और जीवन्त शक्ति नहीं है।

हिन्दी में कुछ ऐसे कवि हैं, जिनके लिए कविता लिखना शतरंज खेलने जैसा है। उससे उन्हें एक ओर बौद्धिक व्यायाम का लाभ मिलता है, तो दूसरी ओर उच्च कोटि के शौकीन कहलाने का सुख भी प्राप्त होता है। एक और जमात ऐसे कवियों की है, जो कविता का मदारी की बन्दरिया की तरह उपयोग करते हैं और उससे पैसा बटोरते हैं। इन दोनों प्रकार के कवियों को अगर आज के समाज में कविता की दुर्गति की कोई चिन्ता न हो तो कोई आश्चर्य की बात नहीं है। लेकिन हिन्दी में ऐसे भी कवि हैं, जिनके लिए कविता आत्मा की पुकार है, अपने समय की गवाह है और अपने समाज की खबर भी। ऐसी कविता समाज से अलग रहकर सार्थक नहीं होती, क्योंकि पुकार में दूसरे तक पहुँचने की बेचैनी होती है और उत्तर पाने की आकांक्षा भी। जब साहित्यिक समुदाय के बाहर के व्यापक समाज में ऐसी कविता की पहुँच और प्रभाव का अभाव हो, तब मानना होगा कि समाज से कविता के सम्बन्ध के बीच कोई बड़ी दरार आ गयी है और समाज से कविता का रिश्ता टूट गया है। आज की अधिकांश हिन्दी कविता, चाहे वह व्यक्तिवादी हो या जनवादी, केवल साहित्यिक समुदाय की दिलचस्पी की वस्तु रह गयी है। यह स्थिति हिन्दी समाज और हिन्दी कविता दोनों के स्वास्थ्य के लिए खतरनाक है। इससे यह भी संकेत मिलता है कि हमारा समाज एक गहरे सांस्कृतिक संकट से गुजर रहा है।

व्यापक समाज से कविता के रिश्ते के टूटने का अनुभव अनेक कवियों को हो रहा है। जो कवि इस संकट के बारे में सचमुच सजग हैं, वे रचना के स्तर पर उससे जूझ भी रहे हैं। ऐसे कवि अपनी कविताओं में समाज से कविता के वास्तविक और सम्भावित सम्बन्धों की खोज और पहचान कर रहे हैं। लेकिन कुछ दूसरे कवि समाज में कविता की संकटग्रस्त स्थिति से निराश होकर भविष्य के लिए कविता लिख रहे हैं। वे अपनी कविता की असामाजिकता की जाँच-परख करने और उसे बदलने के

बदले आज के समाज को ही कविता-विरोधी कहकर भवभूति की तरह भविष्य के समानधर्माओं के लिए इस उम्मीद में कविताएँ लिख रहे हैं कि, "आएँगे दिन कविताओं के।" किसी कवि के निराशा में डूबे "दिल के खुश रखने को ग़ालिब, यह ख़याल अच्छा है।" लेकिन आज के समय में कविता की दुर्गति और समाज के सांस्कृतिक संकट का यह कोई समाधान नहीं है। आश्चर्य की बात यह है कि साहित्य के पुरोहितों को न कविता की इस नाजुक स्थिति की खबर है, न उस व्यापक सांस्कृतिक संकट का बोध, जिससे यह नाजुक स्थिति पैदा हुई है। वे अपने-अपने जजमानों का जय-जयकार करते हुए उन्हें आश्वस्त कर रहे हैं कि कहीं कोई संकट नहीं है।

आज के समाज में कविता जिस संकट का सामना कर रही है, वह न अचानक आया है और न अकारण। वह लम्बी ऐतिहासिक प्रक्रिया का परिणाम है। सभ्यता के विकास के साथ समाज से कविता का सम्बन्ध बदलता रहा है। व्यापक जनजीवन से कविता की अन्तरंगता क्रमशः कम हुई है। कविता के इतिहास में अब तक तीन मूलगामी परिवर्तन हुए हैं। सभ्यता के इतिहास में सम्प्रेषण की पहली अवस्था मौखिक थी, दूसरी लिखित और तीसरी अवस्था मुद्रण या प्रकाशन की है। इन तीनों का कविता के स्वरूप पर भी गहरा प्रभाव पड़ा है। आरम्भिक काल में जब मानव समाज मौखिक संस्कृति की अवस्था में था, तब कथा की तरह कविता भी मौखिक थी। उस समय कविता व्यक्तिगत कला नहीं, सामूहिक क्रियाशीलता थी, जिसमें पूरा जनसमुदाय शामिल होता था। तब कविता सामाजिक जीवन के धर्म और कर्म से अनिवार्य तथा अविभाज्य रूप से जुड़ी हुई थी। जनजीवन पर उसका प्रभाव बहुत व्यापक था और गहरा भी। लगभग जादुई प्रभाव। उस समय कविता प्रार्थना थी, भविष्यवाणी थी, आप्त वचन थी और आर्ष वाक्य थी। वह सत्य के स्रोत और ज्ञान के साधन के रूप में सर्वजनसुलभ थी; क्योंकि सम्पूर्ण समाज के जीवन, व्यवहार और अनुभव की भाषा में उसकी रचना होती थी। जनसमुदाय तक उसके पहुँचने में न कोई बाधा थी, न शर्त और न भेद की स्थिति। उस समय कविता मनुष्य की कल्पना और चिन्ता की अभिव्यक्ति का मुख्य माध्यम थी और उसकी सामाजिकता और मानवीयता के विकास का साधन भी।

जब मानव समाज मौखिक संस्कृति को पीछे छोड़कर लेखन की संस्कृति की ओर बढ़ा, तब साहित्य केवल कविता और कथा तक सीमित नहीं रहा। उसकी सीमा का विस्तार हुआ और नये-नये रूपों का विकास। लेकिन तभी साहित्य की संस्कृति में एक स्थायी विभाजन भी हुआ। मौखिक साहित्य से लिखित साहित्य अलग हो गया। मौखिक साहित्य लोक साहित्य बन गया और लिखित साहित्य शिष्ट या विशिष्ट साहित्य कहा जाने लगा, क्योंकि उसके लेखक समाज के अभिजात समुदाय के

विशिष्ट लोग थे। इस विभाजन के साथ साहित्य के बोध और प्रभाव का भी विभाजन हुआ, लोक साहित्य का प्रभाव-क्षेत्र अलग और लिखित साहित्य का अलग हो गया। समाज का अधिकांश जनसमुदाय, जो अनपढ़ और निरक्षर था, वह लोक साहित्य से जुड़ा रहा, जबकि मुट्ठी भर पढ़े-लिखे लोग लिखित साहित्य के लेखक और पाठक बन गये। इस प्रक्रिया में जहाँ मौखिक साहित्य की भाषा से लिखित साहित्य की भाषा का अलग विकास हुआ, वहाँ दोनों के बीच की दूरी और भी बढ़ी।

सांस्कृतिक विकास की दृष्टि से लिखित साहित्य मौखिक की तुलना में नया था और उसके लेखक-पाठक समुदाय का समाज में वर्चस्व भी था, इसलिए वह साहित्य की मुख्यधारा बन गया। यद्यपि इस मुख्यधारा के लेखक अपने साहित्य में सम्पूर्ण समाज के प्रतिनिधित्व का दावा करते थे, परन्तु वह प्रतिनिधित्व प्रतीकात्मक ही होता था, वास्तविक नहीं। साथ ही उसमें जिस अनपढ़ और निरक्षर जनसमुदाय के प्रतिनिधित्व का दावा किया जाता था, वह उस साहित्य का पाठक नहीं होता था। यह साहित्य और राजनीति में प्रतीकात्मक प्रतिनिधित्व की प्रक्रिया की त्रासद विडम्बना है, जो पहले भी थी, आज भी है।

साहित्य की संस्कृति में मौखिक से लिखित के अलगाव का सर्वाधिक दूरगामी प्रभाव कविता पर पड़ा। उससे कविता का आन्तरिक स्वरूप और बाहरी रूप तो बदला ही, काव्यानुभव की पूरी प्रक्रिया रूपान्तरित हो गयी। कविता श्रुति और स्मृति न रहकर पाठ बन गयी। वह सामूहिक संवाद की जीवन्त प्रक्रिया के बदले व्यक्तिगत रूप से आस्वाद की वस्तु हो गयी। यही नहीं, वह व्यापक जनजीवन से अलग और उस जीवन की भाषा से दूर जाकर एक सीमित समुदाय के सांस्कृतिक शौक का सीमित साधन बन गयी। कविता जब लिखित रूप में पाठ बनी, तब उसमें रचनात्मक प्रयोग की सम्भावनाएँ जरूर बढ़ीं, लेकिन उसकी रचना से पाठ तक की पूरी प्रक्रिया विशिष्ट और व्यक्तिगत हो गयी। वह बहुसंख्यक जनसमुदाय के लिए सहज सुलभ नहीं रही, उसके आस्वाद के अधिकारी थोड़े से विशिष्ट, नागर, सहृदय, रसिक, विदग्ध और पंडित रहे। कविता जब मौखिक से लिखित अवस्था में आयी तो वह पूरे समाज की संजीवनी शक्ति नहीं, बल्कि एक सीमित समुदाय के लिए मकरध्वज बन गयी। अब तक के इतिहास में कविता इस स्थिति से तभी उबरी है, जब वह मौखिक से लिखित के विभाजन की सभी सीमाओं को तोड़कर विकसित हुई है, जैसे कि भक्तिकाल की कविता।

लेखन से मुद्रण की संस्कृति में प्रवेश के कारण साहित्य से समाज का, विशेषतया कविता का सम्बन्ध एक बार फिर बदला। छपी हुई किताबों और पत्रिकाओं के साथ साहित्य की दुनिया में लोकतन्त्र आया, क्योंकि छपे हुए साहित्य को बाजार से खरीदकर कोई भी पढ़ सकता है, जाति और लिंग सम्बन्धी विधि निषेध की चिन्ता

से मुक्त होकर। बाजार ऐसे विधि निषेध को नहीं मानता। लेकिन बाजार से खरीदकर पुस्तक पढ़ने के लिए एक तो शिक्षित होना जरूरी है, और दूसरे खरीदने के लिए सक्षम भी। भारत जैसे देश में, जहाँ आज भी अधिकांश जनता इन दोनों क्षमताओं से वंचित है, वहाँ समाज का बहुत बड़ा हिस्सा साहित्य की दुनिया से अपरिचित है। जो साहित्य की दुनिया में रहते हैं, उनके सामने दूसरी कठिनाइयाँ हैं। साहित्य की दुनिया में पुस्तक बाजार के आने के बाद सम्प्रेषण की प्रक्रिया कई तरह से प्रभावित हुई है।

मौखिक कविता के काल में कवि का अपने श्रोताओं से जो आत्मीय संवाद था, वह लेखन का दौर आने पर खण्डित हुआ, लेकिन मुद्रण के दौर में लेखक और पाठक के बीच बाजार के आ जाने के कारण दोनों के बीच का बचा हुआ संवाद भी टूट गया। आज का कवि किसी वास्तविक पाठक के लिए नहीं, बल्कि सम्भावित पाठकों के लिए लिखता है। दूसरी ओर आज का पाठक छपी हुई रचना को हमेशा अकेले पढ़ता है, मानसिक रूप से और भौतिक रूप से भी। आज के कवि को अपनी पुकार के उत्तर की उम्मीद नहीं होती, इसलिए कविता अपनी सहज तथा स्वाभाविक संवादधर्मिता छोड़कर एकालाप बनती जा रही है। लगता है कि आज के समय में कविता कवि के एकाकीपन की व्याख्या होने के लिए अभिशप्त है।

आज की कविता के सामने एक बड़ा संकट संस्कृति के उद्योग का विस्तार है। इससे समाज में कविता की जरूरत खतरे में है और उसका अस्तित्व भी। उसकी सार्थकता के बारे में तरह-तरह के सवाल खड़े हो रहे है। संस्कृति के उद्योग के अनेक रूप हैं? लेकिन उसका सबसे शक्तिशाली रूप टेलीविजन है। यह संस्कृति का उद्योग फैंटेसी की दुनिया रचता है, जिसमें झूठे सच का विस्तार होता है। वह ऐसी माया की संस्कृति गढ़ता है, जो रहस्य, रोमांस, विलक्षणता और सनसनी के सहारे चलती है। उसमें अचरज का राज होता है, जो दर्शक को उत्सुकता, जिज्ञासा, आश्चर्य और इन्तजार के अन्तहीन सिलसिले में बाँधे रखता है। वह जीवन की वास्तविकता को सामने लाने के बहाने वास्तविकता के बोध को रहस्यमय बनाने और झूठ परोसने का माध्यम है। यह दृश्य माध्यम छद्म चेतना की खान है और नकली हृदयों का कारखाना। हिन्दी में यह माध्यम अति आधुनिक टेक्नालॉजी और अत्यन्त आदिम मानसिकता के सहयोग से ऐसा अति यथार्थवादी मानस पैदा कर रहा है, जो उत्तेजना और मौज के भँवर से बाहर निकलना नहीं चाहता और अगर कभी निकलता भी है, तो वह कविता का सामना करने के काबिल नहीं रहता।

पूँजीवादी सभ्यता में मनुष्य को वस्तु बनाने की जो सर्वग्रासी प्रक्रिया चलती है, उसका शिकार मनुष्य की चेतना ही नहीं, उसकी इन्द्रियाँ भी होती हैं। फिल्म और टेलीविजन के माध्यम से आँख को अपने अनुकूल बनाने में बुर्जुआ सभ्यता बहुत

दूर तक सफल हुई है। फिल्म के प्रसंग में अडोर्नो ने ठीक ही कहा था कि "बुर्जुआ बुद्धिवाद की चमक-दमक का जितना असर हमारी आँखों पर है, उतना अभी कानों पर नहीं।" कान अब भी सुनने के सुख के आदिम प्रभावों को एकदम नहीं भूले हैं, इसलिए आज भी उन्हें संगीत अच्छा लगता है, शोर नहीं। शोर बुर्जुआ सभ्यता की स्थायी विशेषता है। इससे स्पष्ट है कि कान पर अभी भी बुर्जुआ सभ्यता का पूरा कब्जा नहीं है। यही कारण है कि सारी शास्त्रबद्धता, यंत्रीकरण और व्यावसायिकता के बावजूद सहज संगीत का सार्वभौम प्रभाव बना हुआ है।

अगर कविता अभी पूरी तरह बुर्जुआ सभ्यता का शिकार नहीं हुई है तो उसका एक कारण यह है कि कविता का आज भी जितना सम्बन्ध आँखों से है, उससे अधिक कानों से है। वह मौखिक संस्कृति के युग में लम्बे काल तक श्रव्य रही है। लय और छन्द के रूप में नाद से उसका अन्तरंग सम्बन्ध रहा है और अर्थ की संरचना से शब्द की योजना के आत्मीय सम्बन्ध के सहारे उसकी संगीतमयता विकसित होती रही। लिखित रूप में आने पर कविता आँख की वस्तु बनी और बाद में मुद्रित होने पर वह पहले से अधिक चाक्षुष हुई। फिर बिम्बवाद ने कविता को विशेष रूप से चाक्षुष बनाने की कोशिश की। इस कोशिश का बेतुकापन तब उजागर हुआ, जब ठोस कविता का फैशन आया, जिसमें कविता से संगीत को पूरी तरह निकालकर उसमें ठोसपन लाने का प्रयत्न हुआ। तब यह भी कहा गया कि कविता में शब्द किसी अर्थ के संकेत नहीं बल्कि वस्तु हैं और कविता का कोई अर्थ नहीं होता, वह जो है सो है। उसके बाद वही हुआ, जो होना था—कविता की बनावट अमूर्त चित्रों से होड़ करने लगी, कागज के पन्ने का आकार-प्रकार कविता का रूपात्मक आधार बनने लगा, कविता की पंक्तियों के ऊपर और नीचे की खाली जगहें कविता की संरचना का हिस्सा होने लगीं। इस तरह कविता की कला लिखावट और छपाई की कला बन गयी। कविता को अत्यन्त चाक्षुष बनाने की कोशिश का यही परिणाम होना था।

कविता स्वभाव से चाक्षुष कला नहीं है। वह शब्दों की साधना है और शब्द सगुण-साकार होते हैं बोलने के समय, केवल पढ़ने पर नहीं। कविता के रूप की पूर्णता और गुणों की समृद्धि का जैसा साक्षात्कार उसे सुनते हुए होता है, वैसा पढ़ने के दौरान नहीं। जिन्हें निराला, भवानीप्रसाद मिश्र, रघुवीर सहाय, केदारनाथ सिंह और आलोकधन्वा का काव्यपाठ सुनने का अवसर मिला है, वे जानते है कि कवि से कविता सुनने का अनुभव उसे किताब में पढ़ने से कितना अलग और समृद्ध होता है। काव्यपाठ की प्रक्रिया से भाषा की स्थानीयता और कथन-भंगिमा का सौन्दर्य खुलकर प्रकट होता है और अर्थ की नयी सम्भावनाएँ भी उजागर होती हैं।

कविता की जिन्दगी के लिए श्रव्य परम्परा के महत्त्व की पहचान आज भी कई

जगह मिलती है। आज भी उर्दू का हर शायर ग़ज़ल या शेर कहता है, लिखता नहीं, जैसा की हिन्दी के कवि करते हैं। बांग्ला में आवृति की परम्परा ने कविता की सामाजिकता की रक्षा की है और उसे नयी जिन्दगी दी है। हिन्दी कविता को संस्कृति के उद्योगों के खतरों से बचाने के लिए उसके श्रव्य रूप की चिन्ता जरूरी है। लेकिन कविता के श्रव्य रूप की चिन्ता का यह अभिप्राय नहीं है कि उसे गीत, गाना या भड़ैती बना दिया जाए। मेरा निवेदन यह है कि कविता केवल विशेषज्ञों के लिए न हो, व्यापक समाज के लिए भी हो। वह केवल पढ़ने के लिए न हो, सुनने-सुनाने लायक भी हो। अगर कहानी को बचाने के लिए तरह-तरह के प्रयोगों के बाद किस्सागोई की माँग उचित है तो कविता के श्रव्य रूप और गुण की चिन्ता उचित क्यों नहीं है?

संस्कृति के उद्योग से उपभोग की संस्कृति का गहरा रिश्ता है। कोई भी उद्योग केवल उपभोग की वस्तु ही पैदा नहीं करता, उस वस्तु की जरूरत और इच्छा भी पैदा करता है। यह बात दूसरे उद्योगों की तरह संस्कृति के उद्योग यानी कि फिल्म, टेलीविजन और बाजारू साहित्य के उद्योग के बारे में भी सच है। आजकल संस्कृति का उद्योग अत्यन्त तेजी से फैल रहा है और समाज के सांस्कृतिक जीवन में उसका असर लगातार बढ़ रहा है। यह संस्कृति का उद्योग मायावी संस्कृति के वर्चस्व का साधन है। वह जनचेतना को भरमाने, जड़ बनाने, नियन्त्रित करने और उसे सहमति के साँचों में ढालने वाली प्रायोजित संस्कृति है। संस्कृति का उद्योग जो वस्तु पैदा करता है, उसकी उपयोगिता सनसनीखेज अनुभव से जुड़ी होती है और एक बार के उपभोग के बाद व्यर्थ हो जाती है। ऐसी स्थिति में यह स्वाभाविक ही है कि संस्कृति के ज़िन रूपों की रचना और बोध के लिए संवेदनशीलता, कल्पना और विचार की संजीदगी जरूरी है, उनकी दशा समाज में असहज हो जाए।

आजकल संस्कृति के उद्योग के विभिन्न रूप केवल मनोरंजन के माध्यम ही नहीं हैं, वे समाज की सांस्कृतिक आकांक्षाओं को पूरा करने के ऐसे आसान साधन हैं, जिनके लिए विशेष मानसिक तैयारी जरूरी नहीं है। यही कारण है कि आजकल कविता जैसी कला सांस्कृतिक जीवन के हाशिए पर जीने के लिए मजबूर है। जनसंचार के दृश्य-माध्यम समाज में कविता-विरोधी मन और माहौल पैदा करनें में लगे हैं। रघुवीर सहाय ठीक ही कहते हैं कि "वे प्रत्येक अनुभव को एक सनसनी और प्रत्येक मनुष्य को एक वस्तु बनाते हैं।" यही नहीं वे कलाबोध की मानसिक प्रक्रिया और आदत को भी गहरे स्तर पर प्रभावित कर रहे हैं। दृश्य-माध्यमों के कौशल के बोध और प्रभाव का स्वभाव कविता की कला के बोध और प्रभाव से एकदम भिन्न होता है। उसका बोध तुरन्त और प्रभाव सनसनीखेज होता है। इसके विपरीत कविता का बोध समय चाहता है और प्रभाव दूरगामी भी होता है।

दृश्य-माध्यम मौसम की तरह तत्काल प्रभावित करते हैं, जबकि कविता जलवायु के समान धीरे-धीरे स्थायी परिवर्तन और प्रभाव पैदा करती है।

मार्क्स ने कहा था कि पूँजीवादी उत्पादन कला और कविता का दुश्मन है। इस कथन को गलत साबित करने की खूब कोशिश हुई है। लेकिन पूँजीवादी युग के सांस्कृतिक इतिहास ने मार्क्स के कथन को सच साबित किया है। इस युग के अनेक संवेदनशील कवियों और विवेकशील आलोचकों ने इस सच्चाई को पहचाना है। रूस की कवयित्री मरीना श्वेताऐवा ने अत्यन्त पीड़ा के साथ 1931 में लिखा था—"यह शताब्दी एक कार के बदले दस पुश्किनों को दे सकती है।" अंग्रेजी के प्रसिद्ध आलोचक एफ़.आर. लीविस ने 1932 में कहा था कि आधुनिक संसार के लिए कविता का कोई खास महत्त्व नहीं है।

पूँजीवादी समाज में केवल वंचना की मायावी संस्कृति ही सक्रिय नहीं होती, उसके समानान्तर एक और संस्कृति विकसित होती है जो वंचना की संस्कृति का विरोध करती है। वह मुक्तिधर्मी संस्कृति होती है। पूँजीवादी समाज में कविता न तो संस्कृति के उद्योग का हिस्सा बनकर जिन्दा रह सकती है और न माया की संस्कृति से होड़ करती हुई। वह मुक्तिधर्मी संस्कृति से जुड़कर ही अब तक जीवित रही है और आगे भी रहेगी। कविता जब मुक्तिधर्मी संस्कृति का माध्यम होती है, तभी वह सामाजिक जीवन में हस्तक्षेप करने वाली शक्ति बनती है, अन्यथा वह या तो बुद्धिजीवी समुदाय के मनोरंजन का एक साधन होती है या संस्कृति के संग्रहालय की वस्तु। इन दोनों स्थितियों में व्यापक समाज के लिए उसका होना—न होना बराबर है। अब तक के इतिहास में वही कविता समाज के लिए जरूरी साबित हुई है, जो अपने समय और समाज के हाशिए पर रहने वाले पराधीन तथा पीड़ित जनसमुदाय की यातना के अनुभवों की आवाज बनी है और उसके संघर्ष की शक्ति भी। आज हम जिस संसार में जीने-मरने के लिए मजबूर हैं, उस पर शासन करने वाली व्यवस्था असामाजिक मनुष्य और अमानवीय समाज पैदा करती है। इसलिए उसके खिलाफ खड़ा होना कविता का धर्म है, क्योंकि वह मनुष्यता की मातृभाषा है। यही कविता की जिन्दगी और जरूरत की बुनियादी शर्त है।

आजकल हिन्दी के अधिकांश कवि और कविता प्रेमी यह अनुभव कर रहे हैं कि कविता संकट में है। इस बीच कविता पर संकट के बारे में जितने लेख लिखे गये हैं, उससे अधिक कविताएँ लिखी गयी हैं। उन कविताओं में प्रायः कविता के सामने खड़े उन खतरों की ओर संकेत हैं जो भाषा को भ्रष्ट करने से लेकर सामाजिक संवेदनशीलता को नष्ट करने तक फैले हुए हैं। लेकिन ऐसी अधिकांश कविताओं में कहीं आत्मालोचन की कोशिश नहीं है। उनमें यह चेतना भी नहीं है कि आज की हिन्दी कविता अपनी दुर्दशा के लिए खुद कितनी जिम्मेवार है। लेकिन रघुवीर सहाय ऐसे कवि हैं, जो

समकालीन हिन्दी कविता के संकटों के बारे में सजग हैं और उसकी आन्तरिक कमजोरियों के बारे में सावधान भी। उनकी अनेक कविताओं में आज के कविकर्म की कठिनाइयों और कविता के अपधर्म की उन स्थितियों की पहचान है, जिनके कारण कविता दुर्बल और दयनीय होती जा रही है। वे कविता के आन्तरिक संकटों की ओर संकेत करते हुए कवियों को आत्मविश्लेषण के लिए प्रेरित करते हैं और पाठकों को सावधान। आज की हिन्दी कविता में बौद्धिक एकाकीपन बहुत है, लेकिन उसके वस्तुगत आधार और प्रतिरूप की चिन्ता बहुत कम। लगता है कि कवि की आत्मा का न कोई मित्र है, न शत्रु। उसे न किसी की मर्माहत कातर पुकार सुनाई देती है और न किसी की दहशत पैदा करने वाली दहाड़। इससे कविता संवाद के बदले स्वगत कथन बनती जा रही है। इस स्थिति को देखकर रघुवीर सहाय एक कविता में पूछते हैं – हर बार घूम-फिरकर/अपने एकाकीपन की व्याख्या करना/क्या कविता है? जो कविता केवल कवि के एकाकीपन की व्याख्या करने में लगी हो, उसमें अगर पाठकों की कोई दिलचस्पी न हो तो क्या आश्चर्य!

युगों से कविता समाज को इसलिए प्रिय रही है कि वह श्रोताओं/पाठकों को भावात्मक-वैचारिक शक्ति और नैतिक बल देती रही है। लेकिन कविता में यह क्षमता तभी आती है, जब वह जिन्दगी की वास्तविकताओं से जुड़ी हो, जिनमें सुन्दरता से अधिक कुरूपता, गरीबी और गुलामी की सच्चाइयाँ होती हैं। जो कवि-दृष्टि ऐसी सच्चाइयों की खबर लेने और देने से बचती है, वह चाहे जो रचे, अन्ततः पाठक को निराश और निर्बल बनाती है। आजकल हिन्दी में ऐसी कविताएँ खूब लिखी जा रही हैं। रघुवीर सहाय ने ऐसी कविताओं के बारे में ठीक ही सवाल किया है :

मैं पूछ रहा हूँ इसीलिए यह बार-बार
वह दर्द कहाँ मर गया रोज जो होता था
जिससे वह एकाकी भी तड़पा करता था
वह बल कविता ने पाठक से क्यों छीन लिया?

यह दृष्टि सुन्दरापे की कैसे बनी कि हर वह
चीज जो खबर देती है हो गयी गैर?
क्यों कलाकार को नहीं दिखाई देती अब
गन्दगी, गरीबी और गुलामी से पैदा?
आतंक कहाँ जा छिपा भागकर जीवन से

जो कविता की पीड़ा में अब दिख नहीं रहा?
हत्यारों से क्या लेखक साझीदार हुए
जो कविता हम सबको लाचार बनाती है?

यह हिन्दी में कविता की नयी संस्कृति है। जिस तेजी से इसका प्रसार हो रहा है, उसी गति से कविता पाठकों के लिए अजनबी और परायी होती जा रही है।

आज की हिन्दी कविता के बारे में बात करते समय कवि और आलोचक उसमें अच्छी और बड़ी कविता के सारे गुण खोज लेते हैं। उसकी प्रगतिशीलता, जनवाद और क्रान्तिकारिता का बखान करते नहीं थकते। लेकिन वास्तविकता यह है कि आज की अधिकांश हिन्दी कविता का जनजीवन पर कोई खास प्रभाव नहीं है और उससे व्यापक समाज का कोई लगाव भी नहीं है, क्योंकि उसका स्वभाव अभिजन समुदाय की अभिरुचि के अनुकूल है, व्यापक समाज की आकांक्षा के अनुरूप नहीं।

समकालीन हिन्दी कविता की एक विशेषता यह है कि वह दिलचस्प एकदम नहीं है। यह गुण उसके स्वभाव से गायब हो गया है। सम्भव है, मेरी इस बात से कुछ लोग चकित हों और पूछें कि क्या दिलचस्प होना कविता का कोई आवश्यक गुण है। उनके सन्तोष के लिए मैं टी.एस. इलियट का एक कथन दोहराना चाहूँगा – "हमें यह नहीं भूलना चाहिए कि गद्य या कविता के लिए जरूरी है कि वह दिलचस्प हो। यह पहली शर्त है, लेकिन आसान नहीं। आजकल साहित्य अधिकाधिक उबाऊ होता जा रहा है, यह उसका अपने अन्त की ओर बढ़ना है।"

यह ठीक है कि कविता केवल दिलचस्प होने के कारण सार्थक नहीं होती, लेकिन वह उबाऊ होने पर व्यर्थ जरूर हो जाती है। तब वह पाठकों को आकर्षित नहीं करती और बहुत दिनों तक जीवित भी नहीं रह पाती। कविता एक तरह का संवाद है। एक स्तर पर वह कवि का स्वयं से संवाद होती है, जैसे कि प्रगीत में। दूसरे स्तर पर वह अन्यों से संवाद होती है, जैसे कि लम्बी कविताओं में। मुक्तिबोध ठीक ही कहते हैं कि– कविताएँ मुस्कराकर लाग-डाँट करती हैं/प्यार बात करती हैं। आजकल हिन्दी की अनेक कविताएँ पाठकों को मुँह चिढ़ाती हैं, वे बूझो तो जानें की चुनौती देती हुई पाठकों को बेवकूफ साबित करती लगती हैं। कुछ लोग कहते हैं कि जब से केवल विचारों की कविता लिखी जाने लगी है, तब से वह नीरस और निर्जीव होने लगी है। यह बात एक हद तक ही सही है। कविता विचारशीलता के कारण निर्जीव और उबाऊ नहीं होती, बशर्ते कि वह विचारशीलता जीवन के अनुभवों से उपजी हो, समकालीन संवेदनाओं से जुड़ी हो और इतिहास से मुठभेड़ करती हो, जैसा कि मुक्तिबोध की कविताओं में दिखाई देता है। लेकिन जब कविता में अमूर्त और मनगढ़न्त विचार सन्ध्याभाषा में उपस्थित होते हैं, तब वे आतंक पैदा करते हैं। आज की हिन्दी कविता में विचारों का ऐसा आतंक बहुत है।

आज की हिन्दी कविता की एक धारा 70 के दशक की अत्यन्त राजनीतिक और विचारधारात्मक कविता के विरोध में विकसित हुई है। वह हर तरह की राजनीति और विचारधारा से छुटकारा पाने की कोशिश में समकालीन सामाजिक जिन्दगी की

हलचलों से बेखबर रहती है और जनजीवन की त्रासद स्थितियों के बारे में लापरवाह। उसमें आज के भारतीय समाज की इतिहास-प्रक्रिया की न कोई चेतना है, न चिन्ता। वह या तो काल, नियति, अनन्त आदि की चिन्ता में डूबी रहती है या फिर कवि की व्यक्तिगत इच्छाओं के उत्सव में। जाहिर है, ऐसी कविता में केवल समानधर्माओं की दिलचस्पी हो सकती है, व्यापक समाज की नहीं।

आजकल हिन्दी में जिस कविता का बोलबाला है, वह नागर कविता है, शहराती और चालाक। उसके रूप और स्वभाव में ही नहीं, अभिप्राय में भी नागरता छायी हुई है। वह शहरी मध्य वर्ग के बौद्धिक समुदाय की आत्मकेन्द्रित दृष्टि की उपज है, इसलिए उसमें उसी वर्ग के जीवन की वास्तविकताओं, संवेदनाओं, आकांक्षाओं और उम्मीदों की अभिव्यक्ति हो रही है। यही कारण है कि जिस समाज में जनता का एक बहुत बड़ा हिस्सा बेघर है या फिर जानवरों के रहने की जगह को अपना घर मानने के लिए मजबूर है, उस समाज का एक कवि कहता है: मुझे एक घर दो कविता लिखने के लिए। इस माँग के बारे में साधारण आदमी की क्या प्रतिक्रिया होगी—उसका अनुमान कठिन नहीं है।

इस नागर कविता की काव्यानुभूति की संस्कृति में गाँव का समाज, वहाँ के लोगों की जिन्दगी, उस जिन्दगी के संघर्ष, उस संघर्ष के अनुभव और उस अनुभव की भाषा के लिए प्रायः बहुत कम जगह होती है। अगर उसमें इन सबको कभी थोड़ी जगह मिलती भी है तो सजावट की वस्तुओं के रूप में, ठीक वैसे ही, जैसे शहरी मध्य वर्ग के लोगों के घरों में आजकल सूप, चलनी, हाँड़ी, डलिया, टोकरी आदि का उपयोग होता है। इससे एक ओर मध्यवर्गीय जिन्दगी का खोखलापन ढँकता है तो दूसरी ओर लोकजीवन और संस्कृति से प्रेम का प्रदर्शन भी होता है।

इधर कुछ वर्षों से हिन्दी क्षेत्र में दलित चेतना के जागरण और दलित कविता के विकास के कारण हिन्दी कविता में दलित जीवन के संघर्ष और अनुभव का तेज स्वर उभर रहा है। जिन्हें नागर कविता की कानाफूसी प्रिय है, उन्हें दलित जीवन की 'चीखती कविता' का स्वर कर्कश और विसंवादी लग रहा है। लेकिन इस स्वर के साथ लोकजीवन की पुकार हिन्दी में एक बार फिर लौट रही है। इससे नागर कविता की नीरस एकस्वरता टूट रही है और हिन्दी कविता में स्वरों की अनेकता आ रही है।

नागर कविता की अपने रूप के बारे में अत्यधिक चिन्ता से लोकप्रियता और कला के बीच अलगाव पैदा हुआ है और हिन्दी कविता से लोकप्रियता के साथ सहजता, ऐन्द्रिकता और भावावेग की विदाई हो गयी है। इस प्रक्रिया में कविता से जीवन्तता गायब हो गयी है। कविता की अभिजनवादी दृष्टि हमेशा लोकप्रियता को कला का प्रतिद्वन्द्वी और विरोधी मानकर उसे खारिज करती है। इससे आजकल एक

ओर लोकप्रिय कविता कमजोर हो रही है तो दूसरी ओर कलावादी कविता मरणोन्मुख। इतिहास गवाह है कि हिन्दी कविता की परम्परा में वही कविता सजीव और आकर्षक बनी है जो लोकप्रियता का बहिष्कार नहीं, परिष्कार करती हुई विकसित हुई है। इसका एक प्रमाण है भक्ति आन्दोलन की कविता और दूसरा प्रगतिशील आन्दोलन की कविता। कबीर, जायसी, सूर, तुलसी तथा मीरा के काव्य की अमरता और नागार्जुन की कविता की अपार लोकप्रियता का यही कारण है कि उसमें लोकप्रियता का विकास है। कविता में लोकप्रियता केवल रूप की विशेषता नहीं है, उसके स्वभाव का गुण है। वह कविता की कल्पना से लेकर अभिव्यक्ति तक की पूरी प्रक्रिया में व्याप्त होती है। कविता की लोकप्रियता के इतिहास से यह भी साबित होता है कि वह हमेशा एक जैसी नहीं होती, उसका रूप बदलता रहता है। कबीर की कविता में लोकप्रियता का जो रूप है, वही तुलसी के काव्य में नहीं है और वह नागार्जुन की कविता में जैसी है, वैसी ही धूमिल की कविता में नहीं है।

समकालीन हिन्दी कविता में कला से लोकप्रियता के अलगाव का सबसे अधिक असर कविता की बनावट पर पड़ा है। आज की अधिकतर कविताओं में सकालीन जीवन के अनुभवों और संवेदनाओं की अभिव्यक्ति के बदले जीवन की स्थितियों के बारे में कवियों की वैचारिक प्रतिक्रियाएँ सामने आती हैं, जो प्रायः बिखरी हुई होती हैं। ऐसी अधिकांश कविताओं में सुगठित संरचना नहीं मिलती और आन्तरिक विकास का अभाव भी होता है। कविता की आन्तरिक संरचना के निर्माण के दो मुख्य माध्यम हैं—आख्यान और बिम्ब। आज के अधिकांश कवियों ने इन दोनों का बहिष्कार कर दिया है। इससे कविता में संरचनात्मक एकता की जगह बिखराव की स्थितियाँ दिखाई देती हैं। कविता की संरचना के बिखराव का प्रभाव उसके सम्प्रेषण और बोध पर भी पड़ता है। आज की अनेक कविताएँ व्यवस्था और गठन के अभाव के कारण अबूझ पहेली बन जाती हैं। छोटी-से-छोटी कविता में भी आख्यान के माध्यम से जीवन के नये से नये अनुभवों की अभिव्यक्ति हो सकती है, जैसा कि नागार्जुन और रघुवीर सहाय सम्भव करते हैं।

जो कवि जीवन के अनुभवों और स्थितियों का आख्यान के सहारे चित्रण नहीं करते, बल्कि उनसे उत्पन्न संवेदनाओं और विचारों की अभिव्यक्ति पसन्द करते हैं; वे प्रायः बिम्बों और प्रतीकों को माध्यम बनाते हैं। इस प्रक्रिया में कविता की जो संरचना बनती है, उसमें आख्यान वाली सहजता तो नहीं होती, लेकिन ऐन्द्रिकता अधिक होती है और अर्थछटा का विस्तार भी होता है, जैसा कि केदारनाथ सिंह की कविताओं में दिखाई देता है। उनकी कविताओं के बिम्ब और प्रतीक काव्यानुभूति की संस्कृति के देश और काल का पता भी बताते हैं। आज की जिन कविताओं में

न आख्यान का आधार है और न बिम्बधर्मिता का, वे बेरीढ़ की संरचना के कारण लुंज-पुंज होती हैं। ऐसी कविताओं की संख्या इतनी अधिक है कि उनमें से कुछ का उल्लेख करके बाकी का अपमान करना मैं नहीं चाहता।

आज की नागर कविता की एक विचित्रता भाषा की वह बनावट है जो साधारण ही नहीं, सुधी पाठकों की समझ को भी अँगूठा दिखाती है। कभी-कभी वाक्य का गठन इतना विचित्र होता है कि उसमें प्रत्येक शब्द का अर्थ तो समझ में आता है, लेकिन पूरा वाक्य एक पहेली लगता है। ऐसी कठिनाई का सामना हिन्दी कविता के पाठकों को उस समय नहीं करना पड़ता जब वे 'प्रिय प्रवास' और 'राम की शक्ति-पूजा' जैसी कविताएँ पढ़ते हैं, क्योंकि कठिन शब्दों का अर्थ शब्दकोश की मदद से भी जाना जा सकता है, लेकिन किसी कविता के जटिल वाक्य का अर्थ कहाँ से मालूम होगा? काव्यभाषा की यह बनावट पाठकों को कविता से दूर करने के लिए बहुत दूर तक जिम्मेवार है।

आज की अधिकांश नागर कविता एक गढ़ी हुई साहित्यिक हिन्दी में लिखी जा रही है। वह जीवन के कर्म और अनुभव की भाषा नहीं है। यहाँ तक कि वह मध्य वर्ग के भी जीवन-व्यवहार की भाषा नहीं है। इसीलिए उसकी बोलचाल की भाषा, उसके मुहावरे और कथन-भंगिमा से कोई आत्मीय सम्बन्ध नहीं है। यही नहीं, उसका लोकभाषाओं से सम्बन्ध भी क्रमशः कम होता जा रहा है। इस भाषा में जब कोई कवि लोकजीवन के अनुभवों को व्यक्त करना चाहता है, तब भाषा और संवेदना के बीच अन्तरंगता की जगह अन्तराल आ जाता है। कुछ कवियों की भाषा पर अंग्रेजी के शब्द, मुहावरे और संरचना का इतना अधिक प्रभाव है कि वह अनुवाद की भाषा लगती है।

इधर कुछ समय से हिन्दी के अनेक कवि जड़ों से जुड़ने के लिए चिन्तित हैं। उनमें से कुछ यह समझते हैं कि जड़ों की तलाश के लिए परम्परा और स्मृति की जितनी गहरी खुदाई होगी, कविता उतनी ही अधिक जड़ों से जुड़ेगी। इस समझ के कारण हिन्दी कविता की भाषा एक बार फिर संस्कृतनिष्ठता की ओर बढ़ रही है। क्या संस्कृत की परम्परा से जुड़ना ही जड़ों की तलाश की एकमात्र दिशा है? क्या लोकसंस्कृति और लोकभाषाओं की रचना-परम्परा से जुड़ने की कोशिश जड़ों की तलाश की सही और सार्थक दिशा नहीं है? हिन्दी की रचनाशीलता संस्कृत से क्रमशः स्वतन्त्र होती हुई ही आगे बढ़ी है। आज भी उसकी शक्ति का सबसे आत्मीय और विश्वसनीय स्रोत लोकभाषाएँ और उनकी रचना-परम्परा ही है। आज के जो कवि इस सच्चाई को जानते हैं, वे लोकसंस्कृति की स्मृतियों और लोकभाषा की अभिव्यक्ति के रूपों से अपनी काव्यानुभूति की संस्कृति निर्मित करते हैं। इस

प्रक्रिया में लोकसंस्कृति की परम्परा का नया संस्कार होता है और बोलचाल की भाषा की कथन भंगिमाओं का परिष्कार भी। इससे हिन्दी भाषा के मूलभूत काव्यत्व की सम्भावनाओं का विकास भी होता है। अगर कवि की भाषिक संवेदनशीलता उसकी सामाजिक चेतना का द्योतक है, जो वह है, तो संस्कृत में अपनी जड़ों की खोज करने वाले कवि से लोकभाषाओं की रचनाशीलता में अपनी जड़ें फैलाने वाले कवि की सामाजिक चेतना अधिक व्यापक, समकालीन और लोकधर्मी होगी।

❑ ❑ ❑